Jeanne Meijs

Der schmale Weg zur inneren Freiheit

Jeanne Meijs

Der schmale Weg zur inneren Freiheit

Ein praktischer Leitfaden
durch die Zeit der Pubertät

 Verlag Urachhaus

Übersetzung aus dem Niederländischen von
Agnes Dom-Lauwers
Die niederländische Originalausgabe erschien unter dem
Titel *Puberteit. De smalle weg naar innerlijke vrijheid*
bei Uitgeverij Christofoor, Zeist.

ISBN 3-8251-7186-8

2. Auflage 2001
© 1998 Verlag Freies Geistesleben & Urachhaus GmbH, Stuttgart
© 1996 Jeanne Meijs / Uitgeverij Christofoor, Zeist
Umschlagbild: Mauritius
Umschlaggestaltung: Walter Schneider
Druck: Offizin Chr. Scheufele, Stuttgart

Inhalt

Teil II Der Jugendliche

Vorwort

Das vorliegende Buch ist aus einer jahrelangen Arbeit mit jungen Menschen entstanden. Ihr Ringen und ihre Zweifel, ihre Hoffnungslosigkeiten und Freuden durfte ich auf ihrem Entwicklungsweg mit ihnen teilen. Die dabei gemachten Erfahrungen liegen diesem Buch zugrunde.

Es ist für mich äußerst spannend, wie sich die Jugendlichen in der Pubertät die Intensität und Totalität des Lebens unmittelbar erkämpfen. Das unglaubliche Abenteuer der Seele, das sich in diesen Jahren abspielt und das das Fundament für das Erwachsensein bildet, gestaltet sich jedesmal neu und anders.

Die Erkenntnisse, die im Umgang mit den Jugendlichen gewonnen wurden, sind nicht als Dogmen, sondern als Arbeitsmaterial für Eltern und Erzieher gedacht. Wenn sie damit arbeiten und leben, können die Inhalte zu eigenen, selbst durchlebten Wahrheiten werden. Erst diese werden von den jungen Menschen als echt und hilfreich erlebt.

Es wäre zu hoffen, dass diese Anschauungen nicht nur für die Erziehung bereichernd sind, sondern auch für den Menschen, der versucht, das Rätsel der eigenen Jugend zu lösen. Denn wer seine eigenen Wurzeln begreift, begreift auch seine Früchte!

Warum in diesem Buch Geschichten enthalten sind
Wer Jugendliche erzieht, kann erfahren, dass dieser Prozess keineswegs eindimensional vor sich geht. Oberflächlich betrachtet scheint es sich nur um einen Prozess junger Menschen zu handeln, die inmitten äußerer und innerer Stürme ihren Weg zu einem möglichst idealen Erwachsensein finden müssen.

Meistens wird uns aber rasch klar, dass mit diesem Prozess noch eine weitere Dimension verbunden ist, nämlich die der Eltern und Erzieher selbst. Denn indem sie die jungen Menschen begleiten und mit ihnen zusammenleben, erwerben sie sich – wenn sie dies zulassen – selbst ein *bewusstes* Erwachsensein in ihrem Denken, ihrem Handeln und ihren Gefühlen. Die Jugendlichen machen uns die grundsätzliche Prägung und viele einzelne Züge unserer Persönlichkeit bewusst. Der Umgang mit ihnen ist also keineswegs »freibleibend«. Diese »Wachstumsdimension« der Pubertät in Bezug auf die Erzieher und Eltern wird in diesem Buch explizit beleuchtet.

Durch diese beiden stärker oder schwächer sichtbaren Dimensionen schimmert eine dritte Dimension hindurch, die über die Welt des Einzelnen hinausragt. Diese dritte Dimension ist die entscheidende Aufgabe, als Menschen zu einer »erwachsenen Gesellschaft« zu kommen: Wie können die Kräfte des Verstandes, des Gefühls, des Willens in ihrer Gesamtheit »erwachsen« werden innnerhalb der Menschheit, sodass die Ideale der Menschheitsentwicklung Wirklichkeit werden? Denn der Umgang mit den großen Menschheitsfragen, die Ideale, die die gesamte Menschheit betreffen, sie werden im Kleinen in der Problematik des Jugendalters geübt. So gleiten Eltern *und* Jugendliche auf dem Wege über ihre individuellen Dimensionen unbewusst in eine viel umfassendere Aufgabe hinein.

Für diese dritte Dimension sind die Geschichten intendiert, die bestimmten Kapiteln beigesellt worden sind. Sie sagen nichts anderes aus, als zuvor dargestellt wurde, aber sie transzendieren das Persönliche und nähren das Gemüt mit Bildern der gesamten Thematik. Der Auftrag, soziales Verhalten zu erlernen, die Aufgabe der Willensentwicklung, der Ausbildung der väterlichen Kräfte usw. – all das hat eine menschheitliche Dimension. Das lässt sich erfahren, wenn man die Geschichten aufmerksam und mit der rechten Offenheit liest. Sie sind, aufgrund ihrer innigen Beziehung zu den Themen des Jugendalters, absolut nicht für kleinere Kinder gedacht!

Das Lesen der Geschichten wirkt nährend aus der Ganzheit aller drei der genannten Dimensionen und bewahrt dadurch vor einer oberflächlichen, rein wissensmäßigen Auffassung. Sie wirken tief auf die Seele und das Traumleben und tragen dazu bei, dass die lesend aufgenommenen Inhalte zu einer fruchtbaren Substanz werden. Aufgrund dieser Wechselwirkung der drei Dimensionen entsteht eine Perspektive, die uns helfen kann, Erziehung in der Zeit der Pubertät nicht nur als Aufgabe, sondern als einzigartige Chance zu erfahren. Eine Chance, die Kunst des Erziehens wieder als eine Möglichkeit zur Schulung des Menschseins sehen zu lernen, die der Welt durch jede Generation neu geschenkt wird.

Zu den Erzählungen im Einzelnen sei hier nur Folgendes gesagt:

Wando handelt vom »inneren Sucher« und der sozialen Dimension des Seelenweges.

Der Blütenbaum behandelt das Thema des der Sexualität und den Begierdekräften Verfallenseins und deren Verwandlung (Transformation).

Der kleine Fischer behandelt das Verhältnis zwischen dem Ich und der irdischen Dimension der Persönlichkeit.

Der Tag, da Mirjam nicht mehr lachte, hat das Verhältnis zwischen der Seele und dem Körper bzw. den mütterlichen Kräften zum Thema.

Borg und sein Kind behandelt das Verhältnis zwischen dem Ich und der Seele bzw. den väterlichen Kräften.

Die fünfhundert bangen Nächte der Erde handelt von der Aufgabe der Mut- und Willenskräfte.

Mit Dank an Jaap Verheij
Jeanne Meijs

Teil I

Zum Verständnis
der Pubertät

Wer die Wahrheit sucht,
trifft auf viel Schein.

Um das Wahre dennoch zu erleben,
muss die Seele immer weiterwandern.

Einleitung

Über Erziehung ist schon viel geschrieben worden. Wenn die Eltern bei der Geburt ihres Kindes diese Aufgabe übernehmen, wissen sie nicht, was auf sie zukommt. Inhalt und Form wandeln sich entsprechend der jeweiligen Situation des Zusammenlebens ständig. Jede Altersstufe stellt neue Anforderungen an die Eltern. Außerdem besitzt jedes Kind eigene Begabungen und einen eigenen Charakter. Seine Entwicklung verläuft in dem ihm jeweils eigenen Tempo und auf individuelle Weise.

Wie lange dauert die Erziehungszeit? Im Allgemeinen werden Kinder um das zwanzigste Lebensjahr herum selbstständig. Sie verlassen das Elternhaus und schaffen sich eine eigene Lebenssphäre. Zwanzigjährige erwarten nicht – und ertragen es meistens auch nicht! –, dass ihre Eltern sich immer noch als Erzieher verstehen.

In manchen Kulturen werden die Kinder beim Eintritt der Geschlechtsreife Einweihungszeremonien unterzogen, die die Brücke vom Kindsein zum Erwachsensein symbolisieren. Die Pubertät als Zeit der Risiken, Prüfungen und Herausforderungen beschränkt sich hier auf eine Periode von wenigen Tagen oder Wochen. Nach dieser kurzen Übergangszeit wird der junge Mensch in die Seele des Volkes oder der Familie aufgenommen und erlebt von nun an die gemeinschaftlichen Seeleninhalte als seine eigenen. In solchen Kulturen leben die Menschen aus einem tiefen »Wir-Gefühl« heraus.

In unserer Kultur dagegen bildet sich im Kind während der mehrjährigen Pubertätsphase ein ausgeprägtes individuelles Seelenleben heran, auf dessen Grundlage dann später die eigene Individualität intensiv erfahren und gelebt werden kann.

Die Verbindung zwischen Familie und Volk ist bei uns wesentlich lockerer. Der Einzelne fühlt sich durchaus imstande, persönliche Entscheidungen zu treffen und andere Wege zu gehen als die Gruppe, zu der er gehört. Die Suche nach dem persönlichen Entwicklungsweg während der Pubertät ist für unsere Zeit und Kultur ebenso charakteristisch wie die elterliche Aufgabe, die Kinder über die Geschlechtsreife hinaus bis zur »Lebensreife« zu begleiten.

Die Eltern können aber während dieser wichtigen Zeit nicht mehr in dem Maß auf ihren Instinkt bauen, wie dies in den ersten Lebensjahren durchaus möglich war. Wer Kinder in dieser Altersstufe erziehen will, kann nur noch aus der Quelle der wahren Menschenliebe schöpfen, die frei von egoistischen Motiven ist. Der Weg dieser reinen Menschenliebe führt aber sehr knapp am Abgrund entlang. Wie oft sind die Eltern nahe daran, abzustürzen und in Gefahr, diese hohe, reine Kraft nicht mehr aufbringen zu können, gerade wenn die Jugendlichen diese am meisten bräuchten! Viele Eltern und Erzieher empfinden die Krisenzeit der Pubertät somit auch als die schwerste Etappe in der Erziehung. Die Pubertät führt über einen schmalen Pfad, nicht nur für die heranwachsenden Kinder, sondern auch für die Eltern. Dabei können liebevolles Verständnisbemühen und jede wirkliche Erkenntnis, die den Lebenspfad des Kindes betreffen, zu wertvollen Wegweisern werden, denn Weisheit und Liebe gehören zusammen.

Die drei großen Erziehungsphasen

Obwohl jedes Kind einzigartig ist und die Erziehung auf es zugeschnitten sein muss, lassen sich doch auch allgemeine Entwicklungsschritte aufzeigen, die jedes Kind dann auf seine eigene unverwechselbare Weise durchläuft. Dabei sind drei Hauptepochen von jeweils sechs bis sieben Jahren zu unterscheiden. Im ersten Jahrsiebt steht die körperliche Entwicklung im Vordergrund, in der zweiten Epoche sollten dem Kind die richtigen Entwicklungschancen geboten werden, und in der letzten Phase geht es darum, dass die Eltern ein Gleichgewicht zwischen Loslassen und nicht nachlassendem Interesse finden.

Das erste Jahrsiebt
Die erste Phase ist die Zeit des *Aufbaus*, in der das Kind der ständigen Obhut bedarf. Es braucht eine gesunde Ernährung, genügend Schlaf und liebevolle Zuwendung. Die Eltern können zwar unterschiedliche Anschauungen über die Art und Weise der Kindererziehung haben, aber die Tatsache, dass das Kind ihrer Fürsorge bedarf, ist für alle selbstverständlich. Auch ist es selbstverständlich, dass das Kind seelische Zuwendung und Wärme braucht. Seine Hilflosigkeit und vollkommene Abhängigkeit bringt im Erwachsenen eine Saite zum Klingen, die die besten Kräfte in ihm wecken. Das kleine Kind verbindet sich mit der Lichtseite des Erwachsenen.
In den ersten Lebensjahren lernt das Kind aufrecht zu stehen, zu laufen, zu sprechen und allein zu essen. Es lernt, was es darf und was es nicht darf. Der kindliche Leib, noch ein Geschenk der Erblichkeit, gewinnt allmählich individuelle Züge. Wenn dann der Zahnwechsel einsetzt, schließt das Kind die Phase der Eroberung des eigenen Körpers ab: In gewissem Sinne ist damit der physische Aufbau beendet. Während dieser frühen Kinderzeit erleben die Eltern ihr Kind noch stark als ihr »eigenes«. Was sich in der Seele der Menschen, die das Kind umgeben, abspielt, lebt auch in der Seele des Kindes und spiegelt sich darin. Die kindliche Seele schwingt mit allem Seelischen in seiner Umgebung mit. Für die Eltern ist das Kind bis ins Physische hinein »ihr« Kind: eine innige, körperliche Verbundenheit durchglüht die Gefühlswelt von beiden, denn das Kind ist noch ganz in

die Elternschaft eingebettet. Das erste Jahrsiebt ist von einer naturgegebenen Elternliebe getragen.

Das siebte bis vierzehnte Lebensjahr

Das zweite Jahrsiebt ist eher als eine Zeit des *Ausbaus* statt des Aufbaus zu bezeichnen. Das Wachstum setzt sich sowohl äußerlich als auch innerlich fort. Von überall her werden Kräfte herangezogen. Das Schulkind strotzt nur so vor Lebenskraft. In der Schule und im Sportverein, zu Hause, auf der Straße und in der Natur toben die Kinder sich aus. Sie klettern auf Bäume, rennen hintereinander her und sind dauernd in Bewegung. Wie schnell wachsen sie aus ihren Kleidern heraus, und eh' man sich's versieht, sind sie auch dem Kindsein entwachsen.

Das Schulkind ist in vieler Hinsicht schon recht selbstständig, braucht aber weiterhin viel menschliche Wärme und Zuwendung. Eine solche seelische Hülle ermöglicht das ungestörte weitere Wachstum und ein seelisches Heranreifen. Ohne dies wäre das Kind auch nicht imstande, die notwendigen Lebenskräfte aufzunehmen und zu lernen, diese in der richtigen Weise einzusetzen. Durch Sport, Spiel und Hobbys, aber auch durch Freundschaften bieten sich dem Kind vielerlei Möglichkeiten, an der Welt zu wachsen und sich in richtiger Weise zu entwickeln.

In dieser Lebensphase ist es für viele Eltern nicht mehr selbstverständlich, ihr Kind so zu begleiten, dass sie ihm Aufmerksamkeit schenken und ihm gut zuhören. Sie spüren, dass sie sich jetzt verstärkt bemühen müssen, wenn sie für ihr Kind auch in dieser zweiten Phase das aufbringen wollen, was das absolut Notwendige übersteigt, denn groß werden die Kinder auch von allein!

In dieser Zeit erleben die Eltern ihr Kind aber immer noch fast wie einen Teil ihres Selbst. Gelegentlich können aber auch jetzt schon Augenblicke der Entfremdung auftreten: Sie erkennen ihr eigenes Kind dann plötzlich gar nicht mehr so recht wieder, manchmal verstehen sie es auch einfach nicht oder ärgern sich über es, ohne dass ein erkennbarer Grund vorhanden wäre. Sie wissen, dass sie nach wie vor für die Versorgung und das Wohlergehen des Kindes zuständig sind, fühlen sich aber nicht mehr länger für alles verantwortlich. Immer öfter gibt es Situationen, in denen sie ihrem Kind sagen müssen: »Was jetzt passiert ist, hast du dir selbst eingebrockt, es sind die Folgen deines eigenen Verhaltens.«

Kaum dass es einem so richtig bewusst wird, entzieht sich das Kind unseren Händen. Das Ende des zweiten Jahrsiebts bedeutet auch das Ende des selbstverständlichen, naturgegebenen Elternseins.

Das dritte Jahrsiebt

Die dritte große Altersphase wird durch *Umbau* gekennzeichnet. Eigentlich dauert sie etwa vom vierzehnten bis zum einundzwanzigsten Lebensjahr, aber heutzutage scheinen es viele Kinder mit dem Erwachsenwerden eilig zu haben – oder sind wir es, die sie zur Eile drängen? –, so dass die Pubertät immer vorzeitiger einsetzt. Die Kinder fangen immer früher an, sich von ihren Eltern zu lösen.

Am Anfang der Pubertät wird das Kind körperlich erwachsen: das Mädchen wird zur Frau und der Junge zum Mann. Bis zu einem gewissen Grade stehen die Jugendlichen zu diesem Zeitpunkt körperlich auf der gleichen Stufe wie ihre Eltern. Das Erwachsensein lockt, aber sie sind noch nicht frei. Ihre Seele ist noch ganz von den Einflüssen ihrer Betreuer durchdrungen. Auch wenn sie körperlich bereits erwachsen sind, beginnt für sie doch jetzt erst der Kampf um ein selbstständiges Dasein. Dieser Kampf macht das Kind verletzlich. Es ist nicht leicht, innerlich loszulassen und sich frei zu bewegen, ohne dabei zu stolpern oder sich doch noch an einer Stütze festhalten zu müssen, die man eigentlich loswerden möchte. Eine schwierige Zeit bricht an. Deshalb bezeichne ich die Pubertät als den »schmalen Weg zur inneren Freiheit«.

In dieser neuen Lebensphase braucht das Kind keine unmittelbare Betreuung und ständige Aufmerksamkeit mehr. Zuwendung und Interesse werden immer häufiger sogar abgewiesen. Als Eltern spüren wir es fast »körperlich«, dass das Kind sich von uns loslöst. Häufig geht das nicht ohne seelischen Schmerz und Kampf ab. Das Kind ist nun wirklich im wortwörtlichen Sinne nicht mehr »unser eigenes«. Es geht jetzt auf die Suche nach sich selbst. Es lernt, abstrakt zu denken, selbst Entscheidungen zu treffen und eine individuelle Lebensrichtung zu finden. Es lernt zu arbeiten und kommt mit den schönen und den weniger schönen Seiten von Geld und Sexualität in Berührung. Es versucht, seine Seeleninhalte vor äußeren Eingriffen zu schützen und sich all dessen zu entledigen, was nicht zu seiner im Werden begriffenen Individualität gehört.

Vor der Pubertät sind im Kind noch die Leibes- und Lebenskräfte tätig, die es von den Eltern mitbekommen hat. Wenn sich das mit Beginn der Pubertät ändert, erleben viele Eltern diesen Wandel als problematisch.

Dann wird es während des dritten Jahrsiebts schwierig, dem Kind das zu geben, was es braucht. Überdies weisen die Heranwachsenden häufig die angebotene Hilfe zurück und machen den Eltern durch ihr Benehmen und ihre Abwehrhaltung das Leben noch schwerer. Während sich das Kind durch die Pubertätskrise hindurchkämpft, ringen viele Eltern nur zu oft um den Erhalt ihrer Elternliebe. Sie fühlen sehr wohl, dass sie diese gerade jetzt dringend brauchen, denn genau wie das Kleinkind eine Beziehung mit der hellen Seite unseres Wesens eingeht, geht der Pubertierende auf die Suche nach unserer Schattenseite. Eine gewisse Entfremdung tritt auf, und dieser seelische Abstand wird von den Eltern als äußerst schmerzhaft empfunden.

Die Phase der Selbsterziehung

Nach dem 21. Lebensjahr fängt eine vierte Entwicklungsphase an, die ungefähr bis zum 28. Jahr dauert. Es ist die
erste Phase der Selbsterziehung.

In den ersten drei Jahrsiebten ist das Kind ständig in einen
Kampf um sein Dasein verwickelt: erst kämpft es, um sich
den physischen Leib zu eigen zu machen, danach, um sich
die Lebenskräfte anzueignen, und schließlich darum, seine
Seele zu befreien und zu individualisieren.

In den ersten beiden Altersstufen kämpft das Kind Seite an
Seite mit den Eltern, auch wenn das manchmal anders aussieht. In der dritten Phase wird es gezwungen, in zunehmendem Maße von den Eltern losgelöst, ja häufig sogar
gegen die Eltern den Kampf zu führen. Diese Zeit wird um
das zwanzigste Jahr herum von einer vierten Periode abgelöst, die nicht mehr der Erziehung untersteht. Ab jetzt
führt der junge Erwachsene einen Kampf um sein eigenes
Ich. Viele Fragen steigen in ihm auf: »Was möchte ich werden? Was muss ich dafür tun? Mit wem soll ich es tun? Was
ist mein Auftrag hier auf Erden?«

Ein erster Entwurf der neuen Identität nimmt in der Gesellschaft Gestalt an. Später werden viele Fragen aus dieser
Zeit auf einer anderen Ebene wieder auftauchen, aber man
kann doch sagen, dass sich vom 21. bis zum 28. Lebensjahr
die Kraft entwickelt, die es dem jungen Erwachsenen ermöglicht, ein sinnvolles Leben zu führen. Das freie individuelle Ich, das geistiger Natur ist, findet schließlich eine
Behausung in ihm. Der eigene Wesenskern des Menschen
übernimmt nun die Erziehungsaufgabe der Eltern, so dass
er sich fortan selbst »erziehen« kann.

Die Eltern möchten, dass ihre Kinder zu sich selbst finden
und ihren Weg ins Leben selbstständig gehen können. Eine
gesunde Pubertät bildet eine Brücke zwischen dem Kind,
das sich führen lässt, und dem Erwachsenen, der sich

schließlich selbst führt. Über diese Brücke der dritten Erziehungsperiode führt, wie bereits angedeutet, nur ein schmaler Weg. Darüber werden wir noch ausführlich sprechen.

Entwicklung der Seele in der Erziehung

Wenn ein Kind geboren wird, ist seine Seele allen Einflüssen seiner Umwelt ausgesetzt. Es hat sich noch keine Seelenhülle gebildet, die diese Einflüsse filtern oder abwehren könnte. So wie der Regen den Erdboden aufweicht, durchtränkt dieser Strom von fremden Einflüssen die Seele. Sie sinken in eine tiefere Seelenschicht und bilden, von entsprechenden Bildern zusammengehalten, den Seeleninhalt des Kindes, wie eine Art Grundwasser, aus dem man später in Zeiten der Dürre schöpfen kann.

Erst in der Pubertät wird in dieser Seelenlandschaft ein »Flussbett« geschaffen. Das «Seelenwasser» wird sich von nun an darin sammeln und in dieser Rinne weiterfließen. Nach der Pubertät haben alle Gefühle, Ideen und Verhaltensweisen ihr Flussbett bekommen. Diesem Seeleninhalt kann man in der Persönlichkeit eines Erwachsenen begegnen.

Wenn die Pubertät einsetzt, ist das Kind von Gedanken, Gefühlen und Verhaltensweisen erfüllt, die es entweder von den Eltern und Lehrern übernommen hat oder die von der Gesellschaft und der Umgebung auf es eingewirkt haben. Alle Inhalte, die es aufgenommen hat und die in seiner Kinderseele leben, sind ein Geschenk aus der *Vergangenheit*.

Nur selten vergegenwärtigen wir uns, dass alles, was wir in unserer Umgebung hören, sehen und benutzen, nur deshalb da sein kann, weil andere Menschen in der Vergangenheit es geschaffen oder dazu beigetragen haben. Man stelle sich nur einmal vor, dass das alles nicht existieren würde, dass man wie ein unbeschriebenes Blatt Papier zur Welt käme und ohne Gesellschaft, Kultur und Familie vielleicht sogar zwischen den Tieren in der Wildnis aufwachsen würde. Dann bräuchte der Heranwachsende gar nicht die Pubertät durchzumachen, denn seine Seele würde sich keiner Einflüsse, die aus der Vergangenheit stammen, entledigen müssen.

In unserer Kultur ist dies aber genau umgekehrt. Zudem bringt das Kind bei seiner Geburt auch selbst viel mit in Form von Veranlagungen und Talenten. So ist es zu Beginn der Pubertät beladen mit den Früchten der Vergangenheit, die sowohl persönlich gefärbt als auch allgemeiner Natur sind.

Während das Kind aufwächst, erklingt bisweilen in seinem Innern ein Aufruf, erst nur ganz leise, dann aber immer deutlicher vernehmbar. Dadurch wird es unruhig und reizbar und gerät leicht aus dem inneren Gleichgewicht.

Der Aufruf kommt ihm sozusagen aus der *Zukunft* entgegen. Er entsteht im eigenen individuellen Geist, im Ich und ruft zur Zukunftsbildung auf, zum Loslassen und Sich-Befreien aus der Vergangenheit und zum mutigen Streben zur Zukunft hin.

Vor der Geburt weilt die Menschenseele in der geistigen Welt. Dort wird unter geistiger Führung eine innere Lebensfrage ausgestaltet, die in Vorsätze und Aufträge für das kommende Erdenleben mündet. Dieser Lebensauftrag birgt den Schlüssel zu einem sinnvollen Leben in sich. Wer ihn in sich fühlt und sich auf die Suche nach Antworten macht, lebt in Übereinstimmung mit dem Lebensziel, das er sich vor der Geburt gesetzt hat.

Leicht ist diese Suche nicht, denn sobald der Mensch ein Erdenbürger geworden ist, »vergisst« er seinen Lebensauftrag. Dieser lebt aber weiterhin rein und klar in tiefen, unbewussten Seelenschichten und wirkt in viele Schicksalsbegebenheiten hinein.

Wenn sich die Pubertät ankündigt, erfahren die Kinder dies als eine innere Leere, gleichsam wie einen Stillstand. Ihre frühere Lebenslust scheint ihnen abhanden gekommen zu sein. Sie fühlen sich zwar »mit Inhalten vollgestopft«, empfinden sich aber nicht als sich selbst. Welchen Sinn hat es überhaupt, auf der Erde zu sein? Sie beschäftigen sich mit dem Tod und stellen ihr physisches Dasein in Frage: »Sind meine Eltern meine wirklichen Eltern? Gibt es überhaupt einen Mensch, dem ich wirklich etwas bedeute?« Solche und andere Fragen machen sie, je nach Charakter, in sich gekehrt oder aufsässig. Wer weiß, was innerlich in den Kindern rumort, kann ihre Fragen verstehen. Der Schwung ist aus ihrem Leben heraus. Nach der Aufbau- und Ausbauphase herrscht jetzt eine befremdliche Windstille. Hinzu kommt, dass viele Kinder in der Vorpubertät, ungefähr zwischen dem zwölften und vierzehnten Jahr, körperlich schwerfällig, plump und ungeschickt werden oder eine unerklärliche Traurigkeit und Antriebslosigkeit empfinden, gegen die sie nicht angehen können.

Die Entwicklung des Ich

In jedem Menschen lebt ein individueller Geisteskern, der die Lebensfrage hütet und sie ihm zum richtigen Zeitpunkt vorlegt.

Für die Erfüllung eines Spezialauftrags sind Fachleute und Spezialinstrumente erforderlich. Ein Chirurg kann nicht mit dem Handwerkszeug des Zimmermanns operieren, und ein Orchideenzüchter muss über andere Kenntnisse verfügen als ein Automechaniker. So hat jeder Mensch den Auftrag, sein eigener Spezialist zu werden, das heißt, dass er eine »Eigenheit«, ein Individuum werden muss, das aus sich selbst heraus die Lebensfrage vernehmen kann und imstande ist, ihr auch Gehör zu schenken. Nur dann wird er zum freien Menschen und kann auch mit anderen Menschen einen tiefgehenden Umgang pflegen. Für einen oberflächlichen Umgang mit anderen wird keine Eigenheit verlangt, im Gegenteil, diese würde nur als störend empfunden werden!

Das individuelle Ich ist ein »innerer Meister«, der im Laufe unseres Lebens immerfort in uns wirksam ist. In den ersten beiden Jahrsiebten arbeitet das Ich noch an der Bildung des eigenen Leibes und der Lebenskräfte. Dadurch steht es noch nicht für die wirklichen Ich-Aufgaben wie Gewissensfragen und Bewusstseinsaufträge zur Verfügung und vermag auch noch nicht Verantwortlichkeiten zu übernehmen oder ein Leben aus selbstloser Liebe für andere und mit anderen zu führen. Soweit es diese Fähigkeiten betrifft, spielen die Eltern in diesem ersten Lebensabschnitt noch die Rolle einer Art stellvertretendes Ich für das Ich ihres Kindes. Sie treffen die Entscheidungen und tragen die volle Verantwortung für ihr Kind und geben ihm Liebe und Wärme. Auf dieser gesunden Grundlage kann es gedeihen. Später werden die Eltern diese Aufgaben dem Kind Schritt für Schritt überlassen. Das fängt damit an, dass es zum Beispiel ab einem bestimmten Alter selbst die Katze füttert oder seine Kleider auswählt, und endet schließlich damit, dass der junge Erwachsene das elterliche Haus verlässt, seinen Platz in der Gesellschaft einnimmt und die entsprechenden Verantwortlichkeiten trägt. Dazu gehört, dass er fortan für seine weitere Entwicklung und Selbsterziehung zuständig ist.

Am Beginn der Pubertät empfindet der Jugendliche zunehmend einen Druck in seinem Innern. Er spürt seine Unfreiheit, weil seine Seele aus der Vergangenheit mit Einflüssen

Außenstehender ausgefüllt ist. Jetzt kann er mit diesen Inhalten nicht mehr viel anfangen. Das eigene Ich ruft ihn nun auf, zu sich selbst zu finden und dem Erwachsensein zuzustreben: »Erinnere dich, wer du bist und was du hier zu tun hast!« Das Kind versteht diese Sprache zunächst nicht und kann daher auch keine Antwort geben. Aber immer wieder erklingt der Weckruf, der von Zukünftigem kündet, und das Kind wird unruhig. Es wird in seinem Seelenleben aufgerüttelt. Es spürt, dass etwas geschehen muss, obwohl es noch nicht so genau weiß, was das sein sollte. Die innere Erregung steigert sich unaufhaltsam, und die frühere Windstille wird durch einen heftigen Sturm abgelöst. Das seelische Gleichgewicht ist gestört, weil der innere Halt verloren gegangen ist. In dem Kind entsteht ein ihm noch fremder Drang, der Zukunft zuzustreben und den Weg dahin zu suchen. Es will fort, es will völlig neue Dinge tun, vor allem Dinge, die aus erwachsener Sicht noch nicht zu seinem Alter gehören.

In all dieser Verwirrung wird ihm doch sehr deutlich, wie unfrei es ist und wie stark es mit seinen Seeleninhalten an die Vergangenheit gebunden ist. Ob diese gut oder schlecht sind oder mit größter Mühe erobert wurden, spielt keine Rolle. Was zählt ist nur, dass sie aus der Vergangenheit herrühren! Dazu kommt, dass der junge Mensch ständig mit den Symbolen der Vergangenheit schlechthin, nämlich mit den Eltern, konfrontiert wird.

Er zieht nun »in den Kampf«, den Kampf um seine Zukunft. Alles, was er im Laufe der Kindheit aufgenommen hat, wird über den Haufen geworfen. Neue Dinge und Menschen werden auf die Probe gestellt. Es herrscht in der Seele des Heranwachsenden so etwas wie eine innere Putzwut, wobei vieles herausgeschafft wird. Auch wenn sich bei einem Jugendlichen dieses Großreinemachen nicht in schwierigem Benehmen und einer abweisenden Haltung ausdrückt, kann sich doch in seinem Innern unbemerkt sehr viel abspielen. Der Kampf um die Zukunft wird auf unterschiedlichste Weise geführt.

Während immer mehr Geschenktes aus der Vergangenheit über Bord geworfen wird, erklingt die Stimme, die zur Zukunft aufruft, immer deutlicher. Sie sagt dem jungen Menschen, welche Ideen, Gefühle und Inhalte aus der Vergangenheit für seine Zukunft doch noch wichtig sind. Daraufhin fischt er das Erhaltungswürdige wieder aus dem Wasser heraus, bringt es auf Hochglanz und stellt es als eigenen Entwurf auf das Regal.

Mitten im Chaos, während die Seelenstürme wüten, bilden sich allmählich neue Muster. Auf vielen Gebieten werden neue Linien sichtbar als zarte, erste Ansätze einer werdenden Persönlichkeit. Altbewährte Inhalte, die wieder zu Ehren gekommen sind, und viele neu erworbene Einsichten und Gewohnheiten verwurzeln sich fest in der Seele. Sie bauen die individuelle Seelenstruktur auf und weben ein vollkommen eigenes inneres Gewebe, genau wie die Linien der Hand das äußerlich machen. Danach kann die bewusste Suche nach den eigenen Lebensfragen beginnen. Tastend kann der junge Mensch sich auf den Weg in die Zukunft machen. Seine Seele hat sich freigemacht, damit sie die zentrale Frage des jetzigen Lebens entdecken kann.

Wenn es dem Ich des Menschen gelingt, sich mit der umgewandelten Seele zu verbinden, so dass es darin auch wohnen und wirken kann, dann ist die Brücke zwischen Vergangenheit und Zukunft geschlagen und der junge Erwachsene ist nun imstande, seinen Aufgaben gerecht zu werden. Ein Mensch, der so im Leben steht, dass er innerlich von der Weisheit des eigenen Wesenskerns geführt wird und dabei die Hilfe der befreiten Seele erfährt, trägt die Fähigkeit zur Gestaltung eines »sinnvollen« Lebens in sich wie auch die Möglichkeit, anderen Menschen bei der Sinngebung ihres Lebens zu helfen.

Der rote Faden im Leben eines Menschen

Wenn in der Pubertät das Seelenleben sein Flussbett gefunden hat, kann sich nun auch das Wesen des Menschen durch die Seele ausdrücken. Dem »inneren Meister« steht ein passendes Instrument für seine einzigartige Lebensaufgabe zur Verfügung. Die Lebensfrage wird innerlich gehört und steigt immer mehr ins Bewusstsein auf. Die menschliche Entelechie, das heißt, dasjenige, was entstehen und sich verwirklichen will, kann nun ihre Wirksamkeit entfalten. Der Erwachsene, der auf seine Biographie zurückblickt, kann den zentralen Ich-Impuls darin erahnen; er erkennt den roten Faden, der sich durch den Lebenslauf zieht. Darin leuchtet die Lebensfrage auf.

Um das zu erreichen, ist eine Reifezeit wie die Pubertät notwendig, in der der Sturmwind vieles Alte wegschaffen muss, bevor eine passende Behausung für die Seele und das Ich entstehen kann.

Von der Pubertät zum Erwachsensein

Nur selten wird am Ende der Pubertät dieser ideale Zustand erreicht. Bestimmte Seelenregionen sind bereits freigemacht, während andere noch unfrei sind, wie in dem folgenden Beispiel.

Ein Junge wächst in einer Familie auf, in der Lebenswerte wie Studieren und Karriere-Machen eine Selbstverständlichkeit sind. Der Junge ist ein aufgeweckter, gescheiter Schüler und seine Eltern sind stolz auf ihn. Während der Pubertät fängt er aber auf einmal an, seine Schulpflichten zu vernachlässigen und treibt sich lieber mit seinen Freunden in der Gegend herum. Er muss die Klasse wiederholen, dann sogar auf einen niederen Schultypus überwechseln. Schließlich gibt er die Schule ganz auf und sucht sich eine Arbeit. Etwa mit zwanzig Jahren zieht er von zu Hause aus und wohnt nun allein. Jetzt besucht er eine Abendschule, macht das Abitur nach, absolviert ein Studium und macht eine glänzende Karriere. Vom Standpunkt der Eltern aus gesehen war das ein unnötiger Umweg. In Wirklichkeit war es das aber nicht. Indem der Junge die besten Vorstellungen der Eltern zunächst über Bord warf, befreite er sich von ihren Einflüssen. Dadurch wurde seine Seele offen für die Intentionen des eigenen Ich. Das ermöglichte eine neue freie Wahl, die sich nur äußerlich mit der Zukunftsvision der Eltern deckte. Dieser Junge braucht sich im späteren Leben beim weiteren Erwerb von Kenntnissen oder bei neuen Leistungen nicht mehr wie ein Pubertierender zu gebärden. In dieser Hinsicht ist er erwachsen.

Dieser Junge war zu Hause maßlos verwöhnt worden. Nie musste er irgendeine Verantwortlichkeit übernehmen. Niemals wurden ihm Arbeiten wie Einkaufen, Spülen oder Putzen aufgetragen. Alles war immer sauber und gepflegt. Diesen Zustand empfand er im Heranwachsen als selbstverständlich und ließ sich's im Elternhaus wohl ergehen.

Als er dann später außer Haus wohnte, legte er sich möglichst schnell eine Freundin zu und erwartete von ihr, dass sie ihn auf die gleiche Weise hegte und pflegte. Oft führte das zu Auseinandersetzungen. Seine Freundin störte sich vor allem an seinem kindischen, unerwachsenen Verhalten. Als sie ihn schließlich im Stich ließ, fühlte er tiefes Selbstmitleid und schmollte mit ihr wegen ihrer unbegreiflichen Vorwürfe. Im Laufe unserer weiteren Ausführungen (siehe Seite 32) werden wir uns abermals mit diesem jungen Mann beschäftigen, um die Ursachen und Folgen seines Verhaltens näher zu betrachten.

Was geschieht, wenn das Ich mit einer unfreien Seelenstruktur arbeiten muss?

Am Ende der Pubertät ist das seelische Flussbett gegraben und die Struktur des Seelenlebens ist in der Persönlichkeit des Menschen fest verankert. Eindrücke, Gefühle, Begierden, Triebe, Sympathien und Antipathien, aber auch Denkmuster, kurz, alles, was in der Seele lebt, hat seinen festen Lauf und seine Begrenzung bekommen.

Fortan arbeitet das Ich an der Verwirklichung seines Lebensziels. Lernsituationen und Erfahrungen werden gesucht, die helfen können, dieses zu verwirklichen. Dabei geht der junge Mensch Erfahrungen und Gefühlen aus dem Weg, die außerhalb seines Seelenbettes liegen. Hat sich die Seele aufgrund ihrer Eigenheit frei umgestaltet, ist innerhalb des entstandenen Seelenbettes genügend Raum vorhanden, um die Ereignisse, an denen der Mensch sich entwickeln kann, durchzustehen und sie intensiv zu erleben. Der Mensch wagt es dann, von seinem inneren Meister geführt, inspiriert zu leben. Ist die Seelenstruktur hingegen nicht passend, sondern unfrei, weil sie aus den Erfahrungen der Kindheit stammt und nicht umgewandelt wurde, dann ist die Gefahr groß, dass er in seiner Seele auf Widerstand stößt. Die Herausforderungen, die er auf seinem Lebensweg vorfindet, schrecken ihn ab. Eigentlich sollte er diese neuen Erfahrungen zulassen, aber innerlich blockiert er. Er klammert sich an dem Alten fest. Die Grundlage einer solchen Lebenshaltung ist von Dogmen und Vorurteilen gebildet.

Bei einem anderen Menschen geht es vielleicht nicht einmal darum, ob die Anforderungen seines Ich zu hoch sind, weil der innere Aufruf überhaupt nicht in sein Bewusstsein gelangt! Manchmal gibt es nicht einmal die Andeutung eines Flussbetts, sodass der rote Faden, der zum Vorschein kommen will, keinerlei Bahn vorfindet.

Innerlich baut sich ein Konflikt auf. Das Ich weigert sich, sich mit dieser sinnlosen Situation abzufinden. Der innere Meister, der niemals aufgibt, versucht eine neue oder breitere Rinne zu schaffen, um dennoch den Fortschritt zu ermöglichen. Diese Befreiungsarbeit ist zwar notwendig, geht aber oft unter heftigen Schmerzen an Leib und Seele vor sich. Eine sinnvolle Zukunft wird unter großen Anstrengungen dem Bedürfnis nach Ruhe und Sicherheit abgerungen.

Es kann auch sein, dass der Mensch selbst spürt, dass seine Seelenstruktur nicht zu ihm passt. Dann steigt zuweilen noch in späteren Jahren eine Neigung zu pubertärem Benehmen in der Seele auf. Viel zwischenmenschliches Elend entsteht dadurch, dass man von einem Mitmenschen die Verhaltensweise eines Erwachsenen erwartet und dann mit pubertärem Gebaren konfrontiert wird.

So kann ein Mann nach jahrelangem harmonischem Eheleben aus Eifersucht auf die Jugend seines Sohnes anfangen, mit jungen Mädchen zu flirten. Oder eine erwachsene Frau benimmt sich auf einmal wie eine Pubertierende und versucht am Arbeitsplatz oder zu Hause, durch unaufhörliches Klagen um zahllose eingebildete Probleme die Aufmerksamkeit auf sich zu ziehen.

Begreifen wir ein solches Verhalten oder verurteilen wir es nur? Lassen wir dieses pubertäre Benehmen zu, steigert sich womöglich derartiges Verhalten noch. Andererseits tun sich vielleicht neue Entwicklungschancen auf, wenn wir dem Anderen den Freiraum für solche Nachholmanöver gewähren und ihm die Chance zu einer inneren Umwandlung geben.

Was ist nach der Pubertät nicht mehr möglich?

Wie wir bereits gesehen haben, hat nach der Pubertät das Seelenleben seinen Raum gefunden. Es hat sich eine Struktur oder Form gebildet, man könnte auch sagen: der Seelenleib, in dem sich das Seelenleben abspielt.

Nach Abschluss des körperlichen Wachstums muss man bestimmte Unabänderlichkeiten des physischen Leibes hinnehmen. Ebenso muss man am Ende der Pubertät mit bestimmten Unabänderlichkeiten der Seele rechnen, aber inhaltlich ist weiterhin jegliche Veränderung und Weiterentwicklung möglich.

Durch spätere Lernprozesse kann in der Psyche eines Menschen noch viel Neues entstehen. Einsichten und Gefühle, alles, was im Innern lebt, lässt sich – wenn auch durch anstrengende seelische Arbeit – immer weiter wandeln und ergänzen.

Diese Flexibilität gilt aber nur für das Seelenleben und nicht für den Seelenleib. Dieser ist ausgewachsen und der Mensch wird mit ihm, so wie er ist, leben müssen. Wer nach langem inneren Ringen und Sich-Befreien schließlich über ein gesundes Seelenleben verfügt, das für die Verwirklichung seiner Lebensziele geeignet ist, wird die Unvollkommenheit seines Seelenleibes als äußerst schmerzhaft empfinden.

Was ist der Seelenleib?

Der Seelenleib besteht aus festen Reaktionsmustern und aus der Unvermeidbarkeit von eingefahrenen Gewohnheiten. Wir bleiben innerlich den alten Reaktionsabläufen ausgeliefert, selbst wenn wir durch starke Selbstbeherrschung lernen, uns anders zu verhalten. Tief in unseren Lebenskräften liegen unsere Gewohnheiten im Bereich des Handelns und tief in unserer Seele im Bereich des Fühlens verankert. Die gleiche angestammte innere Reaktion wird im gegebenen Fall weiterhin auftreten, auch wenn der äußere Ausdruck davon ausbleibt.

Ein Beispiel kann das verdeutlichen. Kehren wir zu dem bereits vorhin genannten jungen Mann zurück, der als verwöhnter Sohn im Bereich der Verpflegung und Versorgung seine Pubertät umgangen hat. Er blieb auf diesem Gebiet derjenige, der er schon immer war, ohne einmal etwas Neues zu versuchen. Er hätte sich gegen die ausgezeichnete Versorgung zu Hause mit aller Kraft absetzen können, indem er zum Beispiel ungewaschen und ungekämmt, mit dreckigen Sportschuhen durch die Wohnung gelaufen wäre oder wenn er das gesunde Essen abgelehnt hätte, das ihm vorgesetzt wurde, und stattdessen sein Essen am Imbissstand gekauft hätte. Durch solche Aktionen wäre er für seine Eltern ein Stein des Anstoßes gewesen. Sie hätten sich über ihn geärgert und vielleicht verlangt, dass er wieder ein ordentliches Leben führen solle. Vielleicht hätten sie ihn daraufhin aber auch nicht mehr so überbehütet. Der junge Mann hätte dadurch die Chance bekommen, selbst zu entscheiden, wo für ihn lebensgemäß die geltende Wahrheit liegt.

Nichts von alledem war aber geschehen. Auch bei seiner dritten Freundin stößt der junge Mann auf das gleiche Problem. Er will nicht noch einmal seine Freundin verlieren und erklärt sich deswegen bereit, seine Gefühle in diesem Problembereich zu äußern und zu besprechen. Während der nun folgenden Gespräche und Auseinandersetzungen kommen die beiden zu einer neuen Erkenntnis. Die Freundin begreift nun, warum er so ist, wie er ist, und er selbst verspürt einen starken Widerwillen gegen seine früheren Gewohnheiten. Er sieht ein, dass sich etwas ändern muss, und bemüht sich nun mit aller Kraft, einen Teil des Haushaltes auf sich zu nehmen. So erwirbt er sich neue, eigene Ansichten über diesen Aufgabenbereich. Über sein Bewusstsein verändern sich allmählich seine Gefühle und seine Lebenshaltung.

Dennoch bleibt sein Seelenleib so, wie er gebildet worden ist. Nach Jahren kann es zum Beispiel doch wieder passieren, dass dieser junge Mann, wenn Besuch da ist, auf einmal zu seiner Lebensgefährtin sagt: »Hol mal Kaffee!« Oder am Arbeitsplatz gibt es immer wieder Ärger, weil er nach dem Kaffeetrinken »vergisst«, seine Tasse wegzustellen.

Was liegt hier vor? Hat er sich nicht wirklich verändert? Ist es nur Schein? Der junge Mensch hat sich tatsächlich innerlich verändert, zeigt aber trotzdem weiterhin auch Reaktionen, die die alte Struktur verraten. Es fordert von uns Verständnis und Einsicht, um zu begreifen, dass eine wesentliche Veränderung des *Seeleninhaltes* meistens nicht mit einer Veränderung der *Seelengestalt* einhergeht. Wer die Gabe der inneren Ehrlichkeit entwickelt hat, wird in sich selbst verborgene Reaktionsmuster entdecken können, die die Außenwelt vielleicht seit Jahrzehnten nicht mehr wahrgenommen hat.

In Ausnahmefällen kann im erwachsenen Alter die Seelenform, das heißt der Leib der Seele, doch noch nachhaltig umgewandelt werden. Das kann bei einem Menschen der Fall sein, der kaum einen Seelenleib gebildet hat.[1] Auch kann es geschehen, dass jemand im Laufe seines Lebens von einem so tiefen Leid, von so schweren Prüfungen heimgesucht wird, dass er sozusagen aus seiner Seelenhülle platzt. Auf diese beiden Ausnahmezustände soll hier aber nicht weiter eingegangen werden.

Wie lebt der Mensch, der sich während der Pubertät
innerlich nicht oder fast nicht befreit hat?

Wenn sich der Mensch vom Schulkind zum jungen Erwachsenen entwickelt, ohne den Einschnitt der Pubertät zu erleben, und einfach nach den alten Werten und Normen weiterlebt, die ihm von seiner Umgebung geboten werden, wird sich der Seelenleib dieser kindlich gebliebenen Seele anpassen. Der Erwachsene bildet dann keine persönliche Seelenform aus, die sein Leben bestimmt, sondern trägt eine übernommene Seelenform in sich, die nur fremde, nachgeahmte Inhalte umhüllt.

Jetzt könnte man fragen, was daran so schlimm wäre, solange die Eltern kluge und gute Menschen sind. Es ist aber dennoch schlimm, weil das Ich in einer solchen Seele für seine Impulse, das heißt für die Sinngebung dieses einzigartigen Menschenlebens keine Resonanz findet. Mit einer solchen »übernommenen« Seele ist der Mensch eigentlich taub und blind für das, was aus ihm entstehen will. Er hört die innere Stimme nicht, er ahnt nicht, wohin sein Lebenspfad ihn führen will.

Was geschieht dann? Ein solcher Mensch führt ein Leben, das auf Erwartungen gegründet ist, die außerhalb von ihm selbst liegen. Auch wenn er meint, dass er sich seinen Lebensinhalt selbst erschafft, wird er bei genauer Betrachtung etwas ganz anderes feststellen. Sind seine Ambitionen oder seine Karriere wirklich aus innerem Antrieb entstanden oder vielleicht doch, um die Erwartungen von Eltern, Ehefrau, Kollegen oder sogar ganz verschwommen von der Gesellschaft im Allgemeinen zu erfüllen? Ein solcher Mensch lebt also nicht aus seinem einzigartigen Lebensauftrag heraus, sondern konstruiert sich, ohne es zu wissen, eine Art Scheinbiographie, die wie ein Luftballon über ihm schwebt. Wer es wagt, diese Scheinwelt anzugreifen, dem wird er auf heftigste Weise widersprechen, denn es ist für ihn sehr beängstigend, wenn an sein wahres Wesen, an seinen wahren Lebensweg appelliert wird.

Im Laufe der Jahre wird seine innere Unruhe nur noch zunehmen. Nirgendwo findet er Befriedigung, weder am Arbeitsplatz noch während der Freizeit. Unbestimmte Ängste, Unruhe und vor allem die ewige Unzufriedenheit führen zur Flucht in noch mehr Arbeit, in Alkoholkonsum oder Sensationssucht, bis ihm auch dieser Fluchtweg früher oder später versperrt wird und dem Ruhelosen durch ein Schicksalsereignis ein Spiegel vorgehalten wird: Vielleicht wird ihm gekündigt und er hat dadurch auf einmal viel Muße, sich auf seine bisherige Lebensführung zu besinnen, oder vielleicht zwingt ihn eine Krankheit, einen Blick in den Spiegel zu werfen. Oder ein Einschnitt entsteht dadurch, dass seine Kinder in die Pubertät eintreten, denn die Unfreiheit der Seele wird von niemandem so gnadenlos gespiegelt wie von einem Pubertierenden!

Macht dieser Mensch einen neuen Anfang oder kommt es zum offenen Bruch? Wird in Zukunft Erstarrung und Verhärtung auftreten oder ist mit einem Neubeginn zu rechnen? Auf jeden Fall bietet das pubertierende Kind den Eltern reichlich Gelegenheit, sich mit dem eigenen Seelenleben zu beschäftigen, um so herauszufinden, wie weit es frei und von ihnen selbst geprägt oder ob es noch kindlich und unfrei ist.

Innere Pubertät

Wenn die Pubertätskrise nicht in den Lebensjahren durchgemacht wird, in die sie naturgemäß hineingehört, taucht der Pubertätsimpuls in der Seele unter und lebt im Verborgenen weiter, bis er später wieder in Form von Unzulänglichkeiten an die Oberfläche kommt. Vor der Pubertät ist der Mensch noch nicht imstande, sich auf seelischem Gebiet zu befreien, und nach Ablauf der Pubertät ist ihm dieses nicht mehr möglich. Nur dem Adoleszenten stehen alle Wege offen.

Ein Kind, das in seiner Seele die Aufforderung zur Individualisierung und Befreiung spürt, reagiert darauf in verschiedenster Weise: mit Unbehagen und Abwehr gegen jegliche Autorität und indem es Anschauungen und Erwartungen der Erwachsenen mit Verwunderung und Unverständnis begegnet. Ein Mensch, der in seiner Jugend dem Pubertätsimpuls nicht gefolgt ist, so dass dieser unbeantwortet wieder in seiner Seele untergetaucht ist, reagiert im späteren Leben auf dieses Versäumnis damit, dass er sich immer wieder gegen Aufgaben und Pflichten sträubt und innerlich blockiert. Ob diese Aufgaben von seiner Umgebung gestellt werden oder er sie sich selbst auferlegt, macht keinen Unterschied. Die inneren Widerstände werden gefühlt und erlebt, aber meistens nicht ausgelebt. Sie treten höchstens an die Oberfläche als *Ungeduld* oder *Vergesslichkeit*. Diese bilden die beiden Gegenpole der seelischen Reizbarkeit, der verborgenen psychischen »Allergie«, wobei Ungeduld die aktive und das Vergessen die passive Reizbarkeit ist.

Hier folgen einige Beispiele: der ungeduldige Vater, der seine Kinder nur ins Bett bringen kann, indem er mit ihnen schimpft; die Mutter, die von ihren Kindern verlangt, dass sie in ihrem Tempo und auf ihre Weise Geschirr spülen; der geschiedene Vater, der die Besuchszeit vergisst und seine Kinder warten lässt; der Ehemann, der es nicht schafft, sich das Datum des Hochzeitstags zu merken oder die Mutter, die immer zu spät kommt, um ihr Kind im Kindergarten abzuholen, oder immer wieder vergisst, was sie versprochen hat.

All diese Menschen zeigen in ihrem Verhalten untergetauchte, aus der Seelentiefe wirksame Pubertätscharakteristiken. Auch mit Faulheit, Trägheit oder Schlampigkeiten kann die unfreie Seele eines Erwachsenen auf verborgene Weise protestieren. Würde diese Protesthaltung einer allgemeinen Charaktereigenschaft des Menschen entsprechen, dann würde sein gesamtes Verhalten davon geprägt sein. Sind es aber verborgene Widerstände, nämlich im Stillen wirksame pubertäre Störungen, dann entsteht ein sehr unberechenbares Verhaltensmuster. Ein solcher Mensch ist zum Beispiel in bestimmter Hinsicht mit Engelsgeduld gesegnet, aber in anderer Hinsicht wiederum äußerst ungeduldig. Ein anderer wiederum kann in manchen Dingen ganz penibel sein und sich genau dasjenige merken, was ihm wichtig ist, auf anderen Gebieten aber schlampig und vergesslich sein.

Diese verborgenen Irritationen lassen also ein bizarres Reaktionsmuster entstehen. Jemand, der die durch die Pubertät gebotenen Chancen verpasst hat, rebelliert unbemerkt innerlich weiter. Wer kennt nicht solche Menschen, die in jeder Versammlung grundsätzlich den entgegengesetzten Standpunkt des vorangegangenen Sprechers vertreten und zu keinem Kompromiss bereit sind, oder die sich mehr zu Emotionen und Sensationen hingezogen fühlen als zu bewussten Entscheidungen und Verantwortlichkeiten?

Selbst Erwachsene, die in ihrer Adoleszenz die gebotenen

Chancen der Pubertätskrise genutzt haben, können noch hin und wieder in ein pubertäres Verhalten verfallen. Diese Phasen sind aber vorübergehend und verschwinden meistens von allein. Oft tritt ein solcher Rückfall auf, wenn die Seele sich in einer ausweglosen Situation gefangen fühlt: zum Beispiel, wenn die Arbeitsbedingungen oder die Familiensituation besonders bedrückend sind. Während solcher Beeinträchtigungen offenbart sich aufs Neue das Streben nach Freiheit.

Manchmal können die Lebensumstände im Werdegang eines Menschen aber auch eine *günstige* Gelegenheit schaffen, um ein noch kindliches, unfreies Stück Seelenleben in ein erwachsenes umzuwandeln. Wer zum Beispiel zu früh Verpflichtungen übernehmen musste, bekommt häufig später noch die Möglichkeit, für eine kurze Zeit zu »desertieren« und zu rebellieren, denn jede Seelenregion, die noch unfrei ist, bildet ein Hindernis in der Entwicklung. Gerade wenn das Ich des Menschen sich kräftiger manifestieren will und soll, weil äußere Umstände eine Beschleunigung des Lebensauftrages erfordern, verspürt der Mensch einen starken Befreiungsimpuls in sich. Dem kindlichen Teil seines Wesens liegt dieses weitere Wachstum der Seele wie ein Stein im Weg, der Erwachsene empfindet diese »kindliche« Schicht zunehmend als inneren Ballast, sodass er sich schließlich davon befreien möchte. Dieser Drang löst nun eine späte seelische Pubertätskrise aus. Der Mensch antwortet mit Rebellion, Abwehr, Herausforderung und Umsturz des Alten. Der Erwachsene wird sich dieses inneren Vorgangs bewusst, weil ihm auffällt, dass er bestimmte Tätigkeiten, die er früher wie selbstverständlich ausgeübt hat, nicht mehr ausstehen kann. Oder der Aufruhr in der Seele macht sich dadurch bemerkbar, dass er sich über Menschen ärgert, mit denen er früher einen zwanglosen Umgang pflegte, oder er fühlt sich nicht länger mehr in Situationen wohl, die vorher einfach zu seinem

Leben gehörten. Er fühlt sich wie ein Fremder, auf einmal geht nichts mehr von allein, nichts interessiert ihn mehr, und alle möglichen Menschen und Dinge erregen seinen Ärger. In diesem Fall ist es Zeit, zu untersuchen, was der Grund für diese Äußerungen der Unfreiheit ist. Wird die Ursache erkannt, ist die Voraussetzung für einen befreienden Umgang mit diesen Situationen geschaffen. Wenn man sich des unfreien Seelenteils bewusst wird, diesen begreifen lernt und durch einen eigenen Inhalt ersetzt, werden die beschriebenen Symptome wieder verschwinden. Die Seele wird dann von dem wahren Wesen des Menschen durchzogen und mit neuer Kraft und Wärme erfüllt, sodass er, nun älter und weiser geworden, seinen Lebensweg fortsetzen kann. Gelingt es nicht, diesen Schritt zu tun, kann er manchmal jahrelang das Gefühl haben, neben sich her zu leben, statt mitten im Leben zu stehen.

Wenn sich in der Seele Muster herausgebildet haben, wird der Mensch sich seiner Natur gemäß auch danach verhalten. Der verlogene Mensch zum Beispiel wird weiterhin seine Probleme mit der Wahrheit haben und der triebbetonte seine Begierden ausleben. Durch unser Ich aber können wir wirklich Mensch sein und brauchen unser Leben nicht von diesen festen Formen bestimmen zu lassen. Wir können Denken, Fühlen und Wollen in den Dienst unseres Ich stellen und somit auch Entscheidungen treffen, die unserer Natur eigentlich widerstreben. Das gelingt zwar nur unter großen Anstrengungen, aber durch diese Arbeit werden wir zu wirklich freien Menschen, deren Leben nicht von den äußeren Ereignissen bestimmt wird, sondern die sich ihr Inneres selbst neu schaffen.
Wenn der verlogene Mensch einen solchen seelischen Umwandlungsprozess durchgemacht hat, wird er der Wahrheit besser dienen können als manch anderer, der diese Erfahrung nicht gemacht hat. Und der triebbetonte Typ wird

sich größere Zurückhaltung auferlegen können. Nicht aus Angst oder Verkrampfung, sondern aus einer freien Ich-Entscheidung heraus kann der Mensch sein Inneres umwandeln und sich dadurch anders verhalten, als aufgrund seines Seelenleibes zu erwarten gewesen wäre.

Die Schleuse als Bild der Pubertät

Das menschliche Leben kann man mit einem Fluss vergleichen. Das Wasser strömt vom Gebirge ins Tal, und unterwegs schwillt der Fluss vom Regen an. Er windet sich in vielen Biegungen und Schleifen. Das eine Mal fließt das Wasser schneller, das andere Mal langsamer.

Jedes Kind bekommt bei der Geburt ein eigenes Schifflein und fährt damit auf seinem Lebensstrom. In den ersten Lebensjahren sind wir als Eltern noch Kapitän auf dem Schiff des Kindes, aber wenn sich die Pubertät ankündigt, müssen wir den Beruf wechseln. Statt Kapitän werden wir nun Schleusenwärter!

Das Kind steuert nun selbst sein Schiff, bis auf einmal eine Schleuse in Sicht kommt. Diese bildet zwar eine Sperre, gleichzeitig aber auch die Möglichkeit der sicheren Durchfahrt.

Die Schiffsschleuse ist ein schönes Bild für die Pubertätsphase. Das Schiff fährt ganz selbstverständlich in die Schleuse hinein. Wenn es sich in der Schleusenkammer befindet, muss der Wasserspiegel auf das gleiche Niveau des Flussabschnitts hinter der Schleuse gebracht werden. Bald stimmt das Wasserniveau in der Schleusenkammer nicht mehr mit dem im alten Flussabschnitt überein. Aber auch der Wasserspiegel des nächsten Flussabschnittes ist noch nicht erreicht.

Da liegt das Schiff nun, und der Kapitän muss darauf vertrauen, dass sich nach einer gewissen Zeit das zweite

Schleusentor öffnet und das Schiff dann auf dem richtigen Wasserniveau liegen wird, so dass es mühelos seine Reise fortsetzen kann.

Manchmal muss man in einer Schleuse das Schiff verankern, indem man es mit einem Seil am Kai festmacht. Steigt oder sinkt das Wasser dann, muss das Seil blitzschnell gestrafft oder gelockert werden.

Hierzu ein paar Fragen als Hilfe zum besseren Umgang mit diesem Prozess:

Sind wir als Eltern gute »Schleusenwärter«?
- Darf das Kind in die Schleuse der Pubertät einfahren oder öffnet sich das Schleusentor nicht?
- Schließen wir das Schleusentor hinter ihm, so dass es die Möglichkeit des Sich-Absonderns hat? Oder muss das Kind weiterhin alles mit uns teilen, sein Tun und Lassen völlig auf uns abstimmen und uns für jede Kleinigkeit um Erlaubnis bitten? Treffen wir in Zukunft weiterhin für es die kleinsten Entscheidungen?
- Verankern wir sein Schiff am Kai oder lassen wir es frei auf dem Wasser schaukeln, so dass es gegen die Mauer oder gegen andere Schiffe stößt? Ziehen wir weiterhin eine Grenze und bieten dem Jugendlichen einen Halt? Oder werfen wir von einem Tag auf den anderen alle Regeln und Gewohnheiten über Bord? Lassen wir auf einmal alle Leinen los?
- Überlegen wir uns, wann wir dem Kind etwas Seil nachlassen müssen und wann nicht? Erkennen wir, in welchen Situationen wir flexibel zu sein haben und in welchen nicht? Wissen wir, wann wir noch eingreifen müssen und wie wir das machen sollten oder wann wir den Jugendlichen gewähren lassen müssen?
- Wissen wir, wann das Wasser in der Schleuse das gleiche Niveau erreicht hat wie das des Flussabschnitts auf der anderen Seite? Sehen wir, wann unser Kind so weit ist,

dass es seinen eigenen Weg gehen kann? Behalten wir es auch dann noch im Auge?

– Vergessen wir schließlich nicht, das Schleusentor zur Zukunft hin zu öffnen, wenn die Zeit gekommen ist? Man stelle sich nur vor, alles wäre zum Weiterfahren bereit und das Tor bliebe geschlossen! Darf das Kind die Familie verlassen oder richten wir es so ein, dass es doch nicht die Chance bekommt, von zu Hause fortzuziehen, wenn es konkret wird? Wer kennt nicht folgende Einwände: »Du bist zwar erwachsen, aber wenn du zu Hause wohnen bleibst, ist das billiger und gemütlicher und auch viel praktischer« usw.? Leider bleiben durch eine solche Haltung viele Schleusen geschlossen, und wenn dann später endlich die Torflügel geöffnet werden, will das Schiff vielleicht gar nicht mehr ausfahren.

Oder der junge Mensch ist des Wartens überdrüssig geworden und rammt mit dem Mut der Verzweiflung die Schleusentore und bricht mit seinem Schiff aus. Der Schaden ist dann auf beiden Seiten groß. Wenn die Erzieher dieses Bild der Schleuse, das die Möglichkeiten und Gefahren der Pubertätszeit sehr anschaulich darstellt, immer vor Augen hätten, könnten viele Probleme vermieden werden.

Die verlorengegangene Pubertät

Wozu brauchen wir die Pubertät?

In früheren Zeiten war es üblich, dass das Kind sich an die von seinen Eltern übernommenen Werte hielt. Es sollte diese nicht überprüfen und schon gar nicht verwerfen. Statt eines individuellen Lebenszieles hatte es einen Lebenszweck, der durch die Gruppe, die Familie und das Volk mehr oder weniger vorgegeben war.

In unserer Zeit fühlen die Menschen immer stärker den

Drang, einen individuellen Lebensauftrag verwirklichen zu wollen. Sie können mit dem Seelenleben, das sie durch Nachahmung ihrer Eltern gebildet haben, nicht viel anfangen. Die Pubertät ist für die gegenwärtigen Jugendlichen schwieriger zu bewältigen, als dies für frühere Generationen der Fall war, weil sie sich stärker emanzipieren. So entwickelt sich unsere Gesellschaft immer mehr zu einer Gemeinschaft von bewussten, individuellen Menschen, die nicht aufgrund der Blutsverwandtschaft zusammen leben und arbeiten wollen, sondern jeder aus dem eigenen Ich heraus. In der heutigen Welt fordert das Erwachsenwerden viel mehr von dem jungen Menschen als früher.

Viele Menschen leben noch zwischen diesen beiden Welten. Einerseits fühlen sie, wie lebenswichtig das Individuelle ist, andererseits neigen sie immer noch dazu, ihr Eigenes dem Allgemeinen zu opfern.

Wenn das Kind die Pubertät nicht durchmacht

Genau wie es Jugendliche gibt, die besonders stark pubertieren, gibt es auch solche, bei denen keinerlei Probleme auftreten. Über sie sagen die Eltern dann: »Das viele Gerede über die Pubertät ist übertrieben. Meine Kinder machten weiterhin ihre Hausaufgaben, sie waren umgänglich, hatten nette Freunde und gingen einfach mit uns in Ferien.«

Solche Jugendlichen wird man nicht beim Therapeuten antreffen. Sie fallen nicht auf, sie bereiten ihren Eltern keine großen Sorgen und stellen keine extremen Anforderungen. Wie kann das sein? Warum machen bestimmte Adoleszenten die Pubertät nicht oder kaum durch? Weil es nicht nötig ist? Weil es nicht möglich ist? Weil die Eltern zu stark sind? Weil die Kinder selbst zu schwach sind oder sich selbst die Zeit zum Pubertieren nicht »gönnen«?

Ich denke, dass jede dieser Begründungen stimmen kann. Die Eltern sollten sich mit dieser Fragestellung auseinandersetzen, um herauszufinden, welche »Antwort« zu ihrem Kind passt. Ich werde die verschiedenen Möglichkeiten im Folgenden noch erläutern.

Wenn das Kind die Pubertät nicht nötig hat
Kinder, die ein sehr ausgeprägtes Ich haben, sind früher, als es gewöhnlich der Fall ist, imstande, die ureigenen Impulse in der Kinderseele auszuleben. Wenn die Eltern eines solchen Kindes ein Gespür für dieses Besondere in ihm haben und dem mit dem nötigen Respekt begegnen, entwickelt es von Anfang an einen eigenen Seeleninhalt und bräuchte eigentlich keine Pubertät durchzumachen.

In der Praxis gibt es solche Kinder aber nicht. Allerdings kann die Notwendigkeit zum Pubertieren bei Kindern unterschiedlich groß sein. So wird ein Kind mit einem starken Lebensziel unter günstigen Umständen vielleicht viele Seelenbereiche schon vor der Pubertät als seine eigenen aufbauen. Andere Kinder werden das für ein einzelnes Gebiet schaffen. In den betreffenden Bereichen brauchen diese Kinder dann tatsächlich nicht zu pubertieren. Oft geht es hierbei um mitgebrachte Talente und Begabungen, zum Beispiel Musikalität. Sie schafft eine bestimmte Seelenqualität. Eine solche Begabung tritt schon beim kleinen Kind mit einer eigenen Ich-Kraft in der Kinderseele auf. Es ist seinen Altersgenossen in dieser Hinsicht weit voraus. Wir nennen solche Kinder Wunderkinder. Das Wunder liegt in der Tatsache, dass das Kind eine große Reife und Eigenheit bereits in einem Alter aufweist, in dem das normalerweise noch nicht möglich ist.

Es ist lohnenswert und aufschlussreich, einmal zu fragen, wo das Wunder im eigenen Kind steckt. Zwar kommt nicht jeder wie ein Mozart auf die Welt, aber in jedem Kind verbirgt sich doch irgendwo ein Wunder.

So kann es vorkommen, dass Kinder den Lehrstoff, den der Lehrer gerade vorbringen will, bereits zu wissen scheinen. Andere besitzen schon früh eine bemerkenswerte Menschenkenntnis und wissen auch damit umzugehen, sodass sie ihre Eltern immer wieder in Staunen versetzen. Hier ist Zurückhaltung von Elternseite geboten, denn für diese Bereiche braucht das Kind ganz einfach keine Erziehung.

Stolze Eltern, die mit ihrem Kind angeben wollen und das Wunderbare in ihm zu stark hervorheben, schaden ihm dadurch oft erheblich. Spätestens in der Pubertät wird ein solches Kind sich weigern, noch länger die Rolle des Paradepferds zu spielen. Leider geht das nicht selten auf Kosten der besonderen Begabung, denn das Kind kehrt sich dann häufig als Reaktion der Auflehnung von seiner Veranlagung oder Begabung ab. Zwar taucht diese später oft wieder auf, aber sie ist dann nicht mehr so unversehrt wie früher.

So weit es seine kleinen Wunder betrifft, hat das Kind keinerlei Bestätigung oder Ermutigung nötig, denn diese Veranlagungen entwickeln sich von selbst. Das Beste, was die Eltern tun können, ist, dem Kind die Möglichkeit zu bieten, diese mitgebrachten Gaben zu entfalten. Behutsam lässt sich herausfinden, welches Instrument oder welches andere Übungsfeld seinem Sehnen entgegenkommt.

Die Entdeckung des Wunders im Kind gibt den Eltern die Möglichkeit, es noch inniger ins Herz zu schließen, weil in der besonderen Veranlagung sich früh eine Eigenheit von ihm offenbart. Hier können sie dem wahren Wesen, dem Ich des Kindes begegnen.

Wenn die Pubertät nicht möglich ist

Sollte es tatsächlich Umstände geben, unter denen Jugendliche nicht pubertieren können? Jugendliche würden sich das doch unter gar keinen Umständen nehmen lassen! Und doch ist es so! Pubertät ist ein »Luxusartikel«. Versuchen wir einmal herauszufinden, welche Bedingungen erfüllt sein müssen, damit der Jugendliche sich den Luxus der Pubertät leisten kann.

Zuallererst muss das Kind in einer Gesellschaft leben, in der seine Grundbedürfnisse wie selbstverständlich befriedigt werden. Das klingt vielleicht sonderbar, aber in einer Gegend, in der Hungersnot herrscht oder ein Krieg wütet, haben die Jugendlichen keine Zeit und Muße, sich gegen die Erwachsenen aufzulehnen. In unserem Land dagegen gibt es dazu Gelegenheit genug, denn es herrscht auf materiellem Gebiet keinerlei Mangel. Jedem steht das Minimum, was Essen, Trinken, Kleidung und Wohnen betrifft, zu. Wenn man über die Grenzen unseres kleinen Landes hinausschaut, wird man merken, dass das in der Welt gar keine Selbstverständlichkeit ist. Menschen, die sich während der Kriegsjahre gerade im Pubertätsalter befanden, haben erfahren, dass man sich damals den »Luxus« der Pubertät nicht leisten konnte, vor allem, wenn Hunger und Todesangst die täglichen Gefährten sind. In Ländern, in denen eine allgemeine Hungersnot herrscht, oder in Kriegsgebieten, wie vor kurzem im zerrütteten ehemaligen Jugoslawien, haben die Kinder kaum Gelegenheit, ihre Seele voll individualisierend auszubilden. Oft wird nur ihr Willensleben stark. Sie werden notgedrungen zu harten Kämpfern, während ihr Gefühlsleben dürftig bleibt, denn es kann sich nicht entfalten. Meist entsteht eine neue innere Notlage, sobald das Elend vorüber ist. Selbst wenn es den Betreffenden gelingt, das Erlebte größtenteils zu verarbeiten, quälen sie noch lange existenzielle Fragen: Warum lebe ich eigentlich? Wozu war all dieses Elend gut? Welche Zukunftsperspektiven habe ich überhaupt noch in einem zerstörten Land? Die Notlage hindert sie daran, den roten Lebensfaden im Innern zu entdecken.

Obwohl unser Land weder von Hungersnot noch Krieg heimgesucht wird, können sich dennoch bestimmte Jugendliche den »Luxus« einer Pubertätskrise nicht »leisten«. Warum? Vielleicht, weil sie keine Eltern mehr haben oder weil in der Zeit, in der sonst die Pubertät stattfindet, eines der beiden Eltern stirbt. Oder auch weil die Eltern gerade in der Pubertätszeit ihres Kindes in eine Ehescheidung mit all ihren schmerzlichen Auseinandersetzungen verwickelt sind. Die Eltern »pubertieren« dann selbst so stark, dass kein Raum für das Kind übrig bleibt. Auch gibt es Kinder, die auf emotionellem Gebiet einen Kampf ums Dasein führen müssen. Solche Kinder leiden zwar keine Not, aber das seelische Klima, in dem sie leben, ist leer und kalt, sodass sie mit aller Kraft versuchen müssen, innerlich zu überleben. Sie halten sich an dem, was in ihrer Seele vorhanden ist, krampfhaft fest, denn sie möchten dieses kleine Bisschen nicht auch noch verlieren. Auch diese Kinder können sich den Luxus der Pubertät nicht leisten.

Schließlich gibt es noch die Kinder, die mit ernsthaften Gesundheitsproblemen zu kämpfen haben. Ein Kind, das zum Beispiel an Aids oder Krebs erkrankt ist oder einen Autounfall hatte, braucht seine ganze Kraft zum Überleben. Hier wird eine individuelle Höher-Entwicklung oft in einer erschütternden Weise vorweggenommen.

Wenn die Eltern zu stark sind
Manche Eltern halten die Erziehung mit eiserner Willenskraft ununterbrochen fest in der Hand. Mit Ordnung und Disziplin, Schuldzuweisung und Strafe regieren sie streng und autoritär über das Königreich der Jugend ihrer Kinder. Das hat gewiss bestimmte Vorteile. Alles läuft wie am Schnürchen, und die Eltern brauchen sich für das Verhalten ihrer Kinder nicht zu schämen. Ihre Kinder kämen gar nicht auf die Idee, sich außerhalb der gebahnten Wege zu bewegen und, falls sie sich doch dazu erdreisteten, würden sie sofort am Kragen gepackt und kurzerhand auf den richtigen Weg zurückgebracht.

Wäre ein solches Kind ungehorsam, lebte es ständig in der Angst, von den Eltern zurückgewiesen zu werden. Es fühlt sich dann nicht wegen eines bestimmten Verhaltens abgelehnt, sondern als Person. Viele Kinder ziehen es deshalb vor, auf Nummer Sicher zu gehen, und bewegen sich nur noch auf den von den Eltern vorgegebenen Wegen. Später werden sie das mit einer großen seelischen Unfreiheit bezahlen müssen. Eigentlich bräuchten sie während ihres ganzen weiteren Lebens die Eltern an ihrer Seite. Der Chef, der Partner oder auch die landläufigen Anschauungen in der Gesellschaft – alles ist gut genug, um als Vertreter der dominanten Eltern angenommen zu werden. Die »innere Elternschaft«, nämlich die Fähigkeit, auf das eigene Ich hören zu können, haben sie sich nicht erkämpft. Die Pubertät dieser Kinder ist tatsächlich verloren gegangen.

Die Eltern solcher Kinder sind oft mit sich selbst sehr zufrieden. Sie haben ihre Aufgabe ordentlich und verantwortungsbewusst erfüllt und genießen nach vollendeter Arbeit die verdiente Ruhe. Tatsächlich haben sie viele kritische Situationen umgangen, gleichzeitig aber eine viel schwerwiegendere Problematik geschaffen, die sie aber selten als solche erkennen werden.

Manche Kinder brechen aus einer solchen Erziehungssituation aus. Leider bedeutet dies oft einen wirklichen Bruch, und den jungen Menschen droht nach dieser an sich gesunden Reaktion häufig ein einsamer, für die Umgebung unverständlicher Weg zur Freiheit und Individualität. An eine totale Unfreiheit gewöhnt, ist der Jugendliche von einem Tag auf den anderen gezwungen, sich auf unbegrenzte Freiheit umzustellen. Dass eine solche einschneidende Veränderung mit großen Risiken verbunden ist, kann nicht verwundern. Die betreffenden Eltern werden später natürlich sagen, dass das schiefgehen musste, und überlassen ihr Kind nicht selten seinem Schicksal.

Vor einiger Zeit konnte man in der Zeitung die Geschichte eines minderjährigen Mädchens lesen, das in seiner Familie unter äußerst strengen Anforderungen aufwuchs, vor allem in Bezug auf das, was sich gehört und was nicht. Die Eltern erzogen ihre Kinder aus einer fanatischen Glaubenshaltung heraus. Die Tochter begegnete in einer Familie der Nachbarschaft einer viel freieren und toleranteren Erziehungsatmosphäre und trat daraufhin zu Hause den Kampf um ihre Freiheit an. Als sie nicht mehr konnte, lief sie von zu Hause weg. Sie wurde aufgegriffen und kam zunächst in ein Heim. Sie wehrte sich mit allen Kräften gegen eine Rückkehr nach Hause; mehrere Gerichtsverfahren folgten; aber sie hielt durch. Schließlich gewann sie. Sie brauchte nicht mehr in die elterliche Wohnung zurückzukehren und wurde von einer Pflegefamilie aufgenommen.

Dieses Mädchen ist eine Ausnahme. Viele Kinder würden einen solchen Mut nicht aufbringen können. Außerdem bleibt der Schmerz um den Bruch mit den Eltern. Wie es auch immer ausgehen mag, das Kind ist immer der Verlierer. Eltern, die zu dominant sind, machen es ihren Kindern praktisch unmöglich, zu pubertieren. Häufig – denn die menschliche Seele ist flexibel – fangen Sohn oder Tochter dann um ihr zwanzigstes Lebensjahr herum, wenn sie zum Beispiel an der Universität sind, doch noch an, diese Zeit nachzuholen. Endlich haben sie ja ein Zimmer für sich, weit weg von zu Hause! Solange sie die Prüfungen bestehen, werden die Eltern nichts merken, und sie können sich richtig ausleben!

Viele junge Leute befreien sich in einer solchen verspäteten Pubertät nachträglich von der Unfreiheit ihrer Seele und bestehen die Wanderung auf der Suche nach ihrer Eigenheit mit Erfolg. Zwar bedeutet das meistens einige zusätzliche Studienjahre, aber für diese Spätentwickler gilt: besser spät als nie.

Wenn die Kinder selbst zu schwach sind

Was bedeutet es, dass ein Kind zu schwach ist? In meinem Buch »Problemkindern helfen«[2] habe ich dargestellt, was ich unter einer »Seelenhaut« verstehe. Gemeint ist Folgendes: Durch die positiven und negativen Erfahrungen, die das Kind im Laufe seiner Kindheit sammelt, entstehen in seinem Innern Sympathie- und Antipathiegefühle für die Welt, für andere Menschen und für alles, was es erlebt. Antipathiekräfte bilden eine Art Trennwand zwischen dem eigenen Gefühlsleben und dem der Mitmenschen. Sympathiekräfte dagegen halten die Verbindung mit der Außenwelt aufrecht.

Eine gesunde Seelenhaut bildet sich aufgrund dieser Sympathie- und Antipathiekräfte. Sie atmet genauso wie die menschliche Haut: sie schützt einen und macht es gleichzeitig möglich, dass man sich mit demjenigen verbindet, dem man begegnet. Ein Kind mit einer zu dünnen Seelenhaut empfindet alles um sich herum so, als ob es in ihm selbst wäre. Wenn Vater oder Mutter sich über sein Betragen oder seine kritischen Bemerkungen empören oder ärgern, ist ihm dies unerträglich. Es wird mit allen Mitteln versuchen, einen derartigen Vorfall wieder gutzumachen und solche Konfrontationen in Zukunft zu vermeiden. Solche Kinder sind zu schwach, ihre eigenen Gefühle den Eltern entgegenzustellen.

Manchmal ist ein Kind auch mit seinem Ich nur durch einen sehr »dünnen Faden« verbunden. Zögernd und voller Zweifel, immer hin- und hergerissen, geht es durchs Leben. Mama soll doch sagen, ob das Kleid hübsch ist, oder Papa soll entscheiden, ob es die französischen Vokabeln genügend gebüffelt hat. Eigentlich sind diese Kinder nicht wirklich auf der Erde angekommen, ihr Ich hält sich noch zu sehr im Hintergrund.

Kluge Eltern werden bei diesen Kindern bewusst den Durchbruch der Pubertät anregen. Bieten Sie einem solchen Kind eine Herausforderung, unterstützen Sie jede eigene Entscheidung, wie unbedeutend sie auch sein mag, locken Sie es Schritt für Schritt aus sich heraus und lassen

Sie es zugleich spüren, dass Sie es keineswegs im Stich lassen werden, wenn es Ärger geben sollte.

Ist ein Kind wirklich grundsätzlich zu schwach, dann wird es, was immer die Eltern auch versuchen mögen, die Pubertät überspringen und zunächst mehr Kraft sammeln wollen. Erst später wird die Pubertätsfrage in seinem Leben wieder aufklingen.

Wenn das Kind sich nicht die Zeit zum Pubertieren gönnt
Es kommt auch vor, dass ein Kind sich keine Zeit zum Pubertieren gönnt. Das ehrgeizige Kind, durch hohe Anforderungen von Schule und Elternhaus in seinem Eifer noch bestärkt, will manchmal mit aller ihm zur Verfügung stehenden Energie eine bestimmte Leistung vollbringen. Ein Schüler möchte zum Beispiel unbedingt eine bestimmte Zeugnisnote bekommen. Ein anderer wiederum will Berufssportler werden. Fast verbissen absolviert er sein anstrengendes Pensum. Nichts und niemand kann solche jungen Menschen von ihrem einmal gefassten Ziel abhalten. Unter ihnen gibt es fanatische Streber. Ihnen bleibt gar keine Zeit für die »unsinnigen« Aktivitäten, womit ihre Altersgenossen ihre Zeit vertreiben. Ausgehen ist Zeitverschwendung, Schwänzen ist schade um die verpasste Schulzeit usw. Was der Sport auch immer an großen Opfern verlangen mag, der junge Sportler wird diese auf sich nehmen.

In der DDR gab es zum Beispiel Sportlerinnen, die ihr Land im Leistungssport vertraten. Sie opferten ihre ganze Zeit und Jugend ihren sportlichen Anstrengungen. Immer wieder äußerten diese jungen Frauen, dass sie sich ihrer Jugend beraubt fühlten. In diesem Fall handelt es sich um eine bestimmte äußerliche Unfreiheit, aber es gibt auch Kinder, die ein solch fanatisches Verhalten aus sich selbst heraus haben. Sie sind nicht zu bremsen und gehen oft ihrem Leistungsdrang nach, bis ihre ganze Energie erschöpft ist.

Nicht selten werden sie krank oder erleben die ersten Miss-erfolge. Erst dann wenden sie sich, notgedrungen, ihrem inneren Leben zu.

Wenn ein Kind, aus welchem Grund auch immer, seine Pu-bertätschancen nicht wahrnimmt, nimmt es die Pubertäts-problematik mit, und diese wird sich früher oder später in einem bedeutend schwierigeren Augenblick innerhalb viel komplizierterer sozialer Verhältnisse erneut melden.

Unterschiedliches »Bedürfnis« nach Pubertät

Wie wir bereits gesehen haben, gibt es Eltern, die ihren Kin-dern möglichst viel Raum lassen, damit sie selbst entdecken, auf welchen Gebieten sie ihre Talente entfalten können oder wollen. In diesen Bereichen hat es das Kind, wenn es das Ju-gendalter erreicht, nicht nötig zu pubertieren.

Auch wenn der noch verborgene rote Lebensfaden des Kindes dem roten Faden der Eltern sehr ähnlich ist, werden in der Pubertät die Befreiungsimpulse nicht ausgesprochen heftig auftreten. Wer als Vater oder Mutter ein solches see-lenverwandtes Kind aber aufmerksam beobachtet, dem wird nicht entgehen, dass es sich in dieser Phase nacheinan-der kurz jede einzelne Seelenregion vornimmt, um sie ih-rem Inhalt nach zu überprüfen. Wenn es merkt, dass der jeweilige Seeleninhalt im Grunde zu seinem eigenen passt, wird es die etwaigen kleinen Hindernisse überwinden, ohne dabei viele Beulen abzubekommen.

Fühlt ein Kind dagegen einen Lebensimpuls in sich, der stark von dem Duktus abweicht, mit dem es erzogen wor-den ist, muss zunächst viel Ballast über Bord geworfen werden. Wie wertvoll auch immer die Einflüsse seiner El-tern gewesen sein mögen – wenn das eigene Ich des Kindes diese Inhalte untersucht und prüft, wird es sie vielleicht als völlig ungeeignet ansehen und somit verwerfen.

Dennoch brauchen die Eltern jetzt nicht zu denken, dass ihre ganze Erziehungsarbeit offenbar umsonst gewesen zu sein scheint. Das sieht nur so aus. In Wirklichkeit leben ihre erzieherischen Bemühungen und Inhalte als Keime in der Seele des Kindes weiter. Nicht umsonst wächst ein Kind in einer bestimmten Familie auf. Auch wenn es in der Pubertät die Einflüsse seiner Eltern mit der Wurzel ausrottet, verschwindet die Essenz des Mitgegebenen nicht. Still und geduldig ruht dieser Inhalt solange als Samen in der Seele des Kindes, bis der Augenblick gekommen ist, in dem der Mensch ihn braucht. Die Eltern dürfen darauf vertrauen, dass alles, was sie ihrem Kind aufrichtig und mit Liebe geschenkt haben, früher oder später aufkeimt, wächst und Frucht trägt. Natürlich ist es durchaus möglich, dass sie das nicht mehr erleben.

Manche Menschen brauchen aber vielleicht sogar im späteren Leben die etwaigen negativen Einflüsse, die ihre Seele in der Kinderzeit aufgenommen hat. Deswegen sollte man nicht voreilig über die Erziehung urteilen, die man seinem Kind hat zuteil werden lassen. Wer aufrichtig versucht hat, das Gute zu tun, darf darauf vertrauen, dass die guten Absichten in der Erziehung eine bleibende Kraft sind und stärker sein können als etwaige Erziehungsfehler.

Pubertätsarten

Eigentlich gibt es genau so viele Möglichkeiten, die Pubertät durchzumachen, wie es Kinder gibt. Dennoch können
wir übergreifend drei Typen des Pubertierens unterscheiden:

Erster Typus: die Gedankenpubertät
Zweiter Typus: die Gefühlspubertät
Dritter Typus: die Willens- oder Tätigkeitspubertät

Zwar macht jedes Kind die Pubertät in allen drei Seelenbe-
reichen durch, aber häufig dominiert doch einer der drei
Typen. In der ersten Zeit erklingt in der Seele des jungen
Menschen vor allem der Aufruf, im Denken selbstständig
zu werden. In den folgenden Jahren wird er aufgefordert,
sich im Fühlen zu entwickeln, und in den letzten Jahren
seine Willenskraft zu befreien.
Wenn bei dem heranwachsenden Jugendlichen die Pubertät
vor allem im Gebiet des Denkens vorherrscht, liegt der
Schwerpunkt dieses Prozesses auf den Anfangsjahren,
herrscht das Fühlen vor, findet dieser Prozess schwer-
punktmäßig in den mittleren Jahren statt, und wenn das
Handeln dominiert, liegt dieser Zeitabschnitt in dem letzten Stadium. Wenn die Eltern wissen, zu welchem Typus
ihr Kind gehört und in welcher der drei Perioden es sich
gerade befindet, kann das eine gute Hilfestellung während
des »Schleusendurchgangs« sein.
Später werden diese drei Seelengebiete im Hinblick auf die
Sexualität angeschaut. Zunächst sollen sie allgemein betrachtet werden.

Wenn die Gedankenpubertät dominiert

Eine Bemerkung möchte ich vorausschicken: Der Jugendliche, der zum ersten Pubertätstypus gehört, braucht deswegen nicht besonders gescheit oder ein Intellektueller zu
sein. Diesen Typus trifft man sowohl bei praktischen Natu-
ren als auch bei Akademikern an. Gemeinsam ist allen, dass
Unruhe und Ratlosigkeit sich über ihr Bewusstsein ausdrücken. Oft wissen sie nicht mehr, wie es mit ihnen weitergehen soll; sie haben den Kopf voller Zweifel und stellen
alles in Frage. In ihrer Seele steigen die Impulse des erwa-
chenden Ich auf, das nach Individualität strebt. Sie werden
zunächst als fremde Gedanken empfunden und wecken in
ihnen die unterschiedlichsten Fragen, wie zum Beispiel:

- Bin ich eigentlich ein echtes Mädchen?
- Warum muss man in die Schule gehen?
- Warum bin ich hier geboren?
- Warum ist Demokratie die richtige Gesellschaftsform?
  Stimmt das überhaupt?
- Wer verursacht mein Schicksal?
- Gibt es Gott wirklich?
- Was möchte ich werden? Möchte ich überhaupt etwas
  werden?
- Wer ist der andere Mensch?
- Unterrichtet der Geschichtslehrer eigentlich gerne?
- Ist mein Freund eigentlich das, was er vorgibt zu sein?
- Gibt es Treue unter den Menschen?

Viele solcher Fragen junger Menschen gleichen den Fragen,
die manchmal auch Erwachsene in einem stillen Augenblick beschäftigen. Jugendliche, die vor allem im Denken
pubertieren, stellen sich selbst mehr Fragen, als mancher
Professor in seinem ganzen Leben …
Noch komplizierter und spannender wird es, wenn diese

Fragen den Jugendlichen nicht nur beschäftigen, sondern er sie auch beantwortet wissen will. Die etwaigen Antworten, die die jungen Leute dann bekommen, werden kritisch diskutiert und nachher meist als unsinnige Lösungen verworfen. Tage- und nächtelang wälzen sie allerlei philosophische oder auch konkret persönliche Probleme. Sie reden über Gott und die Welt und stellen alles in Frage.

Während sie denken, reden und grübeln sind diese Jugendlichen unentwegt auf der Suche nach sich selbst. Sie erforschen die Vielfalt an Ideen und Meinungen, sie kehren sie in ihr Gegenteil um, und im Laufe der Jahre probieren sie auch eine Anzahl dieser Ideen, die ihnen ansprechend erscheinen, aus. So wenden sich einige dem Buddhismus zu und nehmen östliche Ideen in sich auf. Andere werden Mitglied der Friedensbewegung oder der Anti-Atombewegung. Oder sie fühlen sich von einer radikalen Partei angezogen. Am Wichtigsten aber ist das Zusammentreffen mit Gleichaltrigen, mit denen sie ihre Gedanken, die manchmal für Außenstehende schwer nachzuvollziehen sind, offensichtlich vollkommen teilen können.

Eltern laufen dabei Gefahr, dass sie die Jugendlichen nicht mehr verstehen und sie dadurch nicht ernst genug nehmen. Wie sollen sie auch zum Beispiel damit umgehen, wenn ein Heranwachsender ihnen heute erklärt, dass die Welt Maya sei und man nicht an irdischen Gütern hängen solle, und morgen aber empört sein Taschengeld fordert, weil es schon der zweite Tag des Monats ist! Dazu kommt noch, dass fast alle Ideen, die Sie ihm in der Erziehung mitgegeben haben und die für Sie selbst echt und wertvoll sind, zum Gegenstand seines Spottes und Hohns geworden sind. Wie rückständig und bürgerlich, altmodisch und unbrauchbar die Auffassungen der Eltern doch sind!

Versuchen Sie über diesen Vorwürfen zu stehen und lassen Sie sich nicht auf die Palme bringen.

Ratschläge für Eltern

– Bleiben Sie an erster Stelle einfach der, der Sie schon immer waren. Werfen Sie die Ideen, mit denen Sie Ihr Kind erzogen haben, nicht ohne weiteres über Bord, denn dann nehmen Sie ihm den Halt. Es braucht nämlich in diesem Lebensabschnitt unbedingt noch einen Stützpunkt. Wenn Sie den wegnehmen, verliert es den Boden unter den Füßen. Dass Sie als Eltern für ihr persönliches Gedankengut gerade stehen, ist sehr wichtig.

– Außerdem ist es von größter Bedeutung – und das gilt auch für den Umgang mit den beiden anderen Typen –, dass Sie am Ball bleiben. Wenn Sie mit dem Denkertyp konfrontiert werden, bedeutet das: Hören Sie sich seine Ideen und Einfälle mit nicht nachlassendem Interesse an. Vertiefen Sie sich gegebenenfalls in die östlichen Weisheiten, in das Parteiprogramm oder in die Broschüre der Bewegung. Und hören Sie zu, was Ihr Kind und seine Freunde und Freundinnen zu sagen haben. Wenn Sie diese Ratschläge befolgen, werden Sie Ihr Kind nicht so bald verlieren. Werden Sie selbst aber kein Buddhist!

– Gehen Sie davon aus, dass alles, was Ihr Kind an für Sie Ärgerlichem und Schmerzlichem äußert, wahr sein könnte. Eine solche Einstellung macht das eigene Denken beweglich und bedeutet eine ausgezeichnete »Gymnastikübung« für den Geist. Wenn man die Äußerungen zunächst aus diesem Blickwinkel betrachtet und darüber nachdenkt, lässt man einen Freiraum entstehen, statt sofort mit seinen besserwisserischen Bemerkungen herauszuplatzen. Meistens wird man entdecken, dass Sohn oder Tochter mit ihren Behauptungen zwar nicht wirklich Recht haben, dass die kritischen Worte des Jugendlichen aber doch einen Wahrheitsgehalt haben, den man zunächst überhört hatte. In den Aussagen des Pubertierenden lebt immer etwas, mit dem man etwas anfangen kann. So entsteht doch eine gewisse Anerkennung für

die Triebfedern, die dennoch hinter dem alles beherr-
schenden Drang zum Umwerfen stehen.

– Sie sollten sich aber nicht zu endlosen verbalen Auseinandersetzungen verführen lassen. Es gibt Familien, bei
denen jede Mahlzeit zum taktischen Wortgefecht zwischen Eltern und Kind wird. Alles dreht sich nur noch
um eine Sache: zu siegen und Recht zu bekommen.
Meistens endet die Mahlzeit dann auch mit Zank und
Streit, erbittertem Schweigen oder mit höhnischen Bemerkungen; oder einer läuft vom Tisch weg, weil er sich
weigert, auf diese Weise noch weiter zu essen. Solche
sich ewig wiederholenden Streitgespräche sind völlig
sinnlos. Menschen, die niemals ihr Kind schlagen würden, scheint es nicht im Geringsten etwas auszumachen,
es bis aufs Messer mit dem Wort zu bekämpfen. Warum
darf der Jugendliche nicht auch seine Meinungen zu allem beitragen, ungeniert seine pauschalen Urteile abge-
ben und triumphierend sein Wortmaschinengewehr auf
uns abfeuern? Das gehört nun einmal dazu, liebe Eltern!
Irgendwann geht es wieder vorüber!

– Oder wollen Sie etwa auch noch wie Ihr Kind pubertieren, das heißt, jetzt als Erwachsener auch noch immer
Recht haben und Ihre Mitmenschen mit ihren Worten
besiegen? Versuchen Sie noch immer, mit ihren klugen,
aber so dominanten Gedanken die anderen einzu-
schüchtern? Wenn das so ist, dann gibt es tatsächlich
zwei Pubertierende am Tisch. Der Ältere aber sollte ein-
sehen, dass sein Verhalten ausgesprochen pubertär ist
und er schleunigst erwachsen werden sollte, um so seinem Kind genug Raum zu geben, sich seinem Alter entsprechend wie ein Pubertierender zu verhalten.

Nicht nur für den heranwachsenden Menschen, sondern
auch für die Erwachsenen, die in einem Bereich ihrer Seele
»mitpubertieren«, bricht eine schwierige Zeit an. Der Ju-

gendliche ist oft schroff, unvernünftig und unaufrichtig in seinen Äußerungen. Aber zugleich ist er auch sehr verletzlich und unsicher, denn er ist auf der Suche nach der Wahrheit. Wenn wir in irgendeiner Seelenregion ebenso empfindlich sind, dann wird es erst recht heikel!

Stellen Sie sich einmal vor, dass es Ihnen nach zwanzig Jahren harter Arbeit endlich gelungen ist, eine eigene Fabrik für Kunstfasern zu leiten. Als Kind haben Sie in Armut gelebt: nie gab es genügend Kleider, immer waren Sie nicht warm angezogen, und die Kleider, die Sie trugen, waren verschlissen. In ihrem Betrieb werden nun Textilfasern hergestellt, die langlebig und billig sind. Da kommt nun so ein fünfzehn- oder sechzehnjähriger Bengel und erzählt Ihnen, dass diese Kunstfasern schädlich sind und dass Sie schuld daran sind, dass die Umwelt zugrunde geht. Aber Sie haben doch immer alle Vorschriften der Umweltgesetze sorgfältig eingehalten? Durch schweres Schuften haben Sie den Unterhalt für die Familie und doch auch für dieses Kind verdient, so dass es immer gut gekleidet sein konnte. So ein Kind möchte man doch …!

Ihre Empörung ist verständlich, aber versuchen Sie einfach, Ihrem Sohn zuzuhören, ohne sich aufzuregen. Lassen Sie ihn ausreden. Wenn er ernst zu nehmende Fragen hat, können Sie diese beantworten, wenn er aber gewohnheitsmäßig nur etwas behauptet, um Sie zu provozieren, versuchen Sie, nicht zu heftig zu reagieren. Hören Sie Dinge, die Ihnen neu oder sehr fremd vorkommen, sollten Sie sich fragen, woher der Junge das hat. Vielleicht wird er in der Schule wegen dieser Kunstfaserfabrik gehänselt. Oder macht er sich womöglich Sorgen um die Zukunft? Oder möchte er einfach ihre Aufmerksamkeit auf sich lenken? Reagieren Sie nicht mit einem Gegenangriff, sondern mit Bereitschaft zum Zuhören. Treibt das Kind es allzu bunt, machen Sie ruhig, aber entschieden Schluss: »Später können wir darüber weiter reden«, oder »Jan, ich habe dich verstanden, ich werde darüber nachdenken, jetzt haben wir aber genug darüber geredet.« Selbstverständlich werden Sie später dieses Gespräch dann auch wieder aufgreifen müssen, so dass Ihr Sohn oder Ihre Tochter doch noch hört, wie Sie selbst zu diesem Thema stehen.

Gefahren beim ersten Typus

Die reinen Verstandeskräfte, vor allem wenn sie abstrakter Natur sind, sind eigentlich Todeskräfte, die dem Menschen seine Lebensenergie rauben. Wenn sich bei einem Jugendlichen die Pubertät hauptsächlich im Denken abspielt, erlebt er diese Todeskräfte zwischen dreizehn und fünfzehn Jahren, in einem Alter also, in dem sein Intellekt erwacht. Todeskräfte dringen in die Seele ein, und die Kinderzeit, die noch voller Lebendigkeit war, geht zu Ende.

Diese Todeserfahrungen können den Heranwachsenden beängstigen und stören. Wenn alles gut geht, verschwindet dieser Alpdruck in der Seele wieder. Die Gefahr besteht aber auch, dass sich das Kind während dieser kritischen Altersphase innerlich verkrampft und dadurch frühzeitig verhärtet. Es findet keinen Ausweg mehr aus dem eigenen Gedankenlabyrinth.

Auch in der Gedankenwelt anderer, denen die jungen Menschen auf ihrer Suche begegnen, können sie sich verlieren. Ein in sich geschlossenes Gedankensystem bildet dabei die größte Gefahr für sie. Auch extreme religiöse Gruppierungen lassen keinerlei Gedankenfreiheit zu. Natürlich wachen Sie als Eltern darüber, dass Ihr Kind nicht in die Hände von Gurus und Sektenführern gerät, aber ist Ihnen auch klar, dass zum Beispiel für die Schule, die Ihr Kind besucht, jeder Schüler nur ein Gedankenbehälter ist, der vollgetankt werden muss? Oder bemerken Sie, dass Ihr Sohn von seiner dominanten Freundin völlig indoktriniert wird, so dass er nur noch das denkt und sagt, was sie ihm an Ideen eintrichtert? Für den auf das Denken ausgerichteten Jugendlichen ist es am gesündesten, wenn er immer wieder seine Ansichten wechselt, wenn er jede Manie oder Mode zwar intensiv, aber zeitlich ziemlich begrenzt durchmacht. Wer frühzeitig seine Seele mit fremdem Gedankengut (eines anderen Menschen oder einer Gruppe) ausfüllt, wird zum unfreien Menschen. Die Pubertät gibt es doch gerade deshalb, damit der Mensch lernt, innerlich frei zu werden.

Wer als Zwanzigjähriger noch mit dem gleichen Fanatismus und der gleichen Kritiklosigkeit wie in seiner Pubertät »Anhänger« ist, also irgendeiner Sache ergeben bleibt, ist in seiner Pubertätskrise stecken geblieben und hat nur das elterliche Erziehungssystem durch ein neues Zwangssystem ersetzt. Vor allem Kinder autoritärer Eltern sind in dieser Hinsicht gefährdet. Sie sind ohnehin daran gewöhnt, von festen Überzeugungen geführt zu werden, und suchen deswegen später oft ähnliche Lebensverhältnisse auf.

Aber auch Jugendliche, die in einem geistigen Vakuum aufgewachsen sind, sind dieser Gefahr ausgesetzt. Nach den vielen Jahren der Leere, des nebulösen Geredes und des Mangels an Deutlichkeit wollen sie nur noch eines: endgültig für immer das einzig Wahre finden. Dieser Wunsch schließt aber alle anderen Wahrheiten aus. Solche Kinder trifft man zum Beispiel in Familien an, in denen man alles darf und wo alles möglich ist, aber wo nie etwas mit Sorgfalt und Aufmerksamkeit gemacht und gepflegt wird. Wenn diese Kinder das Jugendalter erreichen, schließen sie sich häufig einer bestimmten Gruppierung an, zum Beispiel einer Jugendbande. Innerhalb einer solchen Gruppe ist streng festgelegt, welches Verhalten erlaubt ist und welches nicht. Alles, was man macht, wird von der Gruppe beobachtet und beurteilt und womöglich verurteilt. Dankbar für einen dermaßen starken Halt, opfern diese psychisch vernachlässigten Jugendlichen der Gruppe ihre individuelle Freiheit, mit den entsprechenden Folgen. Aktionen, wie zum Beispiel die Polizei mit Steinen zu bewerfen, gelten in diesen Kreisen als Heldentat, und die Bereitschaft dazu wird von jedem Mitglied erwartet.

Bisweilen werden solche Jugendlichen auch gerade vom genauen Gegenteil einer Randgruppe angezogen. In diesem Fall suchen sie nicht die Ausnahme, sondern die Regel. Die größte Gruppe, die es gibt, ist »man« oder »die Gesellschaft«. Alles, was allgemein als gut und richtig in der Gesellschaft angesehen wird, erklären sie ohne weiteres zum eigenen Lebensinhalt. Fortan versuchen sie sich nach diesen allgemeingültigen Normen und Werten zu verhalten. Auf diese Art und Weise hoffen sie, sie selbst zu werden und ihren persönlichen roten Faden zu finden, obwohl sie eigentlich kaum imstande sind, diese allgemeinen Werte in Frage zu stellen.

Diese jungen Menschen kommen dem gesellschaftlichen, gutbürgerlichen Idealbild am nächsten: Man arbeitet hart, studiert fleißig, heiratet zeitig usw. Ihr ganzer Halt liegt in den allgemeingültigen Gepflogenheiten, die sie unverändert übernommen haben. Nur um diese »Sicherheiten« zu erlangen und zu behalten, opfern sie viel von ihrer Freiheit und verpassen immer wieder Chancen zur Entfaltung ihrer Individualität.

Aus diesen Ausführungen wird Folgendes deutlich: Wenn ein Kind ohne tiefere Gedankeninhalte erzogen wird, wird die Voraussetzung für einen dieser beiden pubertären Irrwege geschaffen. Es wird sich entweder für die Randgruppe oder für die Hauptgruppe entscheiden. Was geschieht aber mit seinem inneren Appell? Ein solcher Mensch bleibt gefangen, weil es nichts gibt, dem er sich widersetzen könnte, um sich zu befreien.

Auch wenn Sie wissen, dass Ihre Ideen nicht unfehlbar sind, lassen Sie sie ruhig in die Erziehung Ihrer Kinder mit einfließen. Die Kinder werden später schon dasjenige über Bord werfen, was nicht zu ihnen passt. Wenn es nichts gibt,

*was sie loswerden möchten, werfen sie sich womöglich noch
selbst über Bord.*

Wenn die Gefühlspubertät dominiert

Wer denkt nicht bei dem Begriff »Gefühlspubertät« spontan an Mädchen, die beim geringsten Anlass in Tränen ausbrechen? Das wird sich schon wieder legen, meint man
dann. Aber so einfach ist es nicht. Die Gefühlspubertät
kann sowohl bei Mädchen als auch bei Jungen vorkommen. Sie tritt auf, wenn sich der Befreiungsdrang der Seele
nicht an erster Stelle in allerlei Gedanken oder Taten ausdrückt, sondern wenn er in Stimmungen stecken bleibt.
Dieses Phänomen kann man zwar bei jedem Pubertierenden wahrnehmen, aber bei bestimmten Jugendlichen gewinnt diese Art des pubertären Verhaltens die Oberhand.
Was sind das für Stimmungen? Beim Eintritt in die Pubertät ist die Seele, wie bereits erwähnt, von Inhalten ausgefüllt, die das Kind aus seiner Umwelt aufgenommen hat.
Diese Aufnahmefähigkeit hängt mit den Sympathiekräften
der kindlichen Seele zusammen. Hiermit ist keine Sympathie im gewöhnlichen Sinne gemeint, die bewirkt, dass man
zum Beispiel jemanden nett findet, sondern Sympathie be-
zeichnet hier die Fähigkeit, mit etwas »mitzugehen«, sich
mit etwas zu verbinden. Das kleine Kind ist von Geburt an
ganz an seine Umgebung hingegeben. Durch diese Fähigkeit bleibt das Tor der Seele offen.

Antipathiekräfte
Die Antipathiekräfte, die dem kleinen Kind eigentlich von
Natur aus fremd sind, treten dennoch in seinem Innern auf,
wenn es Unangenehmem begegnet, Angst hat, enttäuscht
wird oder auf Widerstand stößt. Die Antipathiekräfte arbeiten an der Gestaltung seiner »Seelenhaut«. Das Kind

baut sich allmählich einen Schutzwall zwischen seinem Selbst und der Außenwelt auf. Es ist notwendig, dass eine solche Schutzmauer auf dem Weg zum Erwachsensein aufgerichtet wird, denn der Mensch wird nicht immer offen wie ein Kind leben können, er muss lernen, sich zu verteidigen und zu behaupten.

Der Seelenleib entsteht, wenn die Seelenhaut fertig ausgestaltet ist. Eigentlich ist der Seelenleib nichts anderes als die Geburt der Formkräfte der Seele durch das Schließen der Seelenhaut.

Wenn ein Jugendlicher zu wenig Antipathiekräfte besitzt, ist offensichtlich seine Seelenhaut zu wenig ausgebildet. Wie kann er seine Individualität gestalten und den Kampf mit den Einflüssen der Außenwelt aufnehmen, wenn der eigene Seelenraum noch viel zu offen ist? In diesem Fall verwandelt die Seele den Drang, die Seelenhaut zu vervollkommnen, in ein Bedürfnis nach zusätzlichen Antipathiekräften und schickt diese Botschaft an die Oberfläche. Daraufhin ruft das Ich in der Seele diese Antipathiekräfte hervor, die sich nun in einem bestimmten Gemütszustand manifestieren: Der junge Mensch wird missmutig und mürrisch. Diese üble Laune ist das äußere Zeichen der Steigerung seiner Antipathiekräfte. Der Pubertierende bringt diese aufsteigenden Antipathiegefühle zum Ausdruck und wird prompt von seinen Mitmenschen als unsympathisch empfunden. Sein griesgrämiges Gesicht, seine mürrischen Antworten und abschätzigen Blicke rufen ähnliche negative Reaktionen in seiner Umgebung hervor, so dass sich um seine Seele herum eine gewisse Verhärtung und Absonderung bildet: die Seelenhaut erhält zusätzliche Spannkraft und wird widerstandsfähiger.

Natürlich droht immer die Gefahr, dass diese Reaktion vollkommen ins Negative umschlägt und eine zu große Absonderungstendenz bewirkt. Versuchen Sie deswegen hin und wieder, diesem mürrischen Gesicht mit Wärme und Herzlichkeit zu begegnen. Dadurch geben Sie Ihrem Kind die Möglichkeit, zu gegebener Zeit zu einer Wiederentdeckung der Sympathiekräfte zu kommen, denn wenn der Mensch sich eine Hülle so dick wie die Chinesische Mauer um seine Seele zugelegt hat, kann er weder sich selbst noch einen anderen Menschen wirklich kennenlernen.

Sympathiekräfte
Manchmal verfügt ein Jugendlicher auch über zu viele Antipathiekräfte. Vielleicht musste er sich als Kind fortwährend verteidigen oder wurde aus irgendeinem Grund früher als andere dazu veranlasst, seine innere Gefühlswelt abzuschirmen. Wenn er dann das Jugendalter erreicht, fühlt sich seine Seele in dieser engen Behausung nicht mehr wohl und möchte den inneren Raum erweitern. Deshalb werden nun über das Ich neue Verbindungen gesucht. Zusätzlich müssen verstärkt Sympathiekräfte herangezogen werden.
Wie kommt das zum Ausdruck? Diese zusätzlichen Sympathiekräfte äußern sich in Schwärmereien, in Verliebtheiten (platonischer Art!), in süßen Träumereien, im Dahinschmelzen für einen Song, einen hübschen Jungen oder ein tolles T-Shirt. Jedesmal, wenn sich die Seele auf diese Art und Weise verliert, öffnet sie sich ganz und gar für kurze Zeit und wird ganz weit.
Dieser Zustand der Schwärmerei birgt natürlich Gefahren in sich, denn durch die hinzukommenden Sympathiekräfte ist möglicherweise zu wenig Begrenzung und Schutz vorhanden. In dem Bereich, in dem die Seelenhaut sich wieder weit öffnet, gibt sich der Pubertierende dem Gegenstand seiner Verehrung wie ein Kind hin. Wenn dieses »Idol« ein Erwachsener mit unguten Absichten ist, wird er das nicht merken und diesem Menschen völlig ausgeliefert sein. Ohne Grenzen zwischen Innen- und Außenwelt kann er Wahn und Wirklichkeit nicht auseinanderhalten!

Eigentlich gleicht diese Situation den frühen Kinderjahren. Wie damals gibt es auch jetzt diese große Offenheit der Seele und die völlige Hingabe an die Außenwelt. Auf der einen Seite werden dem Jugendlichen, der dem Gefühlstypus angehört, während der Pubertät einzigartige Möglichkeiten geboten, sich neu zu verbinden, sich wieder zu öffnen und diese Offenheit auch beizubehalten. Auf der anderen Seite aber ist er ständig der Gefahr ausgesetzt, sich in etwas zu verlieren, was außerhalb von ihm selbst ist, ohne dass er nachher noch imstande sein wird, wieder zu sich selbst zu finden.

Hinter diesen Seelenbewegungen steht der Kampf, in gefühlsmäßiger Hinsicht ein »Selbst« zu werden. Es wirkt zunächst befremdend, dass dieser Impuls gerade in dem Drang, sich selbst zu verlieren, sichtbar wird, aber die schmerzhaften Erfahrungen, die durch diese »seelischen Eskapaden« gesammelt werden, lassen dem Menschen die eigene Seele und deren Inhalt bewusst werden und führen zu der Erkenntnis, dass es lebenswichtig ist, ein »Selbst« sein und es auch zu bleiben.

Zu der Gefühlspubertät gehören Einsamkeit, Enttäuschung, Illusion und Desillusion. Der Jugendliche fühlt sich von seiner Umgebung abgewiesen, er erfährt die Macht der eigenen Gefühle und kommt zu der schmerzlichen Entdeckung, dass diese von der Außenwelt nicht gleichermaßen bemerkt und bestätigt, geschweige denn erwidert werden. Wenn dieser Schmerz ins Bewusstsein dringt, kann er dem Eigenen, dem Individuellen der Seele erst so richtig zur Entstehung verhelfen. Der seelische Schmerz kann aber auch so heftig sein, dass der zarte Faden, der den Menschen mit dem eigenen Wesen verbindet, abreißt. Dann schlägt die Einsamkeit in verzweifelte Angst vor der Abgeschiedenheit des Erwachsenenwerdens um. Pubertierende, die das erleben, versuchen davor zu fliehen, in dem sie Ablenkung suchen (zum Beispiel im Drogenkonsum) oder indem sie sich selbst und damit das Erwachsensein ablehnen (zum Beispiel durch Magersucht). Auch kann eine gewisse Mattheit und Leblosigkeit in das Innere des Jugendlichen einziehen, sodass er sich schließlich mit einer betäubten, ausgelöschten Seele herumschleppt.

Was können die Eltern tun?
– Wichtig ist, dass Sie bereits eine innige Beziehung zu Ihrem Kind aufgebaut haben, *bevor* die Pubertät einsetzt. Ist sie nur oberflächlicher Natur, fehlt Ihnen die Grundlage, auf der Sie in Zukunft arbeiten können. Aber auch wenn Sie ein gutes Verhältnis zu Ihrem Kind haben, bedeutet das noch lange nicht, dass es deshalb keine Zusammenstöße und Konflikte geben wird. Möglicherweise wird sich gerade das Kind, mit dem Sie eine tiefe, innige Verbindung haben, heftig mit Ihnen auseinandersetzen.

Die meisten Eltern haben zum Glück ein tiefgehendes Verhältnis zu ihrem Kind. Durch diese Verbindung haben sie die Möglichkeit, es wie mit einem schützenden Mantel zu umgeben, wenn in schweren Krisenzeiten sein Seelenfaden abzureißen droht. Indem sie liebevoll sozusagen eine Bürgschaft für sein Seelenleben übernehmen, fühlt das Kind, dass es immer noch ein Selbst besitzt und dass ein anderer Mensch das weiß und empfindet, auch wenn es sich schon so weit von sich entfernt hat, dass es kaum mehr sein Selbst erreichen kann.

Konkret bedeutet dies, dass die Eltern versuchen müssen, in allem, was ihr gefährdetes Kind tut und sagt, das Ureigenste, das heißt dasjenige, was so charakteristisch für dieses Kind ist, zu erkennen. Wenn sie den Jugendlichen auf diese Weise begleiten, helfen sie ihm, Schritt für Schritt wieder auf die Erde zu gelangen. Es handelt sich hierbei um kleine Eigentümlichkeiten, die typisch sind für dieses bestimmte Kind: wie es sich im Alltag verhält, wie seine Haltung ist, wie es sich mit jemandem streitet usw.

– Wichtig ist vor allem, dass das Kind spürt, dass es wahrgenommen wird. Zwar können Sie Ihrem Sohn oder Ihrer Tochter beispielsweise ihren Liebeskummer nicht abnehmen – meistens ertragen sie nicht einmal, dass man darüber zu reden anfängt –, aber wenn Sie seinen Schmerz wirklich sehen und der Jugendliche spürt, dass Sie in der Stille all seine inneren Stürme miterleben, dann empfindet er seine Einsamkeit nicht länger als tödlich.

Viele Jugendliche, die die Neigung haben, sich auf emotionellem Gebiet zu verausgaben, gehen, wenn sie auf Festen oder mit Jugendlichen aus der Nachbarschaft zusammen sind, ganz in der Gruppe auf. Andere wiederum verschließen sich völlig vor der Außenwelt, gehen nirgendwohin und ziehen sich völlig in sich selbst zurück. Wenn es Ihnen gelingt, das Kind in den Kreis der Familie noch einmal harmonisch einzubinden, zum Beispiel durch ein heiteres Familienfest, durch ein gemeinsames Campingwochenende oder durch einen gemütlichen Einkaufsbummel in der Stadt, dann durchbrechen Sie diese Stimmungen im Lebensgefühl des einen Jugendlichen, der sich an die Welt verliert, oder des anderen, der sich völlig in sich selbst verschließt.

Wer jede dieser kleinen Gelegenheiten ausnützt, ermöglicht es seinem Kind, die Entwicklungschancen, die die Pubertät auf einzigartige Weise bietet, wahrzunehmen. Gleichzeitig gibt man ihm Schutz und Begleitung.

Wenn wir diese zahllosen kleinen Gelegenheiten nicht versäumen wollen, brauchen wir unbedingt folgende Fähigkeiten:

Die *Gabe der Kreativität* macht es möglich, Augenblicke für ein gemeinsames Tun zu finden und vor allem diese auch selbst zu schaffen.

Die zweite unentbehrliche Fähigkeit ist unser *Sinn für Humor*. Den braucht sowohl das Kind, das aus sich heraus gezogen wird, als auch das Kind, das sich ganz in seiner eigenen Gefühlswelt verkapselt, dringend. Die Fähigkeit, zu relativieren, und damit auch der Humor fehlen ihm nämlich gänzlich. Wenn es uns als Erwachsenen gelingt, das Komische einer Situation zu sehen und unser Kind bisweilen an diesen heiteren Gegebenheiten teilnehmen zu lassen, dann sind das goldene Augenblicke.

Der Humor darf aber nicht zum Spott werden! Wenn man das Kind lächerlich macht, erreicht man gerade das Gegenteil von dem, was Humor bewirken kann. Spöttische Bemerkungen lassen das Kind noch einsamer werden als zuvor, und das selbstverständliche Verhältnis zwischen Eltern und Kind leidet darunter. Man muss sich immer vor Augen halten, dass die Kinder die in ihnen rumorenden Emotionen als Realitäten erfahren. Wenn sie diese Erfahrungen machen können, ohne sich dabei an sie zu verlieren, kann dieser »Durchgang durch die Schleuse« zu einer großen, inneren Befreiung führen, wobei sich die Torflügel zur Zukunft hin weit öffnen.

Manche Jugendliche, bei denen die Gefühlspubertät dominiert, werden ganz und gar von ihren Gefühlen überschwemmt. Häufig verfügen diese Kinder über ein unglaublich erfülltes Seelenleben. Ihr Seeleninhalt ist viel reicher als der der meisten Menschen um sie herum. Immer wieder, wenn in ihrem Innern die Stürme toben, müssen sie gegen richtige Überschwemmungen ankämpfen.

Dieser Gefühlsreichtum sollte eigentlich durchgearbeitet werden, und in der Seele sollte ein angemessenes Flussbett dafür geschaffen werden, aber meistens kommt der junge Mensch kaum dazu. Ein Jugendlicher, der ein solch reiches Innenleben besitzt, kann gefühlsmäßig große Höhen und Tiefen erleben, aber gleichzeitig ist sein Ich noch nicht stark genug, um diese Fülle zu bewältigen. Es ist, als ob ein kleiner Kapitän mit einem winzigen Boot den großen Ozean bezwingen müsste. Die Kunst besteht darin, in diesem heftigen inneren Wellenspiel nicht zu ertrinken. Heute können solche Kinder über das Leid der ganzen Welt innerlich zutiefst betrübt sein und morgen von Glücks- und Freudegefühlen nur so übermannt werden; dann wiederum können sie so aggressiv sein, dass sie gar nicht wissen, was sie mit ihren überschäumenden Emotionen anfangen sollen.

Bei einem Kind, das eher dem dritten Typus der *Willenspubertät* angehört, würde diese Fülle an Gefühlen einen Weg nach außen suchen. Wenn sich aber auf der Gefühlsebene zu viel anstaut und sich nicht nach außen entladen kann, *scheinen* die Probleme für die Umgebung zwar noch immer nicht so groß zu sein, aber eigentlich nimmt sie nicht wahr, wie das Kind innerlich verzehrt wird. Das kann zu Depressionen, ja im Extremfall sogar zum Selbstmord führen, obwohl scheinbar keine Gründe vorhanden sind.

Eine andere Möglichkeit ist, dass diese jungen Menschen völlig passiv werden. Sie sind dann vom stürmischen inneren Seegang so erschöpft, dass sie den Kampf aufgeben. Verstört laufen sie herum. Die Gefahr ist groß, dass sie sich kopflos in einen haltlosen Entschluss stürzen: von zu Hause weglaufen beispielsweise oder unüberlegt die Schule aufgeben. Was es auch immer sein mag, die Hauptsache ist, sie können ihrer aussichtslos scheinenden Lage entfliehen. Sie greifen ohne große Überlegung nach dem rettenden Strohhalm, aber eine rein äußerliche Lebensänderung löst ihr seelisches Problem nur vorübergehend. Sie werden nämlich damit rechnen müssen, dass sie später, wenn sie erneut auf sich selbst angewiesen sind, wieder eine solche Periode der inneren Unruhe durchmachen müssen.

Manchmal gelingt es den Eltern, ihr Ich, beziehungsweise den eigenen Kapitän, »mit auf die Reise zu schicken«. Die Seelenkräfte des Kindes werden dadurch geschont und bisweilen kann der junge Kapitän, während ruhiger Strecken, das Steuer selbst in die Hand nehmen – vorausgesetzt eine große Vertrauensbasis ist vorhanden.

Wenn die Willenspubertät dominiert

Wenn beim Jugendlichen die Willenspubertät dominiert, wird dies sowohl dem Kind als auch den Eltern viel Energie abverlangen. Ein solches Kind sucht seine Eigenheit nicht über das Bewusstsein, sondern über die unmittelbare Erfahrung zu entdecken – ein Weg, den wir als Erwachsene nur noch selten gehen. Wir neigen eher dazu, die Welt in unserem Kopf zu verändern statt in der Wirklichkeit. Letzteres ist auch viel schwieriger und voller Risiken. Wie viele Menschen träumen nicht davon, ihre Arbeit zu kündigen, ihr Haus zu verkaufen und dann für einige Jahre eine Weltreise zu machen!

Leider werden diese schönen Träume nur selten verwirklicht. Warum eigentlich nicht? Wagen wir es nicht? Hängen wir so stark an unseren Besitztümern? Oder fürchten wir die bissigen Bemerkungen der Verwandten?

Der Jugendliche tut es einfach. Er verwirklicht einen solchen Traum! Aber wenn er nach einiger Zeit wieder nach Hause kommt, hat er unter Umständen kein Geld mehr und sein Studium abgebrochen. Als Eltern kann man dann nur hoffen, dass es gelingen wird, alles doch wieder ins rechte Lot zu bringen.

Aber nicht immer ist die Unternehmungslust des Jugendlichen so groß. Dann zeigt er andere Auffälligkeiten. Meist fängt es bei der Kleidung an. Der Jugendliche trägt verschlissene und fleckige Kleider – vorzugsweise Sachen, die Sie als Eltern unmöglich oder ordinär finden. Gelingt es Ihnen, bei diesem Anblick kurz innezuhalten, so dass Sie darüber nachdenken können, oder platzen Sie sofort heraus: »Wie wagst du es nur, so herumzulaufen?« Aber ehrlich gesagt, finden Sie nicht auch, dass man Mut haben muss, sich so anzuziehen? Würden Sie es wagen?

Wenn Sie einen Moment innehalten, fällt Ihnen vielleicht auf, dass die ganze Situation auch ihre komische Seite hat. Als Ihre Tochter noch klein war, haben Sie womöglich für Unmengen Geld Markenkleidung für sie gekauft, und jetzt trägt dieselbe Tochter alte Jeans mit Löchern an den Knien und vielleicht sogar am Po. Wenn Sie sich diesen Kontrast einmal richtig vergegenwärtigen – das feingemachte kleine Mädchen jetzt mit einer Hose, die völlig zerrissen ist –, müssen Sie da nicht doch etwas schmunzeln?

Vielleicht wird Ihr Kind auch Mitglied einer Popband und spielt diese schreckliche Musik – so empfinden Sie es wenigstens –, während es früher doch so begabt auf der Geige war!

Nach diesen eher harmlosen äußeren Anzeichen geht das Experimentieren erst richtig los. Die Möglichkeiten dazu sind heutzutage schier grenzenlos! Man kann überall hinreisen und alles Mögliche machen. Geld lässt sich durch Jobs leicht auftreiben. So viel Spannendes gibt es zu entdecken: zuerst Zigaretten und Essen aus dem Automaten, danach Alkohol, dann die Sexualität; wenn es sein muss, werden auch Soft-Drugs ausprobiert; und natürlich Partys und die Disko, je später es abends wird, desto interessanter.

Wenn man Glück hat, überspringt der Jugendliche einige dieser Experimentierfelder. Aber er könnte auch dem Glücksspiel verfallen oder sich einer Schlägerbande anschließen. Jeder Jugendliche sucht nun einmal sein eigenes Terrain zum Erforschen. Eigentlich denkt er gar nicht viel darüber nach. Die Erwachsenen in seiner Umgebung warnen ihn: »Denkst du auch einmal darüber nach, was du tust?« Dieser Appell an seine Vernunft ist aber völlig nutzlos. Selbst wenn er über sein Handeln nachdenken würde, hätte das keinen Einfluss auf seine Experimentierwut. All diese Aktionen und tollkühnen Streiche sind auf seine seelische Unruhe und seinen ihm innewohnenden Drang zur Freiheit zurückzuführen.

Was können die Eltern tun?
- Der Jugendliche, bei dem die Willenspubertät vorherrscht, fordert von Ihnen die sofortige Freiheit zum Handeln auf allen Gebieten. Geben Sie ihm aber nach Möglichkeit nur stückchenweise Handlungsfreiheit, statt ihm von jetzt auf nachher zu sagen: »Mach ab heute, was du willst.« Gewähren Sie ihm also nicht auf einmal völlige freie Hand, sondern bauen Sie das Haus seiner Freiheit Stein für Stein auf.

Man darf nicht vergessen, dass gerade der willensbetonte Adoleszent erst im Nachhinein begreifen wird, was an einem bestimmten Experiment gut oder schlecht war. Es wird Ihnen nicht gelingen, ihn von einem einmal gefassten Plan abzuhalten. Auch hat es keinen Zweck, im Voraus auf ihn einzureden. Höchstens sollten Sie es so einrichten, dass der Jugendliche nicht alles auf einmal ausprobiert. So können Sie ihm vielleicht folgenden Vorschlag machen: »Wenn du dieses Jahr noch mit uns in Ferien gehst, darfst du nächstes Jahr mit Freunden Ferien machen. Spare dein Geld für das nächste Jahr.« Geben Sie ihm einen Ausblick auf die Freiheiten, die er in Zukunft haben wird, statt immer nur zu betonen, was er noch nicht darf.

Weil dieser Typ fast ausschließlich durch das Ausleben seiner Experimentierwut etwas lernt, vermögen Sie bei ihm in dem Augenblick viel zu erreichen, wenn alles schiefgegangen ist. Aber überfallen Sie ihn nicht gleich damit, dass Sie schon immer gewusst haben, dass dieses Unternehmen so enden würde oder wie verzweifelt und bedauernswert Sie sind mit einem Kind, das Ihnen das Leben so sauer macht.

Nutzen Sie die Stille nach dem Sturm, um zusammen mit Ihrem Kind das Geschehene in Ruhe zu betrachten. Fragen Sie doch, was es aus seinen Erfahrungen gelernt hat und was es anders hätte machen sollen. Wenn man mit ihm zusammen den Lernprozess durchmacht, schafft das eine Grundlage für eine warmes und beständiges Verhältnis. So bleiben Sie auf jeden Fall am Ball!

– Außerdem ist es wichtig, fest darauf zu vertrauen, dass Ihr Kind diese Phase gut überstehen wird, auch wenn Sie wissen, dass manches bisweilen tatsächlich misslingen kann. Dennoch ist es die höchste Pflicht der Eltern, fest daran zu glauben, dass ihr Sohn oder ihre Tochter, wie groß auch immer die Schwierigkeiten sein mögen, den Schritt zum Erwachsensein schaffen wird. Eine solche Haltung bedeutet eine große Unterstützung für den Pubertierenden, denn er zweifelt immer wieder an sich selbst. Das Vertrauen der Eltern ist wie ein Seil, an dem er sich beim Erklettern einer steilen Bergwand festhalten kann. Ein so unternehmungslustiger Jugendlicher braucht einfach viel Zuwendung. Als Eltern muss man immer wieder bereit sein, die Scherben aufzulesen und ihm neue Chancen zu bieten, selbst wenn er die früheren Chancen vielleicht durch eigenes Verschulden verspielt hat.

– *Bleiben Sie selbst auch aktiv*, denn eine dynamische Lebensführung ist das Element, in dem sich das Kind bewegt und dem es daher zutiefst vertraut. Auf Ihr vieles Reden hört es ja doch nicht, aber das, was Sie *tun*, ist für es besonders aufschlussreich. Ihr Kind erfährt dadurch deutlicher, wer Sie sind, und wird in seinem Vertrauen bestärkt, dass Sie es lieben und ihm die Treue halten. Es merkt dabei, dass es einem gelingen kann, Schwierigkeiten immer wieder aus dem Weg zu räumen, wenn man auch manchmal schwer damit zu kämpfen hat.

Übrigens ist die Kluft zwischen den Pubertierenden und der sogenannten »erwachsenen« Gesellschaft gar nicht so groß. Ihrem Alter gemäß sind die Jugendlichen zwar radikaler und pauschaler in ihrem Urteil und echter, mutiger und streitbarer in ihren Taten, aber im Grunde trifft man in ihrem Umkreis genau die gleichen Auswüchse an. Schließlich machen sie ihre Experimente ja in einer Welt, die von Erwachsenen geschaffen worden ist. Auch da stimmen Theorie und Praxis keineswegs immer überein. Viele Menschen sind beispielsweise gegen Geldspiele und spielen trotzdem in der Lotterie. Andere wiederum lehnen empört sexuelle Ausschweifungen ab, aber wenn sie beim Friseur sind, vertiefen sie sich mit Genuss in die ausgelegten Sexpostillen.

Wenn der Jugendliche einfach nichts tut
Manchmal kommt es auch vor, dass ein Jugendlicher, bei dem die Willenspubertät dominiert, einfach nichts, aber auch gar nichts tut. Der lang aufgeschossene Junge will morgens nicht aus dem Bett und abends kriegt man ihn nicht hinein. Er macht seine Hausaufgaben nicht und schwänzt regelmäßig die Schule. Er verrichtet nicht die geringste Arbeit und langweilt sich zu Tode.
Der Umgang mit einem solchen Jugendlichen kann sehr schwierig sein. Aber merkwürdigerweise fängt gerade durch sein »Experimentieren mit dem Nichtstun« seine Umgebung an, umso aktiver zu werden: die Eltern reden auf ihn ein, streiten sich mit ihm, schlagen Krach und drohen ihn aus dem Haus zu werfen. In der Schule bekommt er einen Verweis vom Hausmeister, vom Rektor, vom Tutor oder wird zum Schulpsychologen geschickt. Vielleicht verlässt ihn auch noch seine Freundin oder aus seinem Ferienjob wird nichts und anderes mehr. Das Nichtstun führt ringsum zu gesteigerter Aktivität und somit zu einer Vielfalt an Erfahrungen, aus denen der Jugendliche lernen kann.

Wie bereits beschrieben wurde (siehe Seite 70), kann auch der Jugendliche, bei dem die Gefühlspubertät vorherrscht, in eine Periode des Nichtstuns verfallen, aber die Ursachen liegen da ganz woanders.

Was können die Eltern tun?
- Sie werden versuchen müssen, das Nichtstun innerhalb bestimmter Grenzen zu halten. Wenn schließlich alles zusammengebrochen ist und der Jugendliche nicht mehr aus noch ein weiß, können Sie und Ihr Kind gemeinsam aus diesen Erfahrungen eine Lehre ziehen. Versuchen Sie das kleine innere Flämmchen seines Ich zu entdecken und es anzufachen, denn das Ich hat nun einmal die Aufgabe, ihm zu zeigen, was trotz allem als tiefer Willen in ihm lebt.
- Viele dieser Kinder sind verwöhnt. Ihr Nichtstun ist nichts anderes als ein verzweifelter Versuch, die negativen Folgen der jahrelangen Verzärtelung zu überwinden. Adoleszenten, die in ihrer Kindheit maßlos verwöhnt worden sind, haben oft einen schwachen Willen. Um was hätten sie auch kämpfen müssen? Alles war ja da, ohne dass sie sich darum bemühen mussten: optimale materielle Versorgung, Zuwendung, sie brachten sogar auch noch gute Noten heim (wenn es sich um begabte Kinder handelte). Nur wenn man für etwas kämpft, kann man sich innerlich mit dem Streben seines Ich verbinden.
Wer dagegen unablässig gegen etwas ankämpfen muss, verbindet sich eher verstärkt mit dem eigenen Ego beziehungsweise mit seiner eigenen Person. Ein Mensch, der zu stark von seinem Ego bestimmt wird, wird selbstsüchtig, und seine Gedanken kreisen nur noch um sich selbst. Zwar braucht jeder Mensch sein Ego, um für seine Rechte einzutreten, aber wenn es zu kräftig ist, dann wird ein solcher Mensch nur noch gegen alles Mögliche ankämpfen wollen. Er ist nicht zu einer inneren Haltung

fähig, die es ihm ermöglicht, andere Menschen, aber auch sein eigenes wahres Wesen, sein höheres Ich wahrzunehmen.

Der Kampf um etwas hingegen entsteht aus denjenigen Kräften, die den Weg für das Wesentliche im Menschen, für sein Ich bereiten. Dieser positive Kampf kann nur stattfinden, wenn bereits eine Verbindung zwischen etwas außerhalb von sich selbst und dem eigenen Innern zustande gekommen ist. Dieser Prozess fordert vom Menschen eine größere seelische Offenheit und verhindert dadurch, dass das Ego zu stark wird. Eigentlich sollte jedes Kind die Gelegenheit haben, mit Herz und Seele um etwas zu kämpfen: um seinen Freund, um lesen zu lernen, um später ins Bett gehen zu dürfen usw. Um was gekämpft wird, ist gar nicht so wichtig. Hauptsache ist, dass das heilige Feuer der Willenskraft entfacht wird. Geschieht das nicht, dann entsteht im Willensbereich ein Entwicklungsrückstand. Das Kind spürt in sich keinerlei Impulse und hat keine Lust, etwas zu unternehmen.
Gerade weil der Jugendliche in der Pubertät häufig dasjenige noch schnell aufholen möchte, was in seiner Kindheit zu kurz gekommen ist, wählt er das Nichtstun, denn dann fängt seine Umgebung an, um seine Person zu kämpfen. Statt ihn noch länger zu verwöhnen, werden die Erwachsenen zur fordernden und Konfrontation suchenden Partei, – wenn er Glück hat. Wenn er Pech hat, lassen sie den streikenden Jugendlichen wie einen hoffnungslosen, gleichgültigen Taugenichts links liegen. Nach all den Jahren, in denen die Eltern so viel Freude an ihm gehabt haben (die Eltern halten ihm vor, dass sie doch so gut für ihn gesorgt haben, nichts wurde ihm versagt), wenden sie sich enttäuscht von ihm ab, weil er so undankbar und faul ist. Das ist er auch, aber warum sehen sie nicht, dass er sich im Grunde nach einer Person oder einer Sache sehnt, die das

heilige Feuer in ihm entzündet? In seinem Herzen ist es kalt und leer …

Ein Beispiel kann das verdeutlichen. Ein Junge wuchs als Einzelkind von sehr erfolgreichen Eltern auf, die Tag und Nacht arbeiteten. Ihm fehlte es an nichts. Als er in die Pubertät kam, fand sein Vater, dass er ein Schlappschwanz wäre. Er sei ohne Saft und Kraft und leiste nichts, außer mit Freunden herumzulungern und mit seinem Geld nur so um sich zu werfen. Schließlich lief gar nichts mehr. Weder in der Schule noch zu Hause brachte der Junge etwas zustande.

Eines Tages lernte er einen Erwachsenen kennen, der ihm warmes Interesse entgegenbrachte und ihn nicht wie alle anderen heruntermachte. Als der Junge einmal wieder Geld brauchte, lieh er es sich von diesem Erwachsenen, der selbst knapp bei Kasse war. Natürlich war das Geld im Nu ausgegeben, und als er nun seine Schulden nicht bezahlen konnte, war der Junge davon so betroffen, dass er schwor, das Geld zurückzugeben, koste es, was es wolle. Zum ersten Mal in seinem Leben nahm er sich etwas zu Herzen. In seinem Innern hatte sich ein kleines Feuer entfacht. Mit äußerster Anstrengung gelang es ihm, das Geld zusammenzusparen und zurückzuzahlen. Das kleine Feuer loderte auf. Er lernte Schritt für Schritt, dass die Dinge der Mühe wert sind.

Selbstverständlich hat ein solcher Junge noch einen langen Weg zu gehen, aber zweifelsohne hat sich sein Leben zum Guten gewendet. Das innere, liebevolle Ich-Feuer des Erwachsenen hat es geschafft, eine kleine Flamme in der Seele des Jungen zu entzünden. Seine Willenskraft konnte sich nun entfalten, und der Junge war imstande, tätig zu werden.

Der Übergang von der Gefühls- zur Willenspubertät

Die pubertäre Krise fängt mit der Gedankenpubertät an, geht in die Gefühlspubertät über und schließt mit der Tätigkeits- oder Willenspubertät ab. Jede Epoche dauert mindestens zwei Jahre. Jeder Jugendliche durchläuft diese drei Phasen, aber je nachdem wie er veranlagt ist, macht er eine Phase stärker durch als die andere.

Wenn schließlich die letzte Phase der Tätigkeits- oder Willenspubertät beginnt, sind die »Kinder« bereits zwischen siebzehn und achtzehn Jahre alt. Auf emotionellem Gebiet glätten sich nun die Wogen. Wie vor jeder großen inneren Veränderung herrscht erst einmal Windstille.

Der Übergang von der Gefühls- zur Willenspubertät fordert viel Energie, denn eine schwierige Hürde muss genommen werden. Es ist, als ob innerlich »der Motor nicht anspringen will«. Der Jugendliche verschwendet seine Energie, oft verliert er den Mut, und die Verbindung zu seinen bisherigen Beschäftigungen droht abzureißen. Auf einmal interessiert ihn das Altvertraute nicht mehr und er weiß nicht, wofür er das alles macht. Er neigt zur Apathie, Faulheit und Lustlosigkeit. Er schwänzt immer wieder die Schule und lässt vieles, dem er bis dahin trotz allem noch immer treu geblieben ist, im Stich. Das können Beziehungen zu anderen Menschen sein oder auch bestimmte Zielsetzungen, sowohl in der Schule als auch zu Hause. Er ist wie ein Seiltänzer, der sieht, dass das Seil viel zu schlaff hängt, aber nicht weiß, wie er das ändern sollte.

Diese Zwischenphase dauert zwar nicht lang, aber sie verläuft bisweilen sehr heftig und birgt vor allem ein großes Risiko in sich. Die Umgebung meint oft, dass die Zeiten der großen Verletzlichkeit vorüber sind, aber gerade jetzt ist die Gefahr groß, dass der Adoleszent seinen roten Faden verliert. Wenn das passiert, lässt er sich willenlos forttreiben oder verirrt sich in den tiefsten Tiefen seines Wesens.

Vor allem Jugendliche, die in der vorherigen Phase der Gefühlspubertät sehr intensiv gelebt haben und dabei ständig über starke seelische Kräfte verfügten, erleben diese neuen inneren Erfahrungen als schockierend. Sie werden nicht länger von den starken Impulsen getragen, die aus der Quelle des Gefühlslebens stammen, denn diese ist versiegt. Die Willensimpulse, die nun von einer ganz anderen Seite hereinströmen, spüren sie noch nicht. Dieser Zustand der Orientierungslosigkeit, der die Periode der Willenspubertät einleitet, wird selten als solcher wahrgenommen. Weder die Eltern noch der junge Mensch selbst verstehen, was in ihm vorgeht. Alle schimpfen auf die jungen Leute, weil sie so lahm sind und träge bei der Arbeit, aber vor allem, weil sie mit einem mürrischen Gesicht herumlaufen und wie leblos wirken. Manche fühlen sich so mutlos und verzweifelt, dass sie depressiv werden.

Was können die Eltern tun?
- Wenn ein solcher Jugendlicher, der in einer Sackgasse steckt, die Chance hat, einem Erwachsenen zu begegnen, der sich aufrichtig für ihn interessiert und der auch erkennt, was in ihm vorgeht, kann von diesem Erwachsenen ein Appell ausgehen, der dem Pubertierenden über seine inneren Schwierigkeiten hinweghilft. Auf einmal erwacht der Jugendliche aus seiner Lethargie und ist wieder ganz bei der Sache. Der Funke ist übergesprungen, und mit etwa achtzehn Jahren bricht eine neue Epoche voller Tatendrang an, Altes wird abgerundet und neue Entschlüsse werden gefasst.
- In dieser Übergangszeit ist es wichtig, dass »der Zug weiterfährt«. Wie schwer auch die seelische Krise sein mag, der Adoleszent sollte mit dem fortfahren, mit dem er gerade beschäftigt ist, auch wenn er sich dabei nicht anstrengt, zum Beispiel in der Schule oder bei irgendeiner Arbeit. Wenn wir als Eltern in dieser Phase zu ver-

ständnisvoll und entgegenkommend sind, besteht die Gefahr, dass der junge Mensch letztendlich alles im Stich lässt. Er versinkt dann glückselig in diesen Zustand der Abhängigkeit und schafft den Schritt zur nächsten Entwicklungsphase nicht. Mit einer zu weichen, nachgiebigen Haltung verschaffen wir ihm ein Alibi für sein passives Verhalten. Dadurch fällt er eigentlich in den Zustand einer früheren Entwicklungsphase zurück. Nach seiner »schmählichen Fahnenflucht« findet er später oft nur schwer den Weg zurück.

– In dieser Periode bekommen die Jugendlichen manchmal Krankheiten wie das Pfeiffersche Drüsenfieber, wodurch sie *gezwungen* sind, nichts zu tun. Diese Krankheit bedeutet eine große Gefahr, und zwar nicht so sehr auf physischem, sondern auf seelischem Gebiet! Denn während des Krankheitsprozesses wird jegliche Tätigkeit notgedrungen auf Sparflamme reduziert, mit den oben geschilderten Risiken. Manchmal hat ein junger Mensch gerade in dieser Übergangszeit die Schule beendet und kann nicht gleich mit der weiterführenden Ausbildung beginnen. Dadurch kommt alles zum Stillstand und er fühlt sich wie gelähmt. Aber im Grunde genommen sind nicht die äußeren Umstände die wahren Ursachen seiner Untätigkeit, sondern die noch zu nehmenden Hürden, die der Befreiung seiner Willenskraft im Wege stehen.

Wo soll der Jugendliche sich nur die nötige Energie herholen, wenn die »Schatzkammern« seiner Jugend leer sind? Neue Kräfte wird er nicht in der Vergangenheit finden, vielmehr sollte er sich der Zukunft zuwenden. Die Zukunft ist zwar noch nicht geboren, aber sie kann schon zur Quelle der Energie werden, wenn das zukünftige Ich die innere Flamme entzündet, zum Beispiel, wenn er in seinem wahren Wesen von etwas getroffen wird. Das kann die Lektüre eines Buches, können die Worte oder Taten eines anderen Menschen, eine Reise oder andere Erfahrungen sein. Das Feuer lodert auf. Wiederum strömen Begeisterung und neuer Lebensmut in die Seele ein und die Zukunft kann erobert werden.

Es ist, als ob die Jugendlichen auf einer Schaukel sitzen und mit viel Kraft von außen angestoßen werden. Dabei ist das oben beschriebene Hindernis, das überwunden werden muss, der tote Punkt beziehungsweise der Umschlag. Einmal diesen höchsten Punkt erreicht, müssen sie selbst aktiv werden, sonst wird die Schaukel irgendwann zum Stillstand kommen, denn von nun an gibt es niemanden mehr, der sie anstößt. Eigentlich sollten die Eltern ihrem Kind deutlich ein Signal geben, wenn es an diesem kritischen Punkt angelangt ist, sodass es aufschrickt und hellwach wird, damit es diesen wichtigen Augenblick nicht versäumt. Das erfordert natürlich eine große Wachsamkeit von den Eltern, und das in einer Zeit, in der wir das Kind eigentlich schon losgelassen haben. Es lohnt sich aber, diesen Moment gut abzupassen!

Auswüchse im Denken, Fühlen und Wollen

Auswüchse in der Pubertät? Nach Meinung der meisten Erwachsenen geht es bei dem Kind ohnehin nur so drunter und drüber, und das äußert sich auch in seinem Verhalten. Eigentlich kann man auch nichts anders als Chaos erwarten in einem Lebensalter, in dem der »innere Meister« noch nicht regiert. Viele von den »Ausschreitungen« sind eigentlich nur Verstöße gegen die Normen, die zufälligerweise in der Gesellschaft gelten, in die man hineingeboren ist. Manches würde zum Beispiel in Spanien, Surinam oder Alaska gar nicht als Ausschweifung angesehen werden. Handlungen, bei denen nur die Grenzen der gesellschaftlichen Absprachen überschritten werden, sind noch keine Abartigkeiten im eigentlichen Sinne. Davon kann erst die Rede sein, wenn Folgendes auftritt:

- Das Verhalten des Jugendlichen steht nicht im Verhältnis zu den schlimmen Folgen, die es nach sich zieht.
- Seine Gedanken stehen in keinerlei Zusammenhang mit der Realität.
- Seine Gefühle entstehen, ohne dass es dazu einen inneren oder äußeren Anlass gibt.

Auswüchse im Verhalten

Was sollte man sich unter Auswüchsen im Verhalten vorstellen? Das kann an erster Stelle ein grundloses, sinnloses Verbrechen sein. Es kann zu derartigen Ausuferungen kommen, wenn der Mensch unter starkem Alkohol- oder Drogeneinfluss steht. Oder seine Seele kann so abgestumpft sein, dass er nur noch wie eine Maschine agiert. Es gibt auch Jugendliche, die in einer bestimmten Situation, wie zum Beispiel auf der Tribüne während eines Fußballspiels, so außer sich geraten, dass sie zu randalieren anfangen – manchmal mit schrecklichem Ausgang. Auch dieses Verhalten steht in keinem Verhältnis zu seinen Folgen.

Die Auswüchse im Verhalten gehen immer mit einem Rauschzustand, mit einer Trübung des Bewusstseins einher, das heißt, dass der »innere Meister« in seiner Wirksamkeit behindert wird und das Ich nicht imstande ist, seine ordnende Rolle zu spielen.

Auswüchse im Denken

Auswüchse im Denken entstehen, wenn sich die menschlichen Gedanken auf nichts gründen und jeglichen Zusammenhang mit der Wirklichkeit verloren haben. Bei dieser Art Auswüchse braucht man nicht nach Beispielen in der Kriminalität zu suchen, sondern in der Psychiatrie. Wenn jemand zum Beispiel davon überzeugt ist, dass er Napoleon ist oder dass die ganze Menschheit einen Mordanschlag auf ihn plant, dann sind diese Wahnvorstellungen auf Abartigkeiten im Denken zurückzuführen. Beim pupertierenden Jugendlichen sind die gedanklichen Abweichungen allerdings weniger auffallend als beim psychisch kranken Menschen.

Wer kennt nicht das fast krankhaft magere Mädchen, das behauptet, zu dick zu sein, obwohl es so auffallend dünn ist? Tatsächlich können beim Pubertierenden die Gedanken unglaubliche Blüten treiben, wenn es sich um sein Äußeres handelt.

Mancher Jugendliche ist fest davon überzeugt, dass die anderen Menschen ihn nicht ausstehen können, obwohl ihm aus seiner Umgebung viel Wärme und Sympathie entgegengebracht wird.

Andere Jugendliche wiederum halten sich für besonders gescheit und intelligent, obwohl sie eigentlich noch nichts Richtiges geleistet haben. Oder sie denken sich allen möglichen Unsinn über ihre Eltern oder Lehrer aus und glauben schließlich dieses wirre Zeug auch noch. In einem solchen Fall ist die Beziehung zur Realität völlig verloren gegangen. Die Gedanken haben keinerlei Grundlage.

Auswüchse im Fühlen

Wer noch keine Auswüchse im Gefühlsleben bei jemandem erlebt hat, wird Mühe haben, sich dabei etwas Genaues vorzustellen. Dennoch ist uns dieses Phänomen wohlbekannt, nicht so sehr aus der Kriminalität oder Psychiatrie, sondern aus der Film- und Theaterwelt, in der die Schauspieler Emotionen zeigen müssen, ohne dass ein wirklicher Grund dafür vorhanden ist. Die Fähigkeit, in jedem Augenblick ganz gleich welche Gefühle heraufzubeschwören und zu äußern, ist natürlich bei diesen Berufen erforderlich. Wenn eine solche Fähigkeit aber im täglichen Leben eingesetzt wird, kann das zu erheblichen Schwierigkeiten führen.

Wer kennt nicht folgende Situation? Die Familie sitzt gemütlich beisammen. Plötzlich verzieht sich das Gesicht eines der Kinder. Es sucht die Einsamkeit seines Zimmers auf, wirft sich aufs Bett und bricht in heftiges Weinen aus. Gibt es einen triftigen Anlass für diesen Gefühlsausbruch, oder deutet dies nur auf Auswüchse in der Seele hin? Hat das Kind einfach Lust, kurz depressiv oder aggressiv zu sein oder irgendeine andere Schau abzuziehen?

Diese seelischen Ausuferungen sind im Grunde unwahrhaftig. Sie sind typisch für Kinder, die ein verarmtes Seelenleben haben. Sie denken sich irgendeinen Gemütszustand aus, steigern sich hinein und äußern daraufhin die entsprechenden Emotionen. Während die Eltern noch damit beschäftigt sind, die Reaktionen zu ordnen, die durch diesen Ausbruch in ihnen selbst hervorgerufen wurden, hat das Kind die ganze Inszenierung schon wieder vergessen und »weiß« angeblich nicht, wovon die Eltern reden, denn eigentlich war gar kein Grund vorhanden, es war doch bloß ein Spiel mit Gefühlen! Die Umgebung fühlt sich an der Nase herumgeführt und eine heftige Auseinandersetzung folgt – eine an sich gesunde Reaktion.

Schließlich gibt es noch die Emotionen, die nur bei bestimmten Gelegenheiten auftreten. Äußerlich scheinen diese Gefühle einen deutlichen Zusammenhang mit der Realität zu haben, aber im Grunde sind es auch nur Auswüchse des Gefühlslebens, die nicht als solche erkannt werden. Zum Beispiel: Am Silvesterabend bricht eine geschiedene Mutter in Tränen aus, weil sie keinen Partner hat, mit dem sie gemeinsam das alte Jahr beschließen könnte. Oder jemand wird bei einer bestimmter Musik jedesmal von Gefühlen der Verliebtheit übermannt.
Solche Emotionen sind wie Geburtstagskarten. Anlässlich eines Ereignisses oder eines bestimmten Datums lässt man eine entsprechende Emotion an die Oberfläche steigen. Es gibt zwar einen Grund, aber man könnte den Gefühlsausbruch auch vermeiden, indem man zum Beispiel am Silvesterabend früh ins Bett geht oder die bestimmte Musik nicht anhört.
Manchmal gönnen wir uns auch selbst dieses »Bad in Gefühlen«. Weil wir den Gefühlserguss eigentlich selbst inszenieren, gehört er auch zu den Wucherungen auf seelischem Gebiet. Wir machen uns selbst absichtlich unfrei. Wir tauchen mit Genuss in diesem See der herrlichen oder schrecklichen Gefühle unter und vergessen dabei gern, dass wir die auslösende Ursache auch hätten umgehen können. Wer hier nicht energisch eingreift, benimmt sich im Grun-

de wie ein Pubertierender und ist in diesem Bereich noch unfrei. Die Seele wird in einem solchen Augenblick nicht vom Ich regiert, sondern im Gegenteil: die Seele beherrscht das Ich!

Wer kennt nicht die immer wiederkehrenden Familienfeste, bei denen jedesmal eine bestimmte alte Geschichte oder der gleiche abgedroschene Witz erzählt wird und alle Anwesenden wie auf Kommando lachen? Oder Oma wird bei einer solchen Gelegenheit von allen Seiten mit Liebesbezeugungen überhäuft, um nachher wieder für lange Zeit vergessen zu werden.

Auch die Medien wissen sich diese »Gelegenheitsemotionen« zunutze zu machen. Wenn im Fernsehen Bilder aus einem Notgebiet gezeigt werden, werden wir auf einmal – wie auf Kommando – von Mitleid ergriffen und schenken dem Spendenaufruf gern Gehör. Nach der Sendung lassen diese Gefühle bald nach und wir wenden uns wieder dem Alltag zu. Wenn kein neuer Appell an unsere Emotionen gemacht wird, verschwindet das Mitgefühl rasch.

Natürlich handelt es sich hierbei um allgemein akzeptierte, harmlose Äußerungen der seelischen Unfreiheit. Die Gefühle entstehen aber nicht aus freiem, bewusstem Interesse, sondern als spontane Reaktion auf ein Erlebnis, das uns nicht selten von klugen Köpfen vorgeführt wird – hoffentlich mit den besten Absichten.

Für unsere Kinder wäre es allerdings besser, wenn unser soziales Engagement einen überlegteren und regelmäßigeren Charakter annähme. Statt vor dem Bildschirm beim Anblick von soviel Elend in der Welt in Tränen auszubrechen, wäre es besser, wir würden immer dort ruhig und unauffällig helfen, wo Not am Mann ist. Wenn die Jugendlichen ein solches Beispiel vor Augen haben, wirkt sich das harmonisierend auf ihre Neigung zu Schwärmereien aus.

Schauen wir uns den Jugendlichen mit seinen »Gelegenheitsemotionen« noch einmal an. Weiß er, was er da macht, wenn er endlos die gleiche Musik hört und so die eine schwermütige Stimmung nach der anderen künstlich hervorruft? Oder sind die seelischen Auswüchse so stark, dass er in diesem seelischen Sumpf zu versinken droht? Auch wenn er keinen Kummer hat, braucht er nur einer bestimmten Musik zu lauschen, und schon kann er in traurigen Gefühlen nur so schwelgen! Ohne dass er sich über etwas oder jemanden ärgert, kann bestimmte Musik ihn sogar aggressiv machen. Auch bestimmte Nahrung oder bestimmte Partys können einen ähnlichen Effekt haben.

Was können die Eltern tun?

Was machen wir, wenn in unserem Garten Unkraut wuchert? Dann ist es höchste Zeit, die Ärmel hochzukrempeln und zuzupacken. So sollen wir uns auch verhalten, wenn es um seelische Wucherungen geht. Es ist durchaus richtig, wenn Eltern sich nicht in alles einmischen, was ihrem Kind in der Pubertät begegnet, und stattdessen versuchen, den Jugendlichen im Stillen zu begreifen und zu begleiten. Spätestens aber wenn ausgesprochene Ausuferungen im seelischen Bereich auftreten, dürfen, ja müssen sie sogar einschreiten. Bestimmte Dinge müssen klipp und klar verboten werden, solange das irgend möglich ist. Wie partnerschaftlich die Beziehung zu ihrem Kind auch sein mag, die Eltern sollen sich nicht scheuen, bei gegebenem Anlass ein Verbot oder Gebot auszusprechen. Viele Jugendliche, die schon längst aufgehört haben, auf Vater oder Mutter zu hören und die, ihrem Alter entsprechend, selbst entscheiden, was sie tun und lassen, werden sich trotzdem häufig die elterliche Einmischung gefallen lassen, wenn es ihr wucherndes Gefühlsleben betrifft. Oft meinen die Eltern zu schnell, dass ihr Eingreifen doch nichts mehr nutzen würde.

Der junge Mensch spürt ganz deutlich, dass ein solcher »altmodischer« Eingriff, wenn es um seine gefühlsmäßigen

Exzesse geht, hilfreich für ihn ist. Die Eltern sollten sich dabei aber von ihrer Ich-Kraft führen lassen und nicht von ihrem aufgestauten Ärger, denn sonst konfrontieren sie den Jugendlichen mit ihren eigenen seelischen Wucherungen und verschlimmern dadurch nur noch seinen Zustand. Nur wenn sie mit Entschlossenheit und innerer Gelassenheit auftreten, werden sie Aussicht auf Erfolg haben.

Manches Mädchen, das möglichst alles, was gerade verboten ist, mit Vorliebe ausprobieren möchte, lässt es trotzdem jeden Abend geschehen, dass die Mutter ihm den Walkman wegnimmt, damit es ungestört einschlafen kann.

Es gibt Jugendliche, die in vieler Hinsicht schon ihre eigenen Wege gehen und es dennoch akzeptieren, wenn die Eltern ihnen beispielsweise verbieten, sich mit bestimmten Sekten einzulassen. Selbstverständlich werden sie sich, um die Form zu wahren, heftig wehren, aber wenn die Eltern es zu keinem Machtkampf kommen lassen, sondern fest zu ihrer Forderung stehen, werden die jungen Leute es bleiben lassen und unauffällig auf den eindringlichen elterlichen Rat hören.

Besonders am Anfang der Pubertät ist es wichtig für die Jugendlichen, dass ihren seelischen Auswüchsen Begrenzungen entgegengestellt werden. Solange der Pubertierende selbst dazu noch nicht imstande ist, sollten die Eltern diese Aufgabe stellvertretend übernehmen. Wenn der junge Mensch darauf vertrauen kann, dass während der Zeit, in der sein Ich noch nicht Herr der Lage sein kann, die Eltern an seiner Stelle die Grenzen des Erlaubten überwachen, gibt ihm das einen sicheren inneren Halt. Welch ein Glück für ein Kind, wenn es Hindernisse in den Weg gestellt bekommt, gegen die es ankämpfen kann, ohne dass sie sofort nachgeben.

Lügen und Stehlen

Schwindeln und Lügen

Ein kleines Kind lügt nicht, es erzählt nur nicht die Wahrheit und ersetzt sie durch eine besser »geeignete« Wahrheit. Die kindliche Phantasie schafft sich eine solch »passende Wahrheit«, wenn das Kind zum Beispiel Angst hat. Wenn es weiß, dass die Eltern schimpfen werden, weil es mit dem Ball eine Glasscheibe eingeworfen hat, erzählt es eben einfach, dass der Nachbarjunge das gemacht hat.
Auch ein Kind, das sich vernachlässigt fühlt, kann auf solche Mittel zurückgreifen, indem es zum Beispiel Bauchschmerzen vorspiegelt. Ein Kind, das sich vor anderen behaupten muss, kann ebenfalls sehr erfinderisch sein. So sagte einmal ein kleiner Junge: »Mein Vater hat schon sieben Löwen mit seinen Händen getötet!«
Oft kann das kleine Kind wirklich nicht scharf zwischen Wahrem und Erfundenem unterscheiden. Das Kind, das Bauchschmerzen vorgaukelt, spürt allmählich wirklich Schmerzen im Bauch, und wenn der Junge die Geschichte seines heldenhaften Vaters dreimal erzählt hat, fängt er selbst an, daran zu glauben.

So darf man in den geschilderten Fällen nicht von Lügen sprechen, sondern höchstens von Schwindeln. Bei einer Lüge sagt der Mensch bewusst eine Unwahrheit. Ein Kind dagegen handelt noch nicht vollbewusst, und Angst oder Wunschphantasien machen es ihm häufig wirklich unmöglich, die Wahrheit zu sagen. Erst wenn später das höhere Ich die Führung in der Seele übernimmt, können wir den Menschen auf eine Lüge hin ansprechen. Unser wahres Ich zieht dann das Ich des jungen Menschen zur Verantwortung. Die Stimme des Gewissens kann von nun an in der jugendlichen Seele erklingen. Erst jetzt vermag der Mensch frei zwischen Lüge und Wahrheit zu entscheiden.

Dass die Kinder nicht noch mehr schwindeln, liegt daran, dass die Erwachsenen dies nicht ertragen können. Weil wir auf ihre Phantasien so voller Entrüstung und Empörung reagieren, lassen sie es eben bleiben. Bei bestimmten Kindern ist die Wirksamkeit der Ich-Kraft schon sehr früh ausgeprägt. Sie können einfach nicht schwindeln, und wenn sie es dennoch tun, gehen sie schier an den Gewissensbissen, die in ihrer kindlichen Seele entstehen, zugrunde.

Am besten versucht man es so einzurichten, dass das Kind wenig Grund hat, die Wirklichkeit anders darzustellen, als sie ist.

Kinder, die im Grundschulalter viel schwindeln und phantasieren, sollte man auffordern, ein »Tagebuch für hübsche Geschichten« zu führen. Schenken Sie dem Kind ein schönes Heft und vereinbaren Sie mit ihm, dass es alle die Geschichten, die es selbst ausgedacht hat, in dieses Heft schreiben darf. Vermeiden Sie dabei Worte wie »Lügen« oder »Schwindeln«. Auf diese Weise lernt das Kind, zwischen Wirklichem und Ausgedachtem spielerisch und ohne Angst zu unterscheiden. Jedesmal wenn Sie vermuten, dass es nicht die Wahrheit spricht, können Sie es fragen, ob das Erzählte etwas für die Geschichtensammlung wäre. Diese einfache Methode hat sich mehrfach bewährt! Sie hilft dem Kind, bewusst einen Unterschied zwischen Wahrheit und Phantastereien zu machen.

Um das zehnte Jahr herum, wenn das Ich anfängt, seine führende Position einzunehmen, erwacht das Bewusstsein des Kindes erst richtig. Jetzt kann man es behutsam bitten, nicht länger die Unwahrheit vorzubringen, sondern die Wahrheit zu suchen. Wer dabei zu moralisierend oder zu hart auftritt, drängt die Neigung zum Phantasieren in die

Tiefe der Kinderseele zurück und schafft dadurch einen Nährboden für eine spätere unwahrhaftige Lebenshaltung. Verlangt man vom Kind, dass es sich auf einmal völlig umstellt, zwingt man es eigentlich dazu, von nun an zur Lüge zu greifen.

Folgendes Beispiel kann die Problematik des Lügens deutlich machen: Ein Vater, der von seinen Mitmenschen hoch angesehen war und sehr viel Wert auf Verlässlichkeit legte, musste bei seinem jüngsten Sohn feststellen, dass er zum Schwindeln neigte, ja sogar zum »handgreiflichen« Schwindeln, nämlich zum Stehlen. Das konnte der Vater nicht durchgehen lassen. Er versuchte nun mit harten Worten und Maßnahmen, den Jungen eines Besseren zu belehren – aber vergeblich.

Als ich diesem Vater sagte, dass sein Sohn innerlich zu schwach sei und dass ihn das strenge väterliche Auftreten nur noch schwächer machen würde, war er sehr erstaunt. Ich bat ihn, er möchte hinter seinem Sohn stehen, statt ihm gegenüber. Mit einem solchen hilfsbereiten Vater an seiner Seite würde der Sohn sich stark fühlen. Der Vater erklärte sich bereit, den Versuch zu machen, gemeinsam mit seinem Sohn die jugendlichen Schwächen zu überwinden. Vater und Sohn entschlossen sich, in jeder freien Stunde zusammen ein Boot zu bauen. Der Vater fasste erneut Vertrauen zu seinem Kind, und allmählich entstand ein inniges Verhältnis zwischen beiden. Der Sohn schöpfte neuen Mut, und sein Selbstvertrauen in sich selbst wuchs täglich. Seine alten Instrumente, nämlich Lüge und Diebstahl, mit denen er sich früher beholfen hatte, waren bald vergessen. Er brauchte sie ja nicht mehr. Der Vater durfte stolz auf seinen Sohn sein.

Auch an diesem Beispiel kann man sehen, dass das Lügen einem Schwächezustand zuzuschreiben ist und dass die Therapie darin bestehen muss, das Kind in seinem Selbstvertrauen zu stärken.

Die Lüge in der Pubertät

Im Gegensatz zum kleinen Kind ist der Jugendliche sehr
wohl imstande, zwischen Lüge und Wahrheit zu unterscheiden, denn in der Pubertätsphase wird die Seele in stärkerem
oder geringerem Maße vom Ich durchglüht. Die meisten
Pubertierenden greifen früher oder später zur Lüge, um bestimmte Ziele zu erreichen. Für ihre weitere Entwicklung ist
es sehr wichtig, wie die Eltern darauf reagieren.

Wenn sie den Jugendlichen noch wie ein Kind behandeln
(»Das arme Kind hat einfach Angst vor Strafe, und natürlich
denkt es sich dann was aus«), geben sie ihm sinngemäß Folgendes zu verstehen: »Ich glaube, dass du noch kein eigenes
Ich hast, das deine Seele führen kann. Für mich bist du noch
kein schuldfähiger verantwortlicher Mensch.« Durch eine
solche Botschaft stärkt man das Kind aber in seiner Entwicklung nicht im Geringsten. Vielmehr wird es dadurch ermutigt, sich in ein kindisches Benehmen zurückzuziehen,
denn so passt es zu dem Bild, das seine Umgebung von ihm
hat. Indem die kindliche Seite seines Wesens betont wird,
nimmt der Einfluss seines Ichs ab und seine Gewissensbil-
dung kann sich nur mangelhaft entfalten.

Ratschläge für die Eltern

Das Gewissen eines Kindes vor der Pubertät ansprechen zu
wollen, ist im Grunde genauso unmöglich, wie im Frühling
Äpfel pflücken zu wollen. Erst im Herbst ist Erntezeit,
wenn die Äpfel ausgewachsen und reif sind, dazu braucht
man einen guten Boden, viel Sonnenwärme, gegebenenfalls
auch Regen, Schutz gegen Ungeziefer und einen tüchtigen
Gärtner, der den Baum pflegt und auch weiß, wann die
Äpfel reif sind.

Das kann als Sinnbild für die Entwicklung des Ich beziehungsweise des Gewissens gelten. Während der Pubertät
sind wir der Gärtner des jugendlichen Ich, das im Inneren
des Kindes wie ein junger Baum aufwächst.

Wenn ein Kind lügt, sind wir als Gärtner aufgefordert, Überstunden zu machen. Als guter Gärtner werden wir einen Pfahl neben den Apfelbaum, der krumm zu wachsen droht, eingraben, das heißt, wir werden unser Ich als eine »stille Stütze« neben das Kind stellen. Das bedeutet, dass wir an erster Stelle versuchen, eine Verbindung mit dem Ich des Kindes aufzunehmen. Wenn wir als Gärtner allerdings nicht einmal wissen, wo der junge Baum steht, können wir seinen Stamm auch nicht stützen.

In meinem Buch »Problemkindern helfen« wird ausgeführt, wie man bereits bei kleinen Kindern eine Verbindung mit ihrem noch »ungeborenen« Ich eingehen kann. Im Folgenden werde ich in aller Kürze die fünf möglichen Wege aufzählen, die zum Erleben des kindlichen Ichs führen können:

- indem wir uns mit den allgemeinen Entwicklungsphasen des Kindes beschäftigen, in denen das Ich des Kindes immer wieder aufleuchtet, wie in der sogenannten Trotzphase oder während der Krise um das neunte Lebensjahr herum;
- durch Beobachtung der Momente, in denen die besondere individuelle Kraft des Kindes hervortritt;
- durch Wahrnehmung des physischen Wachstums des Kindes, in dem sich die Wirkung des Ich offenbart;
- durch Arbeit an der eigenen Entelechie, der eigenen Entwicklungsaufgabe;
- indem man eine Verbindung mit dem Engel sucht, der das Kind begleitet.

In der Pubertät geht es darum, fortwährend dieses Ich des Kindes in seinen *vielfältigsten Erscheinungsformen* zu entdecken und diese als Abbild des Ich festzuhalten. Aber wir wollen nicht nur versuchen, die Realität dieses Ich innerlich zu fühlen, sondern es auch da wahrzunehmen, wo es sich äußerlich in Worten und Taten kundtut. Das Ich drückt sich nämlich aus in moralischen Impulsen, in Idealismus und Kreativität, in selbstbewussten Entscheidungen, im Übernehmen von Verantwortlichkeiten und Akzeptieren ihrer Konsequenzen, kurz in allem, was zum Erwachsensein gehört.

Ein kleines Kind handelt noch unverbindlich, ohne eigene Verantwortung. Wenn aber das Ich die Seele in Besitz nimmt, bringen Worte, Entscheidungen, Verhaltensweisen und sogar Gedanken ihre eigenen Verantwortlichkeiten mit sich. Nicht aus Angst, dogmatischem Zwang oder bloßem Nachahmungsdrang, sondern aus eigenem freien Entschluss nimmt der Mensch die jeweilige Verantwortung auf sich.

Die Eltern sollten lernen, jedes kleine Zeichen dieser neuen Qualität, so oft irgendeines davon während der Pubertät ihres Kindes aufleuchtet, wahrzunehmen und zu bestärken. Das gibt dem jungen Menschen Halt und erfüllt ihn mit Zuversicht. Er fasst Mut und weiß sich von der elterlichen Treue getragen.

Lügen ist Ausdruck des *Untertauchens* des Ich. Dem Lügen an sich sollten Sie nicht zuviel Aufmerksamkeit schenken. Der junge Mensch sollte aber deutlich spüren, dass Ihnen der Tatbestand bekannt ist und dass Sie seine Lüge als solche erkannt haben. Das bedeutet eine große Erleichterung für ihn, denn jetzt weiß er, dass Lügen keinen Sinn mehr hat. Aufmerksame Eltern werden dafür sorgen, dass viele Lügen ohnehin zerrinnen, so dass der Jugendliche einsieht, dass Lügen nichts bringt. Das heißt nicht, dass Sie ihn fortwährend kontrollieren müssen, denn kein Mensch erträgt einen solchen Polizisten neben sich. Sie brauchen auch nicht »alles wissen zu wollen«. Durch wachsende Erfahrung und nicht nachlassendes Interesse gewinnen Sie genügend Einsicht in das Leben Ihres Kindes.

Wenn die Eltern jedes kleine Aufflackern des Ich in ihrem Kind beobachten und ihm die nötige Aufmerksamkeit schenken, wird die kleine innere Flamme angefacht, oder in anderen Worten: der noch schwache Stamm bekommt eine Stütze. Äußert ein Kind, das sonst bei Tisch selten etwas sagt, plötzlich einmal seine Meinung, fallen die anderen Familienmitglieder oft sofort mit besseren oder auf jeden Fall stärkeren Argumenten über es her. Die Eltern sollten diesem Kind aber unbedingt zuhören und ausdrücklich betonen, wie wichtig gerade seine Meinungsäußerung für sie ist – ungeachtet des Inhalts. Wenn man auf seine Bemerkung zum Beispiel erwidert: »So habe ich die Sache noch nicht betrachtet, gut, dass du das sagst«, statt: »Was für eine dumme Bemerkung! Verstehst du nicht, dass das, was du vorschlägst, Unsinn ist?«, wird das Kind in seiner Entwicklung stimuliert.

Es ist auch wichtig, dass zu Hause oder in der Schule während des Unterrichts die ausgesprochen starken Kinder im Zaum gehalten werden, damit sie lernen, sich zurückzuhalten und auch einmal über das nachzudenken, was der andere gesagt hat.

Ein Kind, das zur Lüge neigt, braucht mehr Gelegenheiten und Unterstützung für die Äußerungen seiner Eigenheit. Einem Kind dagegen, das nicht lügen kann, muss man manchmal Grenzen setzen, damit es lernt, anderen gegenüber nicht immer das Herz auf der Zunge zu tragen. Respekt vor dem anderen Menschen mit einem schwächeren Ich ist auch eine Tugend, die geübt werden muss.

Andere Gelegenheiten, ein Kind mit einem zu schwachen Ich zu bestärken, bieten sich, wenn es sich mit seinem ersten selbstverdienten Geld ausgefallen kleidet oder sich einen eigenen Plan für die Ferien ausdenkt. Zumal wenn dieses Neue in unseren Augen noch sehr fremd ist und wir viel bessere, effizientere oder billigere Vorschläge hätten, sind wir jetzt aufgefordert, uns zurückzuhalten und die Ideen des Kindes zu unterstützen. Es muss spüren, dass wir es akzeptieren und ihm vertrauen.

Im Laufe der Jahre wird nach vielen derartigen Erfahrungen die Kraft im jungen Menschen so gewachsen sein, dass seine ursprüngliche Unwahrhaftigkeit schließlich völlig verschwindet. Die Äußerungen der Schwäche werden dann wie von allein durch die der Seele innewohnende Kraft besiegt.

Stehlen

Lügen und Stehlen sind wie Bruder und Schwester. Stehlen ist Lügen durch die Tat. In beiden Fällen wird der Wahrheit Gewalt angetan.

Die Ursachen des Stehlens liegen auf der gleichen Ebene wie die des Lügens, dementsprechend wird sich auch der Umgang mit diesem Problem gestalten müssen.

Stehlen im Kindergartenalter ist auch noch kein echtes Stehlen. Ebenso wie es auf emotionalem Gebiet noch keine Trennung zwischen dem eigenen Seelenleben und dem des anderen gibt, wird noch keine deutliche Grenze zwischen den eigenen Sachen und denen des anderen gezogen.

Hat ein Kind im Kindergarten mit bestimmten Spielsachen länger gespielt, fühlt sich dieses Spielzeug wie etwas Eigenes an und wandert dann leicht in die Hosentasche. Wenn die Eltern das Kind freundlich auffordern, dieses Spielzeug zurückzubringen oder die Kindergärtnerin bitten, es für kurze Zeit ausleihen zu dürfen, dann ist alles in Ordnung. Reagieren sie allerdings mit tiefster Empörung auf diesen kleinen Vorfall, wird das Kind ängstlich, und sie bringen es dazu, in Zukunft hinterlistig zu werden. In diesem Alter reicht es, wenn die Sachen konsequent und in aller Ruhe zurückgegeben werden.

In der Zeit, in der sich beim Kind die Seelenhaut bildet, lernt es im Allgemeinen, zwischen Eigenem und Fremdem zu unterscheiden.

Dennoch tritt Diebstahl bei Pubertierenden leider häufig auf. Manche Schulen sind nicht umsonst fast in befestigte Bankgebäude umgewandelt worden. Jeder Schüler hat sein abschließbares Fach, jeder läuft mit Schlüsseln herum und die Fahrradständer werden bewacht.

Warum treten bei Jugendlichen so oft Diebstahldelikte auf? Der westliche Materialismus bringt es nun einmal mit sich, dass viele Menschen sich mit allen möglichen Gütern in einer Art eindecken, die die Befriedigung der unmittelbaren Lebensbedürfnisse bei weitem übersteigt. Der Besitz oder Verbrauch von Luxusartikeln ist allgemein verbreitet, und die heutigen Kinder wachsen von Anfang an mit der entsprechenden Konsumhaltung auf. Was wird in einem Babyspezialgeschäft nicht schon alles für das Babyzimmer und den Umgang mit dem Baby angeboten.

Die jungen Menschen, die in der heutigen Konsumgesellschaft aufwachsen, sehen all den Luxus um sich herum und wollen ihn genauso besitzen und verbrauchen. Manchen Jugendlichen steht viel Geld zur Verfügung. Sie können einem regelrechten Kaufrausch verfallen. Sie benehmen sich häufig wie ein Millionär, der ganz genau erklären kann, warum ihm sein vieles Geld immer noch nicht reicht und er also mehr braucht.

Wenn ein Jugendlicher nicht über die nötigen Mittel verfügt, sich ebenfalls all diese verlockenden Güter zu kaufen, braucht das noch nicht zum Problem zu werden. Mit der nötigen Willenskraft und Geduld kann er durch allerlei Jobs sein Taschengeld aufbessern. Solange er bemüht ist, durch Zeitungen austragen, Babysitten oder Regale füllen das notwendige Geld herbeizuschaffen, kann man zufrieden sein. Das begehrte Objekt kann er sich nun bald auf legale Weise erwerben.

Fehlt aber beim Heranwachsenden die notwendige Willenskraft oder Ausdauer und haben zudem die verführerischen Waren seine Seele völlig im Griff, dann wird die Lage kritisch. Willensschwache Kinder spüren oft noch stärker als andere den Drang in sich, mitmachen zu wollen und dazuzugehören. Sie wollen es nicht riskieren, in die Isolierung zu geraten. Bei Jugendlichen gibt es heute zahllose ungeschriebene Verhaltensvorschriften. Bereits am Ende der sechsten Klasse können diese anfangen, wichtig zu werden. Kleider dürfen nur aus einem bestimmten Laden kommen, Schuhe müssen von einer ganz bestimmten Marke sein, Inlineskates und manches andere sind ein »Muss«.

So gibt es nicht nur Begierden, die auf persönliche Bedürfnisse zurückzuführen sind, sondern auch auf die Angst, von einer bestimmten Gruppe ausgeschlossen zu werden. Der Heranwachsende will unbedingt mithalten können, und wenn seine Eltern nicht bereit sind, die in ihren Augen unsinnigen Forderungen zu erfüllen, sucht er nach anderen Wegen, um sich das nötige Geld zu verschaffen.

Immer wieder bin ich auch Jugendlichen begegnet, die Geld stehlen, um zum Beispiel in der Disko eine Runde spendieren zu können und sich auf diese Weise sozusagen den Eintritt in die Gruppe zu erkaufen.

Was können die Eltern tun?
Wie bei dem Heranwachsenden, der zur Lüge neigt, muss man bei dem Jugendlichen, der stiehlt, versuchen, seine schwache Willenskraft und seine Ich-Kraft zu stärken. Selbstverständlich ist sein Verhalten deutlich und streng zu verurteilen. Man darf aber nicht den Menschen verurteilen, denn dann schwächt man ihn nur noch mehr, so dass er in Zukunft noch häufiger zum Diebstahl greifen wird, um Bestimmtes zu erreichen.

Über die Wirkung des Schenkenkönnens

Die entgegengesetzte Geste von Stehlen ist Schenken. Wer beim Jugendlichen die Neigung zum Diebstahl bekämpfen will, kann viel erreichen, indem er die Fähigkeit des Schenkens anregt.

Jemandem ein echtes Geschenk zu machen, ist eine Tat, die von Kraft zeugt und aus freien Stücken geschieht. Dann gibt man sozusagen einen Teil von sich selbst. Eine solche Gebärde kann nur aus *innerem Reichtum* und warmem Interesse für den Mitmenschen gemacht werden. Man verzichtet auf einen Teil des eigenen Selbst und schenkt ihn dem anderen Menschen, gleichzeitig aber findet man sich selbst im anderen wieder. Das Schenken und das Beschenktwerden kann zu einer tiefen Begegnung führen, aus der beide Beteiligten als bessere Menschen hervorgehen können.

Hierbei muss allerdings betont werden, dass man das richtige Schenken nicht mit der Haltung verwechseln darf, in der ein Mensch völlig willenlos und unbewusst alles von sich selbst zum anderen Menschen fließen lässt. Hierbei kann von Schenken und von einer wahren Begegnung gar nicht die Rede sein, sondern eher von Verlust der Eigenheit.

Genau wie man beim Schenken einem anderen wahrhaftig begegnet, geht man beim Stehlen dem anderen Menschen aus dem Weg. Ein Diebstahl hinterlässt sowohl beim Täter als auch beim Opfer ein Gefühl der Leere und Einsamkeit. Der andere wird dabei eben gerade nicht wahrgenommen, es wird mit ihm keine Begegnung gesucht: er wird einfach in seiner Existenz geleugnet. Der Täter nimmt Sachen in Besitz, die ihm nicht gehören, und greift dadurch die persönliche Sphäre des anderen Menschen an. Er verliert dabei aber auch seine Eigenständigkeit und setzt seiner Persönlichkeit einen Makel auf.

So entsteht ein Teufelskreis: Ein Diebstahl wird aufgrund einer inneren Schwäche oder innerer Armut verübt. Wer sich aber äußerlich an den Gütern Fremder bereichert, schadet seiner Seele, und so entsteht in ihr eine noch größere Armut.

Kraft und innerer Reichtum sind Voraussetzung zum Schenkenkönnen. Eltern, die ihren kleinen Kindern das Schenken vorleben, schaffen dadurch eine gesunde Grundlage, die später in der Pubertät ein Gegengewicht zu den vielfältigsten Verlockungen bilden kann. Ein Geschenk, das man selbst gemacht oder mit Liebe und Sorgfalt ausgesucht hat, besitzt viel mehr Wert als ein eilig gekauftes Geschenk ohne Beziehung. Angefangen bei der ersten Kinderzeichnung über die späteren anspruchsvolleren, selbst gebastelten Überraschungen bis zur warmen schenkenden Seele im Erwachsenenalter ist ein langer Weg, über den sich die notwendige innere Kraft entwickelt.

Man hat einmal den Versuch unternommen, Menschen, die gestohlen hatten, in Kontakt mit ihren Opfern zu bringen. Die Kluft zwischen Dieb und Opfer wurde dadurch überbrückt, und im Nachhinein kam doch noch eine Begegnung zustande. Die Täter empfanden den Schmerz und die Unannehmlichkeiten, die ihre Tat verursacht hatte, als schockierend und waren spontan bereit, den Schaden wieder gut zu machen. In diesem Experiment stand ganz deutlich die Notwendigkeit der Begegnung im Mittelpunkt als Gegengewicht zum Diebstahl, der gerade jegliche Begegnung vermeidet.

Drogenprobleme

Ein großer Teil der Diebstähle geht heutzutage auf das Konto von Drogensüchtigen. Ron Dunselman hat ein aufschlussreiches Buch »An Stelle des Ich« (siehe Literaturverzeichnis Seite 308) über Drogensucht geschrieben. Er schildert darin, wie die Drogen das Bewusstsein des eigenen Ich-Kerns und die Verbindung damit angreifen. Durch diese innere Schwächung wird dem Menschen der Weg zum Diebstahl geebnet. Ein Drogensüchtiger braucht in erster Linie immer wieder viel Geld, und zwar möglichst schnell, um seine Sucht zu befriedigen. Seine geschwächte Seele kann nur noch nehmen und nicht mehr wegschenken, auch in sozialer Hinsicht. Eltern, Freunde und andere Menschen machen die Erfahrung, dass sie von ihm leergesaugt und ausgenutzt werden. Sie haben das Gefühl, ihrer Seelenkräfte beraubt zu werden.

Es soll hier nicht näher auf dieses spezielle Thema eingegangen werden.

Es wäre interessant zu untersuchen, warum manche Drogensüchtige in einem bestimmten Moment ihres Lebens doch wieder »clean« werden wollen. Gibt es in ihrer Biographie doch wieder jemanden, den sie beschenken wollen?

Wer mit Drogensüchtigen zu tun hat, wird sich jedenfalls mit den beiden Gegenpolen Stehlen und Schenken auseinandersetzen müssen, weil sich dahinter die Gegenpole Ohnmacht und Kraft verbergen.

Extreme Formen

In der Seele mancher Kinder spielt sich leider ein solch heftiger Kampf zwischen Gut und Böse ab, dass ihr Ich es nicht schafft, die Seele zu durchglühen. Ob das möglicherweise mit dem besonderen Auftrag zusammenhängt, den das Kind auf die Erde mitgebracht hat? Ringt es etwa noch mit nicht erledigten »Hausaufgaben« aus früheren Erdenleben? Oder nimmt es vielleicht Probleme, die in seiner Umgebung existieren, auf sich und versucht sie zu lösen?

Wenn man nicht hellsichtig ist, kann man den wahren Grund dieses Kampfes höchstens erahnen. Auf jeden Fall darf man diese Kinder, die zwischen Licht und Schatten leben, nicht nur ihrem Schicksal überlassen.

Solche Kinder lügen häufig ganz bewusst und mit Freude. Sie genießen es, auf diese Weise Macht über ihre Umgebung auszuüben. Ihr Gewissen erfüllt seine Aufgabe nicht genügend.

Als Erwachsener muss man sich immer wieder klar machen, dass ihr Verhalten aus tiefer seelischer Not entsteht, denn wer wahre Herzenskraft, wahre Ich-Kraft besitzt, braucht keine Ersatzkräfte zu Hilfe zu nehmen und lässt Widerliches und Gemeines gar nicht erst zum Vorschein kommen. Aus seelischer und geistiger Armut wird das Böse geboren. Der Mangel in der eigenen Seele führt zu Unwahrheit und Machthunger, die wiederum Schmerz bei anderen verursachen.

Die Eltern eines solchen Kindes sollten ihm so viel und so lang wie möglich von ihrer Herzenswärme und ihrem Seelenreichtum zukommen lassen, weil sie auf diese Weise das Böse direkt an der Wurzel packen und die seelische Armut ihres Kindes bekämpfen können. Wie viel sie zu geben vermögen, hängt von ihrem eigenen Seelenreichtum ab. Allerdings darf es nicht so weit kommen, dass sie an dieser schweren Aufgabe zugrunde gehen, denn dann kann von Schenken nicht mehr die Rede sein. Es würde das Kind nur noch mehr belasten und ihm noch mehr Schuld aufladen. Alles, was die Eltern diesen Kindern geben können, wird sich aber wohltuend auf das kindliche Gemüt auswirken, vorausgesetzt das Geschenkte ist warm, echt und wahrhaftig. Es ist nicht leicht, ihnen das Lügen abzugewöhnen, denn es liegt ihnen einfach im Blut. In dieser Hinsicht ist ihre Entwicklung derart verzögert, dass sie immer wieder in alte Gewohnheiten zurückverfallen. Man kann dabei von einer »seelischen Behinderung« sprechen. Genau wie man von den Eltern eines mongoloiden Kindes zwar vieles erwarten kann, aber nicht, dass sie aus ihm eine hochintelligente Person machen, kann man von den Eltern eines solcherart seelisch behinderten Kindes auch nicht erwarten, dass sie es in einen Heiligen verwandeln.

Das Leben dieser (mutigen) Kinder ist dadurch geprägt, dass sie Berge von »Hausaufgaben« in ihr jetziges Erdenleben mitgebracht haben. Man braucht schon Mut, um sich in einem Leben soviel Arbeit vorzunehmen! Die Eltern haben dabei ihren eigenen Auftrag zu erfüllen. Je gründlicher sie dies können, desto besser. Sie sollen sich aber keine Vorwürfe machen, wenn sie ihre Arbeit nur teilweise bewältigen können, denn neben ihnen wirkt das Leben selbst als der große Erzieher. Die Schicksalsfäden werden dafür sorgen, dass das Kind mit seinem Lebensauftrag Schritt für Schritt in zunehmendem Schwierigkeitsgrad konfrontiert wird. Manchmal haben die Eltern es schwer, einen solchen Entwicklungsweg, zu dem auch der vorgeburtliche Aspekt gehört, zu akzeptieren. Sie sollten sich aber nicht beirren lassen. Auch wenn das Kind ein schwieriger Mensch ist und bleiben wird – für sich selbst und für seine Mitmenschen –, wird es später vielleicht doch ein sinnvolleres Leben als der brave Sohn der Nachbarin führen.

Wer ist schon imstande, das alles zu überblicken und zu beurteilen? Die Hauptsache ist, dass die Eltern ihr Möglichstes tun und dass sie Vertrauen in den inneren Auftrag haben, den jedes Kind vor seiner Geburt übernommen hat. Die eine Lebensschule ist nun einmal schwerer als die andere. Auch für Kinder, die wir »seelisch behindert« genannt haben, ist es ein Segen, wenn die Eltern sie auf die oben beschriebene Weise erziehen, selbst wenn die sichtbaren Ergebnisse nicht sehr ermutigend sind und sie sich oft mit ganz kleinen Fortschritten zufrieden geben müssen.

Zum Schluss möchte ich noch eine Bitte aussprechen, die die Eltern und Lehrer dieser Kinder betrifft. Wir sollten aufhören, sie unaufgefordert mit weisen Ratschlägen zu überhäufen, denn dadurch geben wir ihnen nur zu verstehen, dass sie in unseren Augen unfähig sind und wir alles bestimmt besser machen würden.

Wir sollten sie unterstützen und ihnen helfen, wenn wir darum gebeten werden. Wir sollten sie nicht verurteilen, sie nicht mit unserem gutgemeinten, vielleicht aber auch besserwisserischen Rat überschütten. Wir sollten ihnen aber auch nicht aus dem Weg gehen und sie vor allem niemals im Stich lassen.

Der menschliche Leib
und seine Beziehung zur Seele

Wie wir bereits gesehen haben, benützt das höhere Ich an
erster Stelle die Seele als sein ureigenstes Instrument. Das
höhere Geistwesen will in uns leben und wirken. Nur die
Seele besitzt das »innere Auge und Ohr«, das die Impulse
des höheren Geistwesens wahrnimmt. Die Pubertät steht
im Zeichen der gesunden Entwicklung der Seele, deren sich
das Ich dann später bedient.

Aber die inneren Vorgänge sind noch viel komplizierter.
Wir leben auf Erden mit einem physischen Leib, der von
Lebenskräften durchdrungen ist. Alles, was wir hier lernen
– und das gehört zur heutigen Menschheitsentwicklung
dazu –, muss bis in die physisch-irdische Wirklichkeit seinen Ausdruck finden. Was auf einer anderen Ebene stecken
bleibt, ist noch nicht fertig, ist noch nicht durch und durch
menschlich geworden.

Warum ist diese Vermenschlichung der Seele so wichtig für
unsere Betrachtungen? Weil eine gesunde Seele nicht nur
zum Instrument für das Ich werden muss, sondern weil
ihre Wirksamkeit sich darüber hinaus in den menschlichen
Leib fortsetzen muss. Das Ich wirkt in die Seele hinein, und
die Seele wirkt sich wiederum auf den Leib aus. Sie nimmt
die Impulse des Ich auf und vermittelt sie dem Leib.

Das hört sich sehr theoretisch an, aber diese Vorgänge treten im Laufe des Tages fortwährend auf, ohne dass man
sich dessen bewusst zu sein braucht. So kann das Ich einem
bestimmten Menschen den Impuls zum Erschaffen eines
Kunstwerkes in die Seele schicken. Seine Seele empfindet
das wie einen inneren Drang, wie eine Idee oder einen Ein-
fall. Nun wird sie diesem Impuls Folge leisten wollen. Das
drückt sich in dem betreffenden Menschen dann zum Bei-

spiel in dem Bedürfnis aus, etwas mit Holz gestalten zu wollen. Er macht sich also auf die Suche nach Holz, um daraus etwas zu schaffen.

Um einen solchen Impuls in die Tat umsetzen zu können, muss die Seele über einen dermaßen wirksamen Einfluss verfügen, dass sich dieser bis in die Fingerspitzen fortsetzt und dass er die Muskeln, die Bewegungen der Arme, Hände und Finger, ja sogar Herzschlag und Atmung durchdringt; der ganze Körper wird nun benötigt!

Was tut nun der Leib seinerseits für die Seele? Er besitzt Augen und Ohren. Durch diese Sinnesorgane kann die Seele der Welt lauschen und sie wahrnehmen. Über die Haut nimmt sie Fühlung mit ihrer Umwelt auf. Die Seele ist auf zwei Welten gerichtet: einerseits wendet sie sich der Innenwelt zu, aus der die Stimme des Ich ertönt, und andererseits wendet sie sich nach außen, um die Stimme der sie umgebenden Welt zu vernehmen.

Die Seele verbindet unser höheres Ich mit der physischen Welt und umgekehrt verbindet die Seele die Welt um uns herum mit unserem höheren Ich.

Eigentlich sollte die Seele ein einziges großes Wahrnehmungsorgan sein, das sich vollkommen dem Lauschen öffnet, das also sowohl die erhabenen Töne aus der geistigen Welt aufnimmt als auch die dunklen Töne aus der physischen Welt.

Vielleicht sind wir uns dieses tiefen Hinhörens der Seele gar nicht so bewusst. Dennoch leben wir täglich damit. Stellen Sie sich vor, Sie gehen zu einem interessanten Vortrag, jedenfalls erwarten Sie, dass er anregend sein wird. Sie setzen sich hin und hören dem Vortragenden zu. Die Seele lauscht den Worten und holt diese in das Gefühlsleben herein. Auf diese Weise kann sie herausfinden, ob das, was gesagt wird, bereichernd ist oder nicht. Erst, wenn Sie die Worte des Redners in sich aufgenommen haben, können Sie damit arbeiten. Das kann bestimmte Reaktionen auf emotionalem Gebiet auslösen: Sie lachen, Sie sind gerührt oder Mitleid regt sich in Ihnen. Vielleicht werden Sie in Ihrem Denken angeregt: Sie denken über das Gehörte nach, stellen sich Fragen, ordnen Ihre Gedanken neu oder ändern Ihre bisherigen Ansichten. Auch können die Worte im Willensbereich wirksam sein: Sie nehmen sich vor, Dinge zu ändern oder Neues anzupacken.

Wenn die Seele aber während des Vortrages nicht hingehört hat und sich somit der Sprache verschlossen hat, passiert einfach gar nichts. Es gibt keinen Stoff zum Nachdenken, keine Anregungen für das Fühlen und keine tatkräftigen Impulse. Solange die Seele die äußeren Eindrücke nicht aufgenommen hat, kann aus den Impulsen der Außenwelt nichts Neues entstehen.

Jeder Wahrnehmungssinn, der im physischen Leib vorhanden ist, setzt sich unsichtbar in der Seele fort. Die Seele nimmt im Grunde mittels des Körpers wahr.

Das hört sich vielleicht zunächst sonderbar an. Wenn zwei Menschen sich in der gleichen Situation befinden, nimmt jeder andere Dinge wahr, je nachdem, wie weit seine Seele innerlich »Ohren und Augen« entwickelt hat. Machen einige Menschen zum Beispiel zusammen einen Waldspaziergang, dann sieht der eine jede Blume und jeden Baum, ein anderer hört jeden Vogel singen und weiß auch, wer da singt, ein dritter sieht und hört alles, und ein vierter nimmt von alledem gar nichts wahr.

Diese Unterschiede in der Wahrnehmung sind nicht auf die jeweilige Bildung der Augen oder Ohren zurückzuführen, sondern auf Unterschiede in der jeweiligen Seele. Wer sich mit den blühenden Blumen verbunden fühlt und diese liebt, sieht sie auch. Wer kein Gefühl dafür hat, sieht sie nicht, das heißt, das physische Auge sieht sie zwar, aber der Vorgang des Sehens dringt nicht bis in das »Seelenauge« vor.

Wenn eine Frau erfahren hat, dass sie schwanger ist, sieht sie auf einmal überall schwangere Frauen. Gibt es gerade in diesem Jahr mehr werdende Mütter als sonst? Durchaus nicht, aber durch die neue Ausrichtung der Seele dringen nun Wahrnehmungen in sie ein, die früher von ihr nicht aufgenommen wurden. Damals lauschte die Seele nur passiv und war noch nicht für diese besonderen Eindrücke empfänglich.

Alles, worauf unsere Seele gelernt hat zu lauschen und zu sehen, alles, was sie fühlen und schmecken gelernt hat, gehört zu unseren ureigensten Lebensbereichen und Erfahrungen. Das, wofür unsere Seele noch kein Wahrnehmungsorgan entwickelt hat, besteht eigentlich für uns nicht. Daher können wir in diesen Bereichen, in denen wir nicht wirklich leben, auch nicht unsere Ich-Impulse verwirklichen.

Wenn ein Kind in der Pubertät seine Seele zu seiner eigenen umwandelt, ist es wichtig, dass die Ich-Impulse ungehindert die Seele durchströmen können. Aber es ist von eminenter Bedeutung, dass auch die andersgerichtete Bewegung, nämlich der gute Zufluss von physischen Impulsen zur Seele hin, in Gang kommt. Dadurch ist die Seele imstande, die Essenz der Wahrnehmungen, die in der Welt gesammelt werden, wiederum an das Ich weiterzuleiten. Diese vermittelnde Funktion der Seele wird häufig nicht in ihrer umfassenden Bedeutung erkannt.

Der Weg des *Ich* (Geist, sinnvolles Ziel)
über die *Seele* (Gefühl, Gedanke, Streben)
zum *physischen Leib* (Erfahrung, Tat, Bewegung, Wahrnehmung)

ist eine Art stufenweises Sprechen.

Der Rückweg *vom physischen Leib* (hören, sehen, tasten, erfahren)
über die *Seele* (mitfühlen, mitempfinden, Sympathie und Antipathie erleben)

zum *Ich* (kennenlernen, begreifen, erkennen, Werte erfahren und liebhaben)

ist eine Art stufenweises Lauschen.

Warum ist es so wichtig, dass die Seele über gut entwickelte Wahrnehmungssinne verfügt, um die physische Welt wahrzunehmen?

- Wenn der Schüler kein Ohr für den Unterrichtsstoff entwickelt hat, kann er nicht richtig lernen. Er kann dann höchstens den Lehrstoff mit Hilfe von allerlei Tricks auswendig lernen und nachher das Gelernte herunterleiern. Er begreift aber dasjenige, was er gelernt hat, nicht und entwickelt kein Gefühl dafür. Später als Erwachsener wird er dann auch nicht imstande sein, mit den Lerninhalten zu arbeiten, daran etwas zu erleben oder sich darin zu vertiefen, und er wird auch nicht davon leben können.
- Wenn die Seele kein Wahrnehmungsorgan für die Natur entwickelt hat, vermag der Mensch nicht, für die Natur Sorge zu tragen und sie zu genießen.
- Wenn die Seele kein »Auge« für den anderen entwickelt hat, wird der Mensch dafür auch kein Gefühl haben, er kann damit nicht lebendig und liebevoll umgehen. Und wenn er kein Wahrnehmungsorgan für das Einzigartige des anderen Menschen hat, kann er diesem auch nicht wirklich begegnen und mit ihm eine Beziehung eingehen.

Zusammenfassend können wir sagen: Wenn wir nicht imstande sind, die Welt mit den seelischen Wahrnehmungsorganen so zu erfassen, wie sie sich physisch unseren Sinnen offenbart – Pflanzen, Tiere und Menschen eingeschlossen –, können wir nicht in ihr leben. Man könnte sagen, dass es die Welt dann eigentlich für uns nicht gibt. Wir können unsere

Seele nicht »ernähren« und unserem höheren Ich keine Früchte unserer Erlebnisse weiterreichen. Demzufolge sind wir zur Lebensuntüchtigkeit verurteilt.

Die Pubertät umfasst eine zweifache Aufgabe. Zum einen muss sich die Seele dem höheren Ich öffnen, so dass dieses den Lebenslauf zu steuern vermag. Zum anderen muss sich die Seele zur Welt hin öffnen, so dass es zum echten Erleben der Erde und des Mitmenschen kommen kann und diese durchlebten Eindrücke wiederum dem höheren Ich zugeführt werden können. Diese doppelte Wirksamkeit der Seele bildet die Grundlage für ein sinnvolles Leben. Damit bringt der Mensch die Verbindung vom Geist zur Erde und umgekehrt von der Erde zum Geist zustande.

Wie entwickelt die Seele »innere Augen und Ohren«?

Pubertierende Jugendliche haben oft mit ihrer Körperlichkeit schwer zu schaffen und leiden darunter. Die wenigsten fühlen sich jung, schön und stark. Das Akzeptieren und Kennenlernen des eigenen Körpers mit seinen Veränderungen ist für viele junge Leute keine leichte Aufgabe.

Solange der junge Mensch sich nicht richtig mit seinem Körper verbunden hat, kann die ihm innewohnende Seele keine Sinnesorgane entwickeln. Zur Bildung dieser inneren Sinne ist Akzeptanz und Bejahung der eigenen Körperlichkeit eine unabdingbare Voraussetzung.

Aber nicht nur der eigene Körper sollte akzeptiert und vertraut werden, auch mit der Erde, der Natur, den Tieren und anderen Menschen soll der Jugendliche sich anfreunden. Die ganze Welt in ihrer physischen Erscheinung sehnt sich sozusagen nach Anerkennung.

Unsere heutige Lebensweise scheint die mitgebrachten inneren Sinne der Kinder eher zu verschließen, statt ihnen zu helfen, diese zu öffnen. Kleine Kinder bringen aus dem vorgeburtlichen Dasein oft hellwache seelische Wahrnehmungssinne mit. Sie erleben es wie ein Wunder, wenn das erste Schneeglöckchen blüht. Was ihre Äuglein sehen, sieht ihre Seele auch, und das höhere Ich verbindet sich damit. Allzu rasch gehen diese Fähigkeiten heute schon im Kleinkindalter verloren, nicht zuletzt durch das Fernsehen.

In früheren Zeiten nahm der Bauer den Boden, das Wetter, die Tiere an, wie sie waren, und konnte sich aus der Tiefe seines Wesens damit verbinden. Seine Lebensweise war schlicht und einfach, und seine Seele konnte mit all diesen Eindrücken mitschwingen.

Heutzutage wachsen die Jugendlichen in Städten auf, mit Kunststoff, Computer, Fernsehen und Fertigessen, im Mikrowellenherd aufgewärmt. Sie leben in Häusern, in denen nicht einmal das kleinste Feuer brennt. Viele Eindrücke sind eigentlich entseelt und wirklichkeitsfremd. In einer solchen Umgebung gelingt es ihrer Seele schwerlich, Wahrnehmungssinne für die Welt zu entwickeln.

Demzufolge wird der Jugendliche leicht innerlich taub und blind, und das äußert sich dann wiederum in Vandalismus und Gleichgültigkeit gegenüber seiner Umgebung. Es verwundert nicht, dass der Heranwachsende kein Gefühl für die Dinge um sich herum hat. Wie sollte er das auch haben, wenn er nicht imstande ist, diese Dinge über die physischen Sinne hinaus innerlich wahrzunehmen? In seiner Seele regt sich dabei keinerlei Empfindung. Es berührt ihn nicht schmerzhaft, dass das schöne Wartehäuschen an der Haltestelle aufs Neue beschädigt ist. Wenn ein solcher Anblick bei einem Menschen einen seelischen Schmerz auslöst, nimmt auch seine Seele die Zerstörung wahr. Das deutet darauf hin, dass innerlich eine Verbindung besteht zwischen dem, was die physischen Augen, und dem, was die »inneren Augen« wahrnehmen. Die Augen der Seele sind offen.

Wenn er die Welt in sich aufnimmt, erwacht im Menschen Liebe für das Wahrgenommene, denn jedesmal, wenn die Seele eine Wahrnehmung in ihrer Essenz dem höheren Ich zukommen lässt, strahlt das Ich als Antwort darauf mit verstärkter Liebeskraft in die Seele zurück. Das kann man daran erkennen, dass danach ganz liebevolle Handlungen und Worte wieder zum Vorschein kommen. Der Kreis hat sich geschlossen.

Der Mensch kann nur in dem Maße lieben lernen, in dem seine Seele ihre Mittlerfunktion hat entwickeln können. Lieben bedeutet Respekt für den Mitmenschen haben, wieder heil machen, statt niederzureißen, nicht weil sich das so gehört, sondern weil in der Seele eine einzigartige Verbindung zustande gekommen ist.

Die Bedeutung des Körpers

Mit dem Eintritt in die Pubertät fängt der Jugendliche an, seinen Körper wahrzunehmen. Könnten wir bloß unsere Kinder in diesem Alter davon überzeugen, dass alles, was auch immer sie an und mit ihrem Körper erleben mögen, gut, schön und wahr ist. Von ihrer Unsicherheit getrieben, gehen sie auf die Suche nach Vorbildern. In unserer Kultur, in der sie mit Bildern von Männern und Frauen mit »idealem« Äußeren nur so überflutet werden, führt diese Suche oft zu ernüchternden Ergebnissen. Im Vergleich zu den Stars im Fernsehen oder den Fotomodellen in den Illustrierten schneiden sie immer ungünstig ab. Jetzt fängt für sie der Kampf an, äußerlich ihrem Idealbild nahezukommen. Die Kräfte, die eigentlich verwendet werden sollten, um *innerlich* an dem wahren Menschen zu arbeiten, können in diesem Kampf mehr oder weniger verbraucht werden. Es ist aber auch möglich, dass der Jugendliche nicht einmal den Mut hat, diesen Kampf zu beginnen. Dann treten Minderwertigkeitsgefühle auf, die aber versteckt oder überspielt werden.

In beiden Fällen wird die Entwicklung der inneren Augen und Ohren gehemmt. Gerede über Schönheit ist für die Heranwachsenden allgegenwärtig, so dass sie nur noch Augen für die äußeren Schönheitsmerkmale haben. Sie suchen in diesem Bereich Anerkennung und wollen wegen ihres Äußeren geachtet werden. Diese Art Bestätigung währt aber selten lange und lässt den Jugendlichen nicht zur Ruhe kommen und stärkt auch sein Selbstvertrauen nicht nachhaltig.

Wenn der eigene Körper auf diese Weise erlebt und für ein äußeres Ziel eingesetzt wird, entsteht eine seelische Taubheit, die in diesem Fall aber nicht durch eine unwahrhaftige Umwelt verursacht wird, sondern durch eine Art Entfremdung vom eigenen Körper. Hiermit kann auch die Vorstellung, man sei zu dick, zu hässlich usw. zusammenhängen, die wir bereits beschrieben haben (s. Seite 84).

Die Bedeutung der körperlichen Bewegung

Wann erlebt man seinen Körper denn wirklich? Das geschieht nur, wenn er sich *bewegt*. Wenn der Mensch in der Bewegung spürt, wozu das wunderbare Instrument seines Körpers eigentlich da ist, erfährt er sich selbst inmitten der Welt. Arbeitet der Jugendliche in den Ferien auf dem Land oder macht er eine Wildwasserkanufahrt, gibt ihm das ein gesundes Körpergefühl. Dann zählt nicht länger der Pickel im Gesicht oder die Haarsträhne, die nicht richtig liegt. In der äußeren Welt verhält sich der Körper, wenn er sich bewegt, wie ein einzigartiges Wahrnehmungsinstrument. Das kommt daher, weil die Seele auch ganz und gar Bewegung ist. Sie ist das beweglichste Element in uns. In den Rhythmen von Herz und Lunge drückt die Seele diese innere Regsamkeit aus. Sie ist so durch und durch Bewegung, dass sie sich eigentlich erst richtig mit dem Körper verbinden kann, wenn sie spürt, dass dieser sich bewegt. Erst dann kann das innere Ohr oder das innere Auge sich entwickeln.

Nicht umsonst ist bei der Meditation, wobei die Seele ruhig und ausgeglichen sein muss, die Ruhestellung des Körpers erste Voraussetzung. Man sollte nicht zu viel essen, die Verdauung sollte nicht in vollem Gang sein, man sollte sich ruhig hinsetzen usw. Der östliche Yogi ist davon ein extremes Beispiel. Er schaltet die Körperfunktionen ab, lässt danach Ruhe in seine Seele einziehen und zieht sich schließlich in geistige Höhen zurück.

Der Jugendliche braucht eher den entgegengesetzten Lebensstil. Er muss seinen Körper aktivieren durch Sport und Spiel, durch Arbeit und durch lebendige Lernprozesse mit vielen Möglichkeiten zum Erproben und Ausprobieren. Dann wird auch seine Seele in die Vorgänge mit einbezogen und fängt an, sich zu regen, und wird fähig, aufzunehmen und zu lernen. Jetzt kann sich auch der menschliche Geist mit dem Geschehen verbinden und das Ich des Menschen kann seine Impulse in die Seele hineinfließen lassen.

In letzter Zeit sind engagierte Menschen zu der Einsicht gekommen, dass Gefängnisstrafen für jugendliche Delinquenten sinnlos sind, weil dadurch der Körper und damit auch die Seele »stillgelegt« werden. Wird die seelische Entwicklung solchermaßen gehemmt, braucht man sich nicht zu wundern, wenn die jugendlichen Straftäter beim Verlassen des Gefängnisses schlimmer sind als zuvor! Alternative Strafvollzieher dagegen sorgen zum Beispiel dafür, dass Graffitisprüher die verschmierten Wände selbst wieder sauber machen. Dadurch gehen ihnen innerlich und äußerlich »die Augen auf« für das, was sie um sich herum sehen. Auch Menschen, die mit straffälligen Jugendlichen große Fußwanderungen durch Europa machen, gehen von der gleichen Ansicht aus. Eine solche Initiative ist bestimmt schwer durchzutragen, denn die betreffenden Jugendlichen sind oft schon von klein auf schwer milieugeschädigt. Sie körperlich zu fordern kann auch ihre Seele in Bewegung bringen. Wie hält man die Wanderer auf Trab? Wie verhindert man, dass sie sich dauernd hinsetzen oder sich per Anhalter auf und davon machen und das Wandern aufgeben? Wie bringt man es fertig, dass sie, schwitzend und immer wieder den Weg suchend, durchhalten? Dass sie unterwegs helfen, Holz zu sammeln, Feuer zu machen, Wasser zu schleppen, das Essen zuzubereiten? Auf jeden Fall liegt gerade auf diesem Gebiet des kräftigen Tuns die innere Lösung für ihre Probleme.

So gilt für die Eltern in erster Linie: *die Jugendlichen sind in Bewegung zu halten*, und zwar ganz konkret. Ob sie nun tanzen, schlittschuhlaufen, Sport treiben, wandern oder Berge erklettern, ist nicht so wichtig. Hauptsache ist, dass sie in Bewegung bleiben, möglichst an der frischen Luft, und bis an die Grenzen gefordert sind. Auch der Stoffwechsel sollte angeregt werden: regelmäßige Mahlzeiten mit ballastreicher Nahrung, die »verarbeitet« werden muss. Also eher ein deftiges Brot als weiße Brötchen. Essen die Kinder an den meisten Wochentagen regelmäßig und richtig, ist es nicht so schlimm, wenn sie dann und wann eine Portion Pommes verschlingen.

Wenn ein Kind es nicht schafft, die Verbindung zu seinem Körper herzustellen, und schließlich innerlich zum Stillstand kommt, kann manchmal auch Magersucht (Anorexia nervosa) entstehen. Diese Jugendlichen meinen – sehr verkürzt ausgedrückt –, ihren Körper nicht zu brauchen, weil er ihrem Anspruch ohnehin nicht gerecht wird. Oder sie wollen nicht erwachsen werden, sie sehen sich dicker und unförmiger, als sie sind, und wollen den Körper auf der kindlichen Stufe zurückhalten. Also essen sie nicht, sodass die Stoffwechseltätigkeit zum Erliegen kommt. Die Seele vermag dadurch nicht, sich richtig mit dem Leib und dem Leben zu verbinden. Sie »hört und sieht« so wenig, weil keine Wahrnehmungen in sie eindringen. Dann fängt das Kind an, auf allen Gebieten loszulassen. Es lässt als erstes den Körper los. Das kann bedrohliche Formen annehmen.

Krankenhausaufnahme folgt, das Kind hängt am Tropf. Auch in der Seele zeigt sich diese Neigung zum Loslassen. Keine Verbindung zum Lernen oder zu Freunden oder zu irgendetwas anderem wird mehr gesucht. Das Ich ist innerlich wie betäubt und nicht imstande, Anregungen zur sinnvollen Beschäftigung in der Seele ertönen zu lassen.

Kinder, die auf diese Weise mit ihrem Körper, dem Erwachsenwerden und dem Lebendigerhalten ihrer Seele ringen, sollten unbedingt in Bewegung gebracht werden. Es ist nicht so ausschlaggebend, ob die Schüler im Sportunterricht gute Noten bekommen oder eine bestimmte Übung beherrschen, vielmehr ist es lebensnotwendig, dass alle aktiv mitmachen. Muskeln, die sonst nicht betätigt werden, müssen aktiviert werden, und die Schüler sollten vor allem auch lernen, sich mit Freude zu bewegen.

Eltern, die ihren Kindern Kochen beibringen oder sie in den Ferien die Wohnung streichen lassen, sorgen ebenso dafür, dass die Kinder die notwendige Bewegung bekommen. Wo es nur möglich ist, sollten die Jugendlichen in dieser Richtung angeregt werden. Viel Humor und Phantasie sind hierbei erwünscht.

Wenn Körper und Seele auf eine gesunde Weise aufeinander abgestimmt sind, äußert sich das in lebhaften und begeisterten Reaktionen. Man braucht einer Klasse nur zu erzählen, dass demnächst ein Ausflug stattfinden wird, und schon springen und tanzen die Schüler herum und äußern lauthals ihre Freude.

Wenn Kinder über längere Zeit einen langweiligen Unterricht über sich ergehen lassen müssen, fangen sie an, immer verdrossener in ihren Bänken herumzuhängen. Klingelt es aber dann zur Pause, erwacht ihre Seele wiederum zum Leben, und sie nutzen die Gelegenheit zum Herumrennen und Spielen.

Manchmal kann es aber auch ein Zuviel an Körperbewegung geben. Wenn der Zeiger nach der anderen Seite ausschlägt, entsteht übertriebener Bewegungsdrang, der in zwanghaftes fanatisches Sporttreiben ausartet. Oft werden die Jugendlichen da durch ehrgeizige Erwachsene hineingedrängt. Auch viele Erwachsene üben einen Sport, zunächst aus Freude an der Bewegung, aus; manche werden durch ihre Fitness-Sucht auch unfrei. Sie empfinden einen unwiderstehlichen Zwang, ununterbrochen Sport treiben zu müssen. Auf diese Weise werden Erfahrungen, die lebensnotwendig für die Seele sind, verdrängt. Im Menschen entstehen nur noch bestimmte Empfindungen, die nicht aufgrund seiner Seelenregungen hervorgerufen werden, sondern durch körperliche Reaktionen. Das dabei freiwerdende Adrenalin gibt dem Sportler einen gewissen »Kick«. Das führt aber zu einem völlig anderen Vergnügen als zu dem, das man bei einer gemütlichen Fahrradtour durch den Wald haben kann. Oft macht dieser fanatische Bewegungsdrang regelrecht süchtig, die Seele und ihre Sinne aber verkümmern dabei allmählich.

Zusammengefasst kann man sagen, dass die Seele innere Augen und Ohren entwickelt, wenn sie sich mit dem Körper auf eine gesunde Weise verbinden kann, indem dieser sich auf eine lebendige Art bewegt.

Die Seelenkraft
und der Sucher in uns

Eltern, die ihrem Kind während der Pubertät zu einer gesunden Entwicklung verhelfen wollen, sollten versuchen abzuschätzen, über wieviel Seelenkraft ihr Kind verfügt und sollten beobachten, wie diese sich entwickelt. *Unter Seelenkraft verstehen wir die gesamte seelische Energie, die der Mensch zur Verfügung hat und aufbringen kann.* Meistens werden wir uns der Realität der Seelenkraft erst bewusst, wenn sie fehlt. Die menschliche Seele ist erschöpft und kann keine Energie aufbringen.

Die seelischen Kräfte sind genauso individuell geprägt wie die körperlichen. Der einen Mutter zum Beispiel kostet es so viel Kraft, einen Kindergeburtstag zu organisieren, dass sie sich hinterher wie ausgelaugt fühlt. Eine andere Mutter bewältigt das Gleiche spielend und lädt die kleinen Gäste anschließend noch zum Übernachten ein, denn auch das schafft sie noch mühelos. Hier liegt einfach ein Unterschied in der seelischen Potenz vor.

Manchen Eltern gelingt es nur unter äußerster Anstrengung, ihr einziges Kind zu erziehen, während andere über solch überschwängliche Kräfte verfügen, dass sie zwanglos und fröhlich fünf Kinder großziehen können. Der eine Mensch verliert niemals den Humor, bleibt schöpferisch und ist immer wieder bereit, neu anzufangen, während ein anderer dem Leben nicht gewachsen ist, resigniert und allmählich innerlich erstarrt.

Ein Kind mit genügend Seelenkraft wird sich ein seelisches Flussbett schaffen, das tief und breit ist, so dass sein »Lebensschiff« darauf stetig weiterfahren kann.

Wenn ein Kind dagegen über zu geringe Seelenkraft verfügt

oder diese nicht aufzubringen vermag, wird der Seelenleib dem kleinen Rinnsal entsprechend ein schmales, seichtes Bett zubereiten. Die Gefahr besteht dann, dass der dünne Seelenstrom in Zeiten der Dürre, wenn es nur wenig »Nahrung« gibt, völlig versiegt.

Wenn zwar Wasser vorhanden ist, aber nicht in ausreichendem Maße, dann müssen Schleusen gebaut werden, um die Seelenkräfte zu schonen und zu bewahren. Das Seelenleben wird nur dürftig dahin fließen, und der Lebensstrom wird nicht leicht zu befahren sein. Ein solcher Mensch kann sich nur Begrenztes leisten, er kann nur beschränkt geben und leben. Solange diese geringe Seelenkraft sich darin äußert, dass er nur einen Tag Karneval feiern kann, statt drei hintereinander, ist das noch kein Problem. Aber wenn zum Beispiel ein Lehrer nach zwei Monaten Unterricht »kein Kind mehr sehen kann«, sich ständig ärgert und innerlich ausgebrannt fühlt, dann deutet das auf ernste Schwierigkeiten hin. Er hätte für seine Aufgabe viel mehr Seelenkraft gebraucht, als er besaß.

Wie bekommt man Seelenkraft?

Seelenkraft wird durch innere und äußere Einflüsse erworben.

Innerlich entsteht sie durch die Qualität des »Suchers« in der Seele. Dieser Sucher ist ein lebendiges, reales Etwas in uns, ein Teil von uns selbst. Der innere Sucher wirkt wie ein Magnet: Er zieht dasjenige an, was zu ihm passt, und stößt das ab, was nicht zu ihm gehört. Obwohl wir keine Kenntnis von ihm haben, sind uns seine magnetischen Wirkungen nur zu gut vertraut:

– Die Schattenseiten des Suchers in uns lernen wir in der Gestalt unserer Begierden kennen. Die magnetische Anziehungskraft in uns, die auf das wirkt, was wir haben und besitzen wollen, ist die unbeherrschte Seite des inneren Suchers. Oft bringt er unsere »Hausaufgaben« für das jetzige Leben in Begierden »verpackt« an uns heran. Unser Auftrag besteht nun darin, diese Begierden vom anhaftenden Egoismus zu befreien und in liebevolles Streben umzuwandeln, das unseren Mitmenschen zugute kommen wird. Auch Widerstände, Ängste, Aggressionen und Antipathien können in uns diese positive Seite wecken.

– Die Lichtseite des Suchers enthält bereits die Liebe. Hier herrscht Vertrauen, Anerkennung und Offenheit. In ihr wirkt der Magnetismus auf solche Weise, dass der Mensch sich in voller Liebe verbinden, sich einleben und zu Erlebnissen gelangen kann.

Wenn die Schattenseite des inneren Suchers ihren Einfluss geltend macht, wird eine bestimmte begehrenswerte Sache hervorgehoben und überbetont. Der Mensch will sie dann haben, koste es, was es wolle. Dieses Gefühl der Habgier dominiert, beherrscht sein ganzes Denken und Wollen. Die Lichtseite des Suchers schiebt dabei die Bedeutung des Erstrebten in den Vordergrund: Was ist das Beste für dieses Geld, für diesen Menschen, für jene Arbeit?

Das Verhältnis zwischen den beiden Seiten des Suchers und dem inneren Magnetismus bestimmt die Seelenkraft eines Menschen von innen heraus.

Neben diesen inneren Ursachen für das Entstehen von Seelenkraft gibt es auch *äußere*. Der innere Sucher im Menschen zieht zwar allerlei an sich, aber vieles wird der menschlichen Seele auch ohne ihr Zutun von außen geschenkt. Dieser Strom der schenkenden Seelenkräfte ist für den Menschen von größter Bedeutung. Wir können zwar auch nur beschränkt ohne Nahrung und Trinken leben,

aber wir können noch weniger ohne geschenkte Seelenkräfte leben. Sie werden uns auf dreierlei Weise zuteil:
– Vom Kosmos, von der geistigen Welt strömen unaufhör-
lich Liebeskräfte und Weisheit in unsere Seele hinein, ob
wir uns dessen bewusst sind oder nicht.
– Von der Seele der Menschen, denen wir begegnen und mit
denen wir zusammenleben, fließen ebenfalls Seelenkräfte
verschiedenster Natur zu uns hin, sowohl positive, erwär-
mende, als auch negative, Kälte verbreitende.
– Schließlich schenkt die Erde uns Seelenkraft über Steine,
Pflanzen, Tiere, Luft und Licht.

Der schwache und der starke innere Sucher

Wie schön wäre es, wenn Eltern den Sucher im Innern ihres
Kindes erkennen könnten, so dass sie sehen würden, wie
stark er ist und was seine Schatten- und Lichtseiten sind.
Dann bräuchten sie sich für das unbeherrschte Verhalten
ihres Kindes nicht mehr zu schämen, denn sie wüssten, wer
dahinter steckt.
Jedes Kind bringt in seiner Seele einen inneren Sucher mit
auf die Erde. Als Eltern kann man nur darauf gespannt sein,
wie er sich kundtun wird. Ein kräftiger Sucher wird dafür
sorgen, dass das Kind sich mit vielem verbinden kann und
sich durch vielerlei angezogen fühlt, sei es aus triebhafter
Habsucht oder im Gegenteil aus liebevoller Bewunderung.
Meistens zeigt sich der Sucher sowohl in seinen Schattenseiten als auch in seinen Lichtseiten. Ein Kind wird als ein
neuer Mensch geboren, trägt aber eine alte Seele in sich, die
bereits einen langen Entwicklungsweg zurückgelegt hat,
über den wir im Allgemeinen nichts wissen, den wir höchstens erahnen können. Dieser Entwicklungsweg findet seinen Niederschlag in dem inneren Sucher. In der magnetischen Wirkung, die er im Seelenkern entfaltet, liegt die

Kraft desjenigen zusammengeballt, was dem jetzigen Leben vorangegangen ist.

Was wir in zurückliegenden Erdenleben erworben und durchmenschlicht haben, kann nun als leuchtende Kraft in der Seele hervortreten. Das Kind fühlt sich magisch zu bestimmten Menschen, zu bestimmtem Wissensgebieten oder zur Natur hingezogen und kann sich unmittelbar damit verbinden. Es braucht sich dabei gar keinen besonderen Zugang zu diesen Bereichen zu verschaffen, denn eigentlich ist es von vornherein schon damit verwoben. Kein Wunder, dass der innere Sucher auf diesen Gebieten bald eine Antwort auf seine Fragen findet.

Die Lebensaufgaben dagegen, die ein Kind aus dem Vorgeburtlichen mitbringt, weil es sie noch zu bewältigen hat, tauchen in der Seele als Begierde auf, als egoistische Kraft, etwas an sich ziehen zu wollen – oder auch als Widerstand, also als Abstoßungsvorgang, d.h. als eine umgekehrte magnetische Wirkung. Dann will das Kind gar nichts zu tun haben mit Rechnen zum Beispiel oder findet keinen Bezug zu bestimmten Menschen oder Tieren.

Ist das suchende innere Wesen schwach, treten diese Phänomene nur in geringem Ausmaß auf; ist es dagegen stark, äußern sie sich mit unglaublicher Wucht. Dazwischen liegen alle möglichen Varianten. Daran kann man als Eltern nun einmal nichts ändern! Wenn man die Wirklichkeit des inneren Suchers im eigenen Kind erkennt, wächst auch die Akzeptanz für die einzigartige Färbung seines Seelenlebens. Dieses Verständnis und diese Bejahung ermöglichen einen besseren Umgang mit dem Kind.

Wie kann man dem Kind Seelenkraft geben?

Die beste Zeit, um dem Kind Seelenkräfte zukommen zu lassen, liegt vor der Pubertät. Unser Auftrag besteht dabei darin, es vor Einflüssen zu schützen, die die Einwirkung von Kräften geistiger Natur verhindern. Das fängt schon ganz im Alltäglichen an. Durch vollwertige Nahrung zum Beispiel können wir es auf eine richtige Weise mit der Welt in Berührung bringen. Auch können wir dafür sorgen, dass es die Natur in all ihren Erscheinungsformen erleben kann, denn von der Natur strömen unentwegt Seelenkräfte in das Kind. Eine künstlich gestaltete Umgebung mit unnatürlichen Materialien und Stoffen dagegen kann dem Kind nichts Wertvolles schenken.

Alles, was wir dem kleinen Kind mitgeben, wird von seiner offenen Seele aufgenommen und vom »inneren Sucher« gesammelt. Die Erfahrungen werden mit einem entsprechenden Bild zur inneren Kraft der Seele.[3]

Seelenkraft und Pubertät

Im Laufe der Pubertät nimmt für die Eltern die Möglichkeit ab, dem Kind Seelenkräfte zu vermitteln. Der Jugendliche ist vollauf damit beschäftigt, seine Seelenhaut zu schließen, und sieht sich dabei vor die Aufgabe gestellt, die Einflüsse seiner Eltern zu überwinden, auf die Probe zu stellen, sie gegebenenfalls beiseite zu schaffen, um sie dann später vielleicht auch wieder hereinzuholen. Es liegt auf der Hand, dass der junge Mensch sich in dieser Phase weiteren Einflüssen der Eltern verschließt.

Eltern sollten ihrem Kind nicht endlos und unbegrenzt ihre Seelenkräfte schenken. Es würde nur eine entgegengesetzte Wirkung hervorrufen, ja es wäre sogar fast unnatürlich. Sie sollten ihre schenkende Seele vielmehr allmählich zurückziehen. Auf diese Weise wird vermieden, dass das Kind sich irgendwann gezwungen sieht, ihnen die Tür vor der Nase zuzuschlagen.

Innerlich sollten Sie aber ihrem Kind weiterhin die Treue

halten. Die elterliche Liebe bleibt natürlich auch in Zukunft bestehen, nur sollte sie sich an einen stillen Ort zurückziehen. So wie die Eltern das Kind, als es noch klein war, auf den Schoß genommen und geherzt haben, sollten sie es jetzt sozusagen vom Schoß herunternehmen und loslassen.

Der Jugendliche mit wenig Seelenkraft

Es gibt Jugendliche, die über wenig Seelenkraft verfügen, obwohl sie viele Seelenkräfte mitbekommen haben. Weil aber ihr »innerer Sucher« und dessen magnetische Kraft so gering war, konnten sie sich vieles von dem Mitgebrachten nicht zu eigen machen. Dieser nicht ergriffene Teil, der nicht zur wirklichen, einsatzbereiten Seelenkraft umgewandelt worden ist, lebt dann als Erinnerung, als Keim für spätere Zeiten in der Seele weiter.

Vielleicht hat ein Mensch aber auch in seiner Kinderzeit zu wenig Seelenkraft mitbekommen. Hierfür kann es verschiedene Gründe geben:

- Ist er womöglich ohne Ehrfurcht, ohne geistige Orientierung, ohne Feste und Feiern und in einem geistig oberflächlichen Klima aufgewachsen, in dem alles, was hinter den Dingen verborgen liegt, verneint wurde und in dem er vielleicht sogar ausgeschimpft wurde, wenn er sich mit anderen Gedanken beschäftigte? In einer solchen Umgebung verliert das Kind seine Empfänglichkeit für die Gaben aus der geistigen Welt.
- Ist das Kind vielleicht mit wenig seelischen Bezügen zu anderen Menschen aufgewachsen? Vielleicht gab es niemanden, der sich seiner wirklich angenommen und ihm Wärme und Interesse entgegengebracht hat. Oder ist es bei Menschen aufgewachsen, die selbst nur eine arme Seele hatten und die ihm einfach zu wenig seelische Nahrung bieten konnten?

– Ist das Kind in einer trostlosen, grauen Industriestadt in einer engen Wohnung ohne Pflanzen und Tiere aufgewachsen? Musste der junge Mensch viel zu früh in die Fabrik arbeiten gehen? Hat er sich meistens mit Fertigkost begnügen müssen und lag er oft krank im Bett?

Wenn der Jugendliche in einer der geschilderten Situationen aufgewachsen ist, wird er nur wenig Seelenkraft aufgenommen haben, vor allem dann, wenn mehrere dieser Faktoren zusammen aufgetreten sind.

Doch die Pubertät fordert gerade *außergewöhnlich viel* Seelenkraft! Ohne sie kann er diese Phase nicht richtig und in ausreichendem Maße bewältigen. Es fehlt ihm einfach an der nötigen Energie. Dann ist die Gefahr groß, dass er diese Phase ganz oder teilweise überspringt (siehe auch Seite 42).

Was können die Eltern tun?
Während der Anfangsjahre der Pubertät, vom 14. bis etwa zum 16. Lebensjahr, ist es bei manchem Jugendlichen durchaus noch möglich, ihm zusätzliche Nahrung für seine Seele zu geben, indem man ihm viel Liebe und Aufmerksamkeit schenkt. Man kann ihn beispielsweise an einem Segelkurs teilnehmen lassen oder mit ihm zusammen einen Kleingarten anlegen. Zusammen kann man vielleicht alte Kirchen besuchen und deren Atmosphäre auf sich wirken lassen, man kann die Biographie eines Künstlers oder eines Menschen wie Martin Luther King erzählen oder ihm diese zum Lesen geben. In einer solchen Lektüre findet der Jugendliche das Geistige wieder, denn die Lebensgeschichte solcher Menschen bildet eine reiche Quelle von Seelenkräften, die vom Geiste her gespeist werden.
Vielleicht will der Jugendliche auf keinen dieser Vorschläge eingehen. Dann kann man ihm aber doch noch auf eine andere Weise helfen. Man kann ihm nämlich beibringen, wie er mit seiner geringen Seelenkraft verantwortungsvoll

wirtschaften kann. Wenn er seine ganze Energie an Nebensächliches verschwendet, bleibt nur wenig für seine eigentlichen inneren Aufgaben übrig. Die Seele kann sich nicht richtig entwickeln, um als geeignetes Instrument für das höhere Ich und als intaktes Sinnesorgan für die Welt und für alles, was darin lebt, zu dienen.

Wenn man seine Kräfte verschleudert, indem man jeden Tag in der Stadt verbummelt, mit jedem schwätzt oder sich mit jedem anlegt und sich somit auf seelischem Gebiet verausgabt, verliert man seine Seelenkraft und wird innerlich leer.

Versuchen Sie dem Jugendlichen beim Umgang mit seinen geringen Reserven zu helfen. Auch wenn Sie wissen, dass er Ihren Rat nicht sofort befolgt, sollten Sie ihm doch klar machen, dass er mit seinen seelischen Kräften wirtschaften kann und muss. Tut er das nicht, ergreift irgendwann die so gefürchtete Gleichgültigkeit und Leere von ihm Besitz. Viele junge Leute, die ohnehin nicht besonders üppig mit Seelenkräften begnadet sind, verbrauchen durch Drogen- und Alkoholkonsum, durch Parties, Sensationen und sexuelle Erregung ihre letzten Seelenkräfte.

Schließlich können sie sich für gar nichts mehr begeistern. Ihr Inneres ist zu einer Wüste geworden, ohne Fluss, der den ausgetrockneten Boden bewässern könnte.

Der Preis für den Schulabschluss

Kopfarbeit auf einem bestimmten Niveau kostet immer auch Seelenkraft. Denkprozesse können nur zu Ergebnissen führen, wenn der Mensch sein Denken lebendig erhält; er muss sich etwas vorstellen, sich mit dem Gedachten verbinden und ein Gefühl dafür entwickeln. Die hohen Ansprüche, die heute in der Schule gestellt werden müssen, können einen regelrechten Angriff auf die Seelenkräfte mancher Schüler bedeuten.

Wenn der Lehrer beflügelt unterrichtet und den Lernstoff mit Begeisterung vermitteln kann, trifft das viel weniger zu. Dann ist dieser Lehrer ein Goldstück, der den Kindern das wiederschenkt, was ihnen durch die reine Wissensanhäufung geraubt wurde.

Dürfen die Schüler während des Unterrichts viel selbst machen und erleben, stellt das auch eine Hilfe dar. Die kreative Verarbeitung des Lernstoffs wirkt sich auf die strapazierte Seele des Schülers außerordentlich positiv aus. Werden die Inhalte aber bloß angehört, gelesen oder auswendig gelernt und ohne innere Beteiligung angewandt, sind das entseelte Tätigkeiten. Um diese kalten und leeren Kenntnisse überhaupt aufnehmen zu können, wird viel kostbare Seelenenergie verbraucht.

Ein Kind, das über starke Seelenkräfte verfügt, widersetzt sich manchmal diesem Raubbau und weigert sich, viel Zeit und Energie in sein Lernen zu investieren – eine an sich gesunde Reaktion, die aber vielerlei Probleme nach sich zieht!

Bei einem Kind, das wenig Seelenkräfte und auch wenig Gedankenkräfte besitzt, tun sich selten Probleme auf. Meistens geht es nicht lange in die Schule und wählt eine praktische Lebensrichtung. Dadurch besteht bei ihm nicht die Gefahr, dass seine Seele durch eine langjährige Schulzeit »ausgelaugt« wird.

Wenn ein Kind wenig Seelenkraft hat, aber sehr intelligent ist, besteht die Gefahr, dass es sich zu sehr mit Wissensstoff belädt. Seine gesamten Seelenkräfte werden mobilisiert und in den Dienst des Lernprozesses gestellt. Das Lernen selbst geht einem solchen Schüler gewöhnlich leicht von der Hand, aber er wird zumeist nicht richtig pubertieren, weil seine Kräfte dazu nicht ausreichen. Viele gescheite Köpfe sind aus eben diesem Grund in ihrer Seele niemals richtig freigeworden. Sie entwickelten ihre intellektuellen Kapazitäten auf Kosten ihres Seelenauftrags. Das Ergebnis ist der

Typus des einseitigen Wissenschaftlers, der zwar intellektuell hochbegabt, aber emotional arm und abhängig ist.

Bei solchen talentierten, aber seelisch armen Schülern muss unbedingt darauf geachtet werden, dass sie Gelegenheit bekommen, ihr Seelenleben zu entfalten. Sie sollten während ihrer Schulzeit möglichst Gelegenheit haben, einen Schüleraustausch zu machen, sodass sie Abstand und Anregung zum richtigen Pubertieren haben. Ein Jahr lang nach Amerika zu gehen, ist vielleicht sehr teuer, aber eine solche Phase des Vagabundierens ist für solche Jugendliche oft eine (seelische) Überlebenshilfe.

Was immer auch für sie organisiert werden mag – was zählt, ist, dass ihnen genug Raum gegeben wird, um ihre Seelenkraft bei der Erfüllung ihres ureigensten Pubertätsauftrages auszuleben.

Setzen Sie andererseits auch den Freund oder die Freundin, die Ihr übereifriges Kind vielleicht aus seinem Arbeitsfanatismus holen könnte, nicht sofort vor die Tür. Durch diese »Störung« geht zwar kostbare Zeit für das Lernen verloren, aber später wird sich vielleicht zeigen, wie wichtig es war, sich diese Zeit zu nehmen, um auf seelischem Gebiet erwachsen zu werden.

Sie können beruhigt sein: der Student wird später schon sein Ziel erreichen, er wird sein Studium nicht so leicht aufgeben. Mancher Student, der sein Studium vorzeitig abbricht, tut dies, weil ihm mit einem Mal klar wird, dass er bis dahin immer viel zu hart gelernt hat. Seine Seele rebelliert und geht nun auf die Suche nach eigenen Entwicklungschancen.

Wando

Es war einmal ein junger Mann, der ohne Beine auf die Welt gekommen war. Da er von aufgeweckter und tapferer Natur war, fand er immer eine Möglichkeit, sich durchzuschlagen. Auf einem Wagen sitzend, an Krücken oder, wenn der Boden glatt war, sich vorwärts schiebend, kam er überall dorthin, wo er sein wollte.

Seine Arme waren ihm zur großen Stütze geworden. Durch harte Arbeit waren sie ganz muskulös geworden und besaßen die Kraft eines Bären. Auch seine Hände waren kräftig und hatten dennoch schlanke, feingliedrige Finger. Während seiner Jugend hatte er gelernt, mit seinen Händen vielerlei Handwerke auszuüben. Er hatte von einem Schmied Schmieden, von einem großen Maler Malen und von einem gelehrten Herrn Schreiben und Rechnen gelernt. Diese und noch viele andere Fertigkeiten hatten die Menschen ihm beigebracht, weil es für jeden eine Freude war, ihn sein Handwerk zu lehren.

Sein Name war Wando.

Als er erwachsen wurde, fragte man ihn nach seinen Zukunftsplänen. Welchen Beruf wollte er nun ausüben? Wando gab eine seltsame Antwort. Es war sein Bestreben, eine Reise um die Welt zu machen. Diesem Ziel wollte er sein ganzes Leben widmen.

Zum erstenmal lachten die Menschen ihm ins Gesicht. Dass er keine Beine hatte, war ihnen nicht lächerlich vorgekommen, aber über seine Zukunftspläne konnten sie nur lachen. Sie redeten und überlegten mit ihm hin und her. Sie versuchten ihn von seinem törichten Vorhaben abzubringen. Er hörte ihnen zu, nickte und gab durchaus zu, dass ihre Argumente richtig waren.

Trotzdem begab er sich auf den Weg. Wando nahm wenig mit, denn er hatte genug an sich selbst. Auf zwei Krücken verließ er seinen Geburtsort und trat seine Weltreise an.

Er reiste allein. Kein Reisender würde sich über seine Gesellschaft freuen, denn er kam viel zu langsam vorwärts und überdies schämte sich manch einer, mit einem Mann ohne Beine unterwegs zu sein. Wando musste tatsächlich des öfteren eine Ruhepause einlegen und immer wieder längere Aufenthalte einschieben. Während er sich ausruhte, schrieb er in einem dicken Heft alles genau auf, was er gesehen und erlebt hatte. Nichts entging seinen wachsamen Augen und Ohren. Er war auch gezwungen, gut auf den Weg zu achten, denn sonst wäre er leicht in den Schlamm gefallen.

Wenn er mit Schreiben fertig war, nahm er sein Zeichenheft und malte alles, was er gesehen hatte: Bäume, Blumen, Pflanzen, kleine Käfer, Häschen und den schnellen Fuchs. Er malte auch schiefe Häuschen, Schlösser und Gehöfte. Aber vor allem malte er Menschen. Alte Menschen, Bauern, Mütter, Reiter und Kinder, alle erschienen auf dem Papier.

Wenn Wando mit dem Malen fertig war, steckte er alles wieder in seinen Rucksack, um sich erfrischt erneut auf den Weg zu begeben.

So vergingen allmählich Tage, Wochen, Monate, ja sogar Jahre. Viele Reisende überholten Wando und alle hielt er in seinem Zeichenheft fest. Sein Rucksack wurde von den vielen Heften immer voller und die Last drückte ihn sehr. Aber er war stark und zog immer weiter.

Nach sieben Jahren des Reisens über allerlei Wege und durch vielerlei Gegenden kam ihm ein alter Bekannter entgegen. Es war einer der Reisenden, der ihn vor langer Zeit überholt hatte. Wando fragte ihn, ob er das Ende der Welt gesehen habe. Der Reisende sprach: »Nein, Anfang und Ende liegen nebeneinander. Hätte ich das Ende erreicht, dann hätte ich neu anfangen können und hätte nicht den gleichen Weg zurücklaufen müssen. So aber musste ich umkehren, weil ich nicht über die Regenbogenbrücke durfte. Das ist die einzige

Brücke über einen breiten Fluss. Wenn du diese Brücke betrittst, hörst du plötzlich viele Stimmen, die alle möglichen Fragen über deine Reise stellen. Sie wollen wissen, was du gehört, gesehen und erlebt hast. Wenn du die Antworten weißt, darfst du weitergehen. Hast du aber etwas vergessen, so bricht die Brücke unter dir zusammen, so dass du in die wirbelnden Fluten stürzt. Schon bald wusste ich die Antworten nicht mehr und fiel also ins Wasser. Es gelang mir gerade noch zum Ufer zu schwimmen und das nackte Leben zu retten. Ich kehre jetzt in meinen Geburtsort zurück, um die gleiche Reise aufs Neue anzufangen, dieses Mal aber ohne unterwegs etwas zu vergessen.«

Wando dachte an seinen schweren Rucksack voller Hefte und nickte nachdenklich. Er wünschte dem Wanderer viel Kraft und begab sich weiter. Wie erwartet, traf er im folgenden immer mehr Reisende, die ebenfalls auf dem Rückweg waren und ähnliche Geschichten erzählten. Er achtete fortan noch aufmerksamer auf seine Umgebung und merkte sich alles, was ihm unterwegs begegnete.

Auf diese Weise erreichte auch er nach langen Jahren die Regenbogenbrücke. In einem hohen Bogen wölbte sie sich über den Fluss. Wando schob sich vorsichtig hinauf. Da erklang eine erste helle Stimme, die ihn nach den Blumen fragte, die seinen Pfad verschönert hatten. Und Wando schilderte in allen Einzelheiten, was er gesehen hatte, und holte seine Hefte hervor. Langsam schob er sich über die Regenbogenbrücke vorwärts, immer wieder kamen neue Fragen und jedesmal konnte er diese beantworten. Jede Pflanze, jedes Tier kam vor seinem geistigen Auge wieder zum Leben. Jedes menschliche Antlitz konnte er vorzeigen. So erreichte er fast das andere Ufer. Aber eine letzte Stimme fragte ihn, ob er die Fragen wüsste, die seine Vorgänger nicht beantworten konnten. Er schwieg. Er blieb die Antwort darauf schuldig, denn er hatte die anderen Reisenden nicht danach gefragt. Er hatte auch keinen Augenblick daran gedacht, dass er ihnen mit all seinen Heften hätte helfen können.

Eine unheilvolle Stille trat ein. Schließlich stürzte die prächtige Regenbogenbrücke unter fürchterlichem Krachen ein und Wando verschwand im strudelnden Wasser des Flusses. Verzweifelt schlug er mit seinen starken Armen um sich, denn schwimmen konnte er nicht. Das Wasser riss ihn mit sich fort, und er wäre sicher ertrunken, hätte er sich nicht an einen überhängenden Ast festklammern können. Sich an dem Ast entlang hangelnd erreichte er das jenseitige Ufer. Nun war er zu guter Letzt doch noch ans andere Ufer gelangt! Erschöpft fiel er in das hohe Gras nieder und ein tiefer, schwerer Schlaf übermannte ihn.

Nach langen, langen Stunden erwachte er schließlich und wollte sich die Augen reiben. Da erschrak er zu Tode. Seine Arme waren weg! Statt Armen hatte er zwei kurze Stümpfe an seinen Schultern. Nun hatte Wando vier Stümpfe. Er heulte und schrie und fluchte wie ein Rasender, es half aber nichts. Niemand war zu sehen oder zu hören. Er hatte zwar das jenseitige Ufer erreicht, aber was für ein Opfer hatte er dafür bringen müssen. Wando lag wie tot auf dem Boden.

Schließlich siegte seine tapfere, fröhliche Natur über seine Verzweiflung und er entschloss sich, sein Ziel weiter zu verfolgen. Er versuchte sich im Gras zu rollen. Es gelang! Er nahm sich zusammen und setzte seinen Weg fort, so wälzte er sich durch Staub und Schlamm. Manchmal versperrte ein Stein seinen Weg oder der Weg stieg steil an. Dann blieb ihm nicht anderes übrig, als auf einen freundlichen Reisenden zu warten, der ihm weiterhelfen würde. Er war ein Bettler, schmutzig und elend. Er sah somit auch viele Gesichter, auf denen sich Ekel, Hass oder Spott abzeichneten. Durch den ständigen Schmerz und das tiefe Elend, das er empfand, prägten sich diese Eindrücke tief in seiner Seele ein und er vergaß nichts. Er war vollkommen wehrlos, jeder konnte mit ihm machen, was er wollte. Dann und wann beugte sich ein mitleidiges Gesicht über ihn. Er wurde dann ein Stück Wegs mitgenommen oder bekam eine gute Mahlzeit. Manchmal wuschen ihn zarte Hände und zogen ihm saubere Kleider an. Aber meistens lebte er vom Abfall, den die anderen Fußgänger zurückgelassen hatten, und er wurde nur sauber, wenn es nachts lange genug regnete.

Nach endlos langen Jahren wurde er wiederum von den Reisenden eingeholt, die aufs Neue hatten anfangen müssen. Es war ihnen inzwischen gelungen, die Regenbogenbrücke zu passieren. Sie trugen nun Rucksäcke voller Hefte. Wando ohne Arme und Beine, fragte sie nach ihrer Reise, nach allem, was geschehen war. Jedes Wort bewahrte er in seinem Herzen. So verging die Zeit und ein Wanderer nach dem anderen hastete an ihm vorbei, bis schließlich alle Wando überholt hatten. Wando wurde alt und müde, aber er gab nicht auf. Und nach einiger Zeit sah er die gleichen Wanderer ihm wiederum entgegenkommen. Sie gingen mit hängenden Schultern, schleppenden Schritten und matten Augen ihres Weges.

Als Wando sie fragte, warum sie diesmal zurückkehrten, erzählten sie ihm, dass auf dem Hinweg ein Feuerstrom ihnen den Weg versperrt hatte. »Du wirst sehen, du kommst nicht über den Fluss, ohne dich zu verbrennen! Kein Schiff kann darauf fahren. Es ist unmöglich, das andere Ufer ohne die Hilfe des Feuervogels zu erreichen. Dieser rot- und goldgefiederte Vogel ist wie ein Fährmann, der die Reisenden auf seinem Rücken über den Fluss trägt. Mit mächtigen Flügelschlägen fliegt er dann hoch über das Feuer hinweg. Aber ehe du mit ihm mitdarfst, musst du all deine Besitztümer in das Feuer werfen. Alle Hefte und Rucksäcke werden dort verbrannt. Auch der Feuervogel stellt viele Fragen, und wenn du die Antwort nicht weißt, lässt er dich in den Feuerstrom fallen. Wir wagten es nicht mitzufliegen ohne unsere Hefte. Deshalb müssen wir wieder zurückkehren oder von unserem Ziel lassen. ›Bewahrt alles Gesehene und Erlebte in eurem Herzen auf‹, sagte der Feuervogel, ›dort ist es vor dem Feuer sicher!‹«

Der Mann ohne Arme und Beine bat die Reisenden, abermals zum Feuerstrom zurückzukehren und ihn mitzunehmen, denn er trug alle Antworten in seinem Herzen. Alle gingen mit ihm mit, während sie ihn einer nach dem anderen auf ihrem Rücken trugen.

Während der langen Wanderung erzählte Wando seinen Weggefährten alles, was er in seinem Herzen aufbewahrt hatte, so dass sich auch ihr Herz davon erfüllen konnte.

Als sie sich dem Feuerfluss näherten, jubelte der Feuervogel hoch in der Luft und ließ sich vor ihren Füßen nieder. Einen nach dem anderen trug er ans andere Ufer hinüber und ließ sie dort zurück. Und sie wussten jede Antwort.

Als letzten trug er Wando hinüber, der sich mit nichts festhalten konnte. Aber der Feuervogel war groß und stark und beschützte Wando mit seinen Flügeln. Erst als sie am anderen Ufer auf dem weichen Gras angelangt waren, ließ er ihn von seinem Rücken gleiten. Er gab ihm vier Federn aus seinen Flügeln und legte diese auf Wandos Stümpfe. Und plötzlich bekam er seine Arme zurück und seine noch nie gesehenen Beine. Alle Reisenden jubelten vor Freude. Sie ruhten sich eine Weile aus und machten sich danach in kleinen Gruppen erneut auf den Weg, voller Sehnsucht nach dem Ende der Reise.

Nur Wando blieb zurück. Er blieb am Ufer des Feuerstroms und baute ein Haus für sich und den Feuervogel, der jede Nacht dort zum Ausruhen hinkam. Wando empfand große Liebe und Dankbarkeit für den Vogel, der ihn geheilt hatte.

Die Tage vergingen, bis sich eines Tages der Feuervogel an Wando wandte. Er riet ihm weiterzuziehen, denn die Zeit wäre reif dazu. Er gab ihm ein steinernes Kästchen mit Feuer aus dem Strom mit. Es war Feuer, das nicht ausgehen konnte. Wando nickte still, umarmte seinen Retter und zog mit dem kostbaren Feuer davon. Er lief schnell und mit kräftigem Schritt und, wie er es gewohnt war, sah und hörte er alles und prägte es sich tief in seinem Herzen ein.

Eines Tages sah er in der Ferne ein hohes weißes Schloss. Davor saßen seine früheren Reisegefährten im Kreis auf dem Boden. Sie sahen völlig erschlagen aus, mehr tot als lebendig. Ein eisiger Wind wehte vom Schloss herunter. Das Schloss selbst hatte vereiste Fenster und auf den Dächern lag eine dicke Schneeschicht. Aus den Schornsteinen kam kein Rauch.

Wando spürte, wie die Kälte auch ihn in ihren Griff bekam und wie alles in ihm erstarrte. Aber seine Hände fanden das steinerne Kästchen in seiner Tasche und mit steifen, kalten Fingern öffnete er es. Das helle Feuer flog heraus und sprang auf die großen Torflügel hinüber, die sich laut krachend öffneten. Alle Reisenden standen auf und folgten Wando, der dem Feuer hinterher ging. Das Feuer tanzte fröhlich durch das ganze Schloss und sprang von einem offenen Kamin zum anderen und überall wurde ein wärmendes Feuer entzündet. In allen Sälen lagen Holzscheite bereit, als ob das Feuer erwartet wurde. Bald verbreitete sich eine angenehme Wärme. Das Eis auf den Scheiben schmolz und klares Licht strömte herein.

Schließlich kamen sie in eine Art Thronsaal. Das Feuer hörte auf weiterzuspringen und blieb dort in dem Kamin; seine Aufgabe war erfüllt. Die Wanderer stellten sich um das Feuer und wärmten ihre kalten Glieder.

Hinter ihnen öffnete sich eine Tür. Helle Gestalten traten in den Saal. »Die Reise ist zu Ende«, sagte die erste Gestalt und stellte sich still hinter Wando. Daraufhin ging jede Gestalt auf den zu ihr gehörenden Reisenden zu. Als jeder einen Begleiter hatte, trat eine tiefe Stille ein. Wando fühlte sich auf einmal jung wie ein Kind und weise wie ein Greis. Alles, was er erlebt hatte und was ihm begegnet war, lebte in seinem Herzen und in seinem Kopf. Er fühlte, dass er heimgekommen war.

Nach einer Weile zogen sie aus dem Schloss fort: Reisende und ihre Begleiter. Jeder kehrte zu seinem Geburtsort zurück und gab fortan das Reisen auf. Jeder baute sich ein Haus.

So machten es auch Wando und sein Weggefährte. Die Menschen staunten über ihre Weisheit und wollten ihren Rat einholen über Pflanzen, Tiere und Menschen – einfach über alles, was ihnen in ihrem Leben begegnete.

Teil II

Der Jugendliche

Die Lebensverhältnisse des Jugendlichen

Die Familie

Heutzutage leben die meisten Jugendlichen in kleinen Familien mit zwei oder höchstens drei Kindern. Wegen der hohen Zahl an Ehescheidungen wachsen viele von ihnen nur mit einem Elternteil auf – meistens ist das die Mutter.

In den zurückliegenden drei Jahrzehnten hat es innerhalb der Familie tiefgreifende Veränderungen gegeben. Nicht nur wurde die Familie kleiner und stieg die Scheidungsquote, auch die Konzentration auf das Familienleben hat beträchtlich nachgelassen. Oft arbeiten heutzutage beide Eltern, so dass auch die Mutter nicht mehr ausschließlich auf die Familie orientiert ist. Außerdem machte es der technische Fortschritt möglich, dass der Haushalt von der Hauptsache zur Nebensache wurde. Kochen, die Wäsche versorgen, Saubermachen und andere häusliche Aufgaben sind zu Arbeiten geworden, die neben den anderen Verpflichtungen »nun einmal gemacht werden müssen«.

Vor allem, wenn die Kinder größer werden, verlagert sich das zentrale Geschehen der Familie nach auswärts. Meistens hat jeder Elternteil seinen eigenen Arbeitsbereich, und die Kinder haben die Schule. Das Auto ermöglicht es, dass die Familienmitglieder in ihrer Freizeit überall dort hinkommen, wo sie hin wollen. Man fährt zum Sportverein oder geht zu Verwandten auf Besuch, und in den Ferien fährt man in Urlaub. Auf jeden Fall ist der heutige Mensch häufig von zu Hause weg und viel unterwegs.

Die erste Generation, die auf diese Weise aufwuchs, hat nun bereits selbst kleine Kinder. Noch ist es zu früh, um zu erforschen, wie die Wirkung des veränderten Familienlebens auf Dauer sein wird. Viele Menschen sehnen sich nach dem früheren »geborgenen Nest« zurück, mit der Mutter, die immer daheim war und das Zuhause mit Liebe erfüllte. Wahrscheinlich entsteht im Rückblick ein allzu romantisches, verzerrtes Bild der alten Zeiten. Oft waren die damaligen Mütter von der schweren Arbeit völlig erschöpft und in der Familie gab es nicht selten finanzielle Probleme, was zusätzliche Spannungen bewirkte.

Die Situation der heutigen Jugendlichen wird an erster Stelle dadurch gekennzeichnet, dass sie im Allgemeinen keine finanziellen Sorgen haben. Solange sie zu Hause sind, werden sie materiell bestens versorgt. Sachen, die sie zusätzlich haben wollen, kaufen sie sich mit ihrem Taschengeld oder mit dem Geld, das sie durch Ferienjobs oder Zeitungaustragen verdient haben. Aus Untersuchungen geht immer wieder hervor, dass gerade die Jugend eine kaufkräftige Gruppe darstellt, die Ziel einer ganzen Werbeindustrie ist.

Junge Leute sind häufiger als früher allein zu Hause, weil die anderen Familienmitglieder anderswo beschäftigt sind. Das bedeutet, dass sie schon bald ihr eigenes soziales Leben aufbauen müssen. Die Bedeutung von Freunden und Freundinnen, Hobbys und Sport nimmt dadurch zu.

Für Mädchen gilt mittlerweile, dass sie vor den gleichen Lebensauftrag gestellt werden wie die Jungen: Sie müssen sich eine Position innerhalb der Gesellschaft schaffen, so dass sie später durch Arbeit ihren eigenen Lebensunterhalt bestreiten können. Die Ehe bietet nicht mehr länger eine Alternative dafür. War es früher noch so, dass diese Orientierung auf die Außenwelt und die Verpflichtung des Geldverdienens meistens nur für Jungen galt, so gilt das heute gleichermaßen für beide Geschlechter. Die Tatsache, dass die Mütter dieser jungen Mädchen vielfach in Teilzeit arbeiten und ihren Töchtern somit diese Doppelrolle bereits vorleben, macht diese Forderung zu etwas Selbstverständlichem.

Viele Mädchen tun sich dennoch mit dieser Doppelrolle schwer. Sie haben nicht mehr wie ihre Großmütter die Möglichkeit, sich in Ehe und Mutterschaft zu flüchten, denn das wäre heutzutage nur eine vorübergehende Lösung. Für manches Mädchen ist es aber eine viel zu große Herausforderung, sich in der Außenwelt behaupten zu müssen. Es versucht dann auch, dem sich nahenden Erwachsensein zu entfliehen. Krankheiten, Drogenkonsum oder andere Suchterscheinungen, zum Beispiel Essstörungen wie Bulimie oder Magersucht können ein Zeichen dieses inneren Versagens sein. Die Qualitäten, die Mädchen früher in ihrem Innern entwickeln mussten, müssen sie sich jetzt auch für ihre Rolle in der Außenwelt aneignen. War noch vor zwei Generationen die Frau durch ihr permanentes Eingebundensein in der Familie, durch ihr intensives Seelenleben und die nie enden wollenden häuslichen Arbeiten der Mittelpunkt der ganzen Familie, so muss sie heute unter dem kritischen Auge der Gesellschaft ihre Fähigkeiten auch außerhalb des Familienkreises einsetzen und bezahlte Leistungen erbringen.

Durch die geänderte Rollenverteilung in der Familie verläuft auch bei den Jungen die Gestaltung ihrer Identität nicht mehr so selbstverständlich. Während Schwangerschaft, Kinder gebären und Stillen ausschließlich weibliche »Arbeit« bleibt, gibt es nur noch wenig spezifisch männliche Tätigkeit. Mütter und Mädchen stehen im Berufsleben häufig genauso ihren Mann. Aus all diesen Gründen ist es für einen Jungen schwieriger geworden, eine männliche Identität aufzubauen. Wie kann er sich noch beweisen? Diese Unsicherheit ist wahrscheinlich mit die Ursache für das Macho-Gehabe von Jungen, vor allem wenn sie in einer Gruppe sind. Genauso wie Mädchen sich mit der zukünftigen Doppelrolle schwer tun, können Jungen durchaus ihre Zweifel über ihre spätere männliche Rolle haben. Die männlichen Werte, die momentan von ihnen verlangt werden, betreffen vielmehr ihre innere Natur. Sie sind nämlich heutzutage viel stärker als individueller Mensch gefordert, als dass von ihnen ein bestimmtes äußeres Benehmen erwartet würde.

Viele Männer empfinden diesen Mentalitätswandel als eine große Befreiung. Trotzdem wird aber dadurch der Weg zum Erwachsensein für den überwiegenden Teil der männlichen Jugendlichen erheblich schwieriger. Die bloße Tatsache, dass man zum männlichen Geschlecht gehört, macht einen nicht schon von vornherein zu einem besonderen Menschen. Wenn man wer sein möchte, muss man selbst dafür sorgen. Gehörte es früher zur Männlichkeit, dass man eine Hose trug, Geld verdiente und studierte, so sind heute all diese ehemaligen typisch männlichen Charakteristiken verschwunden. Nur noch körperlich – am Bartwuchs, am Stimmbruch usw. – nimmt die Umgebung wahr, dass der Junge zum Mann wird. Aber diese physischen Veränderungen gehen nicht mehr mit einem neuen deutlich umrissenen Verhaltensmuster einher.

Eigentlich spielt sich hier ein soziales Drama ab. In unserer Gesellschaft werden die Jungen im Hinblick auf ihre gesellschaftliche Rolle weitgehend ihrem Schicksal überlassen. Sie müssen selbst sehen, wie sie inneren Mut und Standhaftigkeit, Treue und Kraft, Durchhaltevermögen und Eigenständigkeit erlangen. In der heutigen Kultur gibt es keine Rituale und Hilfsmittel mehr, die diese Entwicklung begleiten. Heutzutage erwartet man, dass die Ritter sich selbst zum Ritter schlagen!

Zusammenfassend kann man sagen, dass in unserer Zeit die Mädchen die Aufgabe haben, ihre inneren Qualitäten auch in der Außenwelt zu beweisen und dass die Jungen ihrerseits dazu aufgerufen sind, ihre äußeren Qualitäten auch zu verinnerlichen. Manch seltsames Verhalten bei der heutigen Jugend kann man verstehen, wenn man es aus diesem

Blickwinkel betrachtet. Aus diesen Erkenntnissen heraus kann man als Mutter oder Vater das Kind bei seiner Suche nach einer zeitgemäßen, erwachsenen Identität, der männliche oder weibliche Qualitäten zu Grunde liegen, unterstützen.

Das Beispiel der Eltern

Wenn die Mutter ihre Arbeit zu Hause oder am Arbeitsplatz mit Widerwillen macht, vermittelt sie ihrer Umgebung die unmissverständliche Botschaft: »Ich brauche eine Stelle wegen des Geldes, aber meine Arbeit ist mir zuwider und macht mich unfrei. Viel lieber würde ich nur den Haushalt machen und überließe einem anderen die Aufgabe, für die nötigen materiellen Mittel zu sorgen.« Oder eine Mutter, die die häuslichen Arbeiten schrecklich findet, gibt zu verstehen, dass die ewige Sorge für den Haushalt zur Routine geworden ist und ihr sinnlos erscheint. Viel lieber würde sie außer Haus arbeiten und könnte dort eine Stelle mit einem gewissen Status und Einkommen haben.

Diese wortlosen Botschaften dringen tief in das Innere unserer Kinder ein. Wir brauchen uns dann auch nicht zu wundern, wenn sie sich weigern, dasjenige zu machen, was wir selbst auch nur mit Widerwillen tun. Weil sie ehrlicher in ihren Reaktionen sind, zeigen sie in ihrem Verhalten ganz offen, was als unausgesprochener Widerspruch in uns lebt.

Einem Mädchen, das keinerlei Ehrgeiz hat, eine Rolle in der Gesellschaft einzunehmen, kann vielleicht dadurch geholfen werden, dass die Mutter von ihrer eigenen Arbeitsfreude erzählt. Auch wenn sie gerade zur Zeit keine Stelle hat, hat sie vielleicht doch noch schöne Erinnerungen an eine frühere Arbeitsstätte, von denen sie ihrer Tochter erzählen kann.

Wenn wir selbst die Arbeit im Haushalt als etwas Minderwertiges betrachten und gleichzeitig aber erwarten, dass unsere Kinder sich daran beteiligen, ist es nicht verwunderlich, dass sie streiken oder aus der Hausarbeit ein Drama machen, obwohl es an sich richtig und wichtig ist, dass sie zum Beispiel auch einmal das Mittagessen kochen oder ihr Zimmer putzen; die Pflege der Wohnumgebung gehört nun einmal zum Wohlsein dazu.

Wenn ein Junge einen Vater hat, der am Ende des Monats jedesmal nervös wird, weil er nicht weiß, ob ihm gekündigt wird oder nicht, und der sich gegen jegliches Risiko finanziell absichert, wird der Junge seiner zukünftigen Rolle in der Gesellschaft mit Angst und Bangen entgegensehen. Sein Selbstvertrauen wird sich dadurch erst recht nicht richtig entwickeln können. Väter dagegen, die ihre Arbeit in der Außenwelt gerne und gut machen, sind eine Stütze für ihre Söhne, nicht wegen ihrer Worte, sondern wegen ihrer Lebenshaltung.

Die Gefahr, die von zuviel Arbeit ausgeht
Wenn Fanatismus mit im Spiel ist, regen Vorbilder vielfach nicht wie sonst die Kinder zur Nachahmung an, sondern erzeugen genau ihr Gegenbild, wobei es keine Rolle spielt, ob es sich hierbei um Vater oder Mutter handelt, um Heimarbeit oder Arbeit außer Haus. Wer in irgendeiner Richtung übertreibt, macht es seinen Kindern äußerst schwer und wird mit seinen Forderungen oft das Gegenteil von dem erreichen, was er eigentlich beabsichtigt.

Der »Workaholic« mit dem faulenzenden Sohn oder der faulen Tochter, der fanatische Putzteufel mit dem schlampigen pubertierenden Kind, wer kennt sie nicht? Das Zuviel bei den Eltern führt zur Abwehrreaktion beim Kind, denn die jungen Leute sehen durch die makellose Außenseite hindurch und erraten die Unfreiheit, die dahintersteckt. Oder sie verlieren endgültig den Mut, denn sie werden es doch nicht schaffen, so gepflegt, erfolgreich oder tüchtig wie Vater oder Mutter zu werden.

Wenn wir ein echtes Vorbild für unsere Kinder in der Pubertät sein wollen, dann brauchen wir uns einfach nur so normal wie möglich zu verhalten, gar nicht extrem oder perfekt in einer Richtung. Wir dürfen ruhig auch einmal schimpfen, Fehler machen, keine Lust zu etwas haben oder uns kann auch einmal etwas Schlimmes widerfahren, wie zum Beispiel eine Kündigung, wenn nur der Grundton im Verhältnis zu unseren Aufgaben in der Außenwelt und im Familienleben stimmt.

Die Werte der Eltern lernt der Jugendliche zu Hause kennen beim gemeinsamen Frühstück (oder was davon noch übrigbleibt) und bei den anderen Mahlzeiten oder bei dem, was jeder so zu Hause macht. Jedesmal, wenn die Familienangehörigen sich bei irgendeiner Aktivität treffen, findet diese »Befruchtung« statt. Das führt uns zum wichtigsten Tagesabschnitt der Jugendlichen, nämlich der Freizeit.

Freizeit

Die Freizeit des Jugendlichen wird ausgefüllt durch Hausaufgaben, Jobs, Herumhängen, soziale Kontakte, Sport, Ausgehen, Musik, Fernsehen oder Computer, durch Verliebtheiten und Auseinandersetzungen, durch Unterhaltungen, Klatsch und tiefsinnige Gespräche und durch Essen und Trinken, am liebsten in der Gesellschaft von Freunden. Dazu im Einzelnen gleich mehr.

Hausaufgaben

Die Hausaufgaben sind in vielen Familien eine Quelle des Konflikts. Statt rechtzeitig mit seinen Hausaufgaben anzufangen, bleibt der Jugendliche vor dem Fernseher sitzen oder macht etwas anderes, oder er macht scheinbar seine Hausaufgaben, aber in Wirklichkeit träumt er nur so vor sich hin oder schreibt Briefe.

Warum sind die Hausaufgaben für alle Generationen immer schon ein Problem gewesen?

In erster Linie ist das so, weil die Hausaufgaben in der Freizeit gemacht werden müssen. Und genau dagegen wehrt sich der Jugendliche. Er hat bereits viele Stunden in der Schule verbracht, und wenn er dann mittags oder nachmittags nach Hause kommt, möchte er endlich frei sein, stattdessen muss er aber erneut schulische Arbeit leisten.

Es gibt Schulen, die Hausaufgabenbetreuung anbieten. Nach Schulschluss können die Schüler in der Schule ihre Hausaufgaben unter Betreuung machen, sodass sie zu Hause nichts mehr für die Schule zu tun haben und dann wirklich frei sind. Für viele Schüler ist das eine gute Lösung. Es kann auch sinnvoll für Kinder sein, bei denen niemand zu Hause ist, der ein Auge auf sie hat. Auch in Familien, wo die Hausaufgaben zu großen Konflikten führen, kann dieses Angebot der Schule für die notwendige Entspannung sorgen.

Die Erledigung der Hausaufgaben daheim bietet allerdings auch Vorteile. Dadurch lernt der Schüler nämlich, selbstständig zu arbeiten. Wenn es keine Lehrer oder Eltern gibt, die ihn ständig beaufsichtigen, muss er selbst schauen, dass er bei der Sache bleibt. Er lernt seine Arbeitsweise und sein Arbeitstempo zu finden. Er muss sich dazu aufraffen, die Hausaufgaben in Angriff zu nehmen. Dadurch werden Selbstbeherrschung und Durchhaltevermögen geschult. In der Ruhe und Einsamkeit des eigenen Zimmers lernt der Jugendliche, sich zu konzentrieren – jedenfalls hat er die Möglichkeit dazu!

Der zweite Vorteil von dieser Arbeit zu Hause liegt darin, dass in der Familie mehr über die schulische Arbeit gesprochen wird. Vater und Mutter sehen ab und zu ihr Kind schuften und bekommen einigermaßen mit, womit es sich gerade beschäftigt. Dadurch ist es für die Eltern einfacher, mit ihrem Kind mitzuleben, und für den jungen Menschen, seine Eltern Anteil an seiner Arbeit haben zu lassen.

Schließlich hat der Jugendliche während seiner Arbeit zu Hause auch die Gelegenheit, ganz er selbst zu sein. Er kann inmitten seiner Hefte und Bücher auf dem Boden hocken oder im Gegenteil diszipliniert am Schreibtisch sitzen. Er kann seine Hausaufgaben gleich nach der Schule machen oder erst abends, oder vielleicht erst morgens in der Früh. Kurz, er hat die Möglichkeit einen individuellen Stil zu entwickeln.

Selbstverständlich müssen die Hausaufgaben gemacht werden. Aber wie geht man damit um, wenn der Schüler dies nicht schafft? Übernehmen dann die Eltern diese Aufgabe? Meiner Ansicht nach sollte ein Kind nicht zu früh mit Hausaufgaben belastet werden, jedenfalls nicht vor dem zehnten Jahr. Die Sechs- bis Siebenjährigen werden oft gezwungen, jeden Tag zu Hause Lesen zu üben. Außer der Fähigkeit des Lesenkönnens entwickeln sie meistens auch einen Widerwillen dagegen. Lesen bleibt dann eine mit negativen Empfindungen verbundene Angelegenheit, mit der Folge, dass diese Schüler zwar lesen können, es aber nicht wollen. Gegen Ende der Grundschule können dann meines Erachtens den Kindern gewisse Hausaufgaben gegeben werden, um sie auf die Anforderungen der nächsten Schulstufe vorzubereiten.

In der siebten Klasse brauchen Jugendliche noch Hilfe bei der Einteilung ihrer Zeit und Energie und bei der Suche nach einem persönlichen Lernstil. Lehrer und Eltern können ihnen helfen, eine gute Arbeitsform zu finden und Regelmäßigkeit in ihre Arbeit hereinzubringen. Auf jeden Fall muss das vor dem 14. oder 15. Lebensjahr geschehen sein, denn wenn das Kind in die Pubertät kommt, fällt es ihm schwer, sich auf diesem Gebiet noch von den Erwachsenen führen zu lassen. Also früh genug anfangen! In den folgenden Schuljahren sollte man den Kindern weiter immer wieder auf die Sprünge helfen: sie kurzerhand an die Arbeit schicken oder ihnen eine kleine Hilfestellung geben, mit der Arbeit anzufangen.

Die Eltern sollten dafür sorgen, dass im Haus eine ruhige Atmosphäre herrscht. Zuviel Besuch, Lärm oder Musik beim Arbeiten lassen nur zu leicht den dünnen Faden der Konzentration abreißen. Wenn die Eltern ihrerseits eine notwendige Arbeit aufgreifen, regen sie das Kind an, auch anzufangen. Ist das Wohnzimmer aber voller Besucher oder sitzt man selbst entspannt vor dem Fernseher und kann sich auch nicht dazu durchringen, dringende Briefe zu schreiben, dann wird man es schwer haben, die Kinder für die Arbeit zu motivieren.

Es hat keinen Sinn, Abend für Abend die Hausaufgaben eines Jugendlichen kontrollieren zu wollen. Das führt nur dazu, dass er sich irgendwann verstellt oder sich dieser Einmischung widersetzt. Oder er akzeptiert wohl oder übel die ständige Überwachung und Hilfe, was aber für seine wachsende Selbstständigkeit nicht gerade förderlich ist.

Viel gesünder ist es, lebhaftes Interesse für das zu zeigen, mit dem sich das Kind gerade beschäftigt, indem man sich zum Beispiel erklären lässt, was zur Zeit in der Schule dran ist, und darüber mit ihm ins Gespräch kommt. Kann das Kind seine Hausaufgaben nicht ordentlich bewältigen, liegt häufig ein besonderer Grund vor: vielleicht ist es willensschwach oder gefühlsmäßig nicht im Gleichgewicht oder leidet womöglich an Konzentrationsstörungen. Hier sollte man gemeinsam mit den Lehrern nach den Ursachen suchen, statt die Elternschaft zum Bewachungsdienst zu degradieren.

Das eigene Zimmer

Nahezu jeder Jugendliche verfügt heutzutage über ein eigenes Zimmer. Er kann sich also jederzeit zurückziehen. Dort gibt es die Möglichkeit, ungestört zu lesen, zu schreiben, Hausaufgaben zu machen, zu faulenzen oder einen Freund oder eine Freundin zu empfangen, ohne andere um sich herum zu haben. Der Teenager kann Poster und Bilder an die Wand hängen und die Dinge um sich haben, die ihm wichtig sind, wenn sie auch in den Augen der anderen Menschen manchmal nur nach Gerümpel aussehen.

Welch ein Glück, wenn ein Heranwachsender die Möglichkeit dieser Privatsphäre hat, wie klein sein Zimmer auch sein mag. Allerdings hat das auch seine Schattenseiten.

In einem heutigen Jugendzimmer gibt es neben Bett, Stuhl und Schreibtisch meistens auch eine Hi-Fi-Anlage, einen Fernseher, einen Computer und oft auch etwas zu trinken. Das Einfamilienhaus oder die Wohnung wird heutzutage in eine Anzahl Wohneinheiten aufgeteilt, wobei Kühlschrank, Waschmaschine, Mikrowellenherd und sanitäre Anlagen von allen gemeinsam genutzt werden. An sich ist nichts dagegen einzuwenden, vorausgesetzt, das Kind hat das passende Alter zu einer solchen Lebensweise.

Wann ist ein junger Mensch so weit, dass er imstande ist, auszuziehen und ein Zimmer zu haben? Das kann man nur individuell entscheiden. Auf jeden Fall kann man sagen, dass viele Kinder, die zu Hause wie in einem Einzimmerappartement leben, noch viel zu jung wären, um das elterliche Haus zu verlassen. Obwohl das Problem der Wohnungsnot – zu viele Menschen auf zu engem Wohnraum – nicht mehr so aktuell ist, bleibt doch immer das Problem gesunder Lebensverhältnisse bestehen. Ein Kind zum Beispiel, das sich nur noch in seinem Zimmer aufhält, dort schläft, arbeitet, spielt und seinen Hobbys nachgeht, kann in Isolation geraten. Eltern und Kind leben mehr oder weniger nebeneinander her und teilen sich nur noch das Nötigste mit. Warum eigentlich soll man das Kind also während seiner Pubertät überhaupt noch zu Hause erziehen? Warum sucht man nicht für es, wenn es dreizehn oder vierzehn Jahre alt ist, ein Zimmer? Sind es nur praktische Gründe, die uns daran hindern?

Nur wenn es ein gesundes Gleichgewicht zwischen den gemeinsam verbrachten Stunden mit gegenseitiger Offenheit und den Zeiten der Zurückgezogenheit gibt, kann der »Schleusenabschnitt« erfolgreich durchlaufen werden. Natürlich hat der Heranwachsende an einem Tag einmal mehr Bedürfnis nach Absonderung als am anderen. Es lassen sich hierfür keine allgemein gültigen Regeln aufstellen, dazu sind die Jugendlichen in ihrem Wesen nun einmal zu verschieden. Aber man sollte darüber wachen, dass die Waage nicht zu sehr in eine der beiden Richtungen ausschlägt. Der eine Teenager möchte immer in seinem Zimmer sein, während ein anderer sich nie in seinem Zimmer aufhält, ja gar nicht alleine sein will. In beiden Fällen ist die Lebensweise des Jugendlichen aus dem Gleichgewicht geraten.

Im Laufe der Pubertät wächst das Bedürfnis nach einem unantastbaren Tabubereich, nach »Privacy«. Deshalb ist es von größter Wichtigkeit, dass jedes Familienmitglied die Privatsphäre des anderen respektiert. Gespräche belauschen, Schubladen durchwühlen, Sachen, am liebsten ungefragt, ausleihen und nicht zurückgeben – all das verrät einen Mangel an Respekt gegenüber der Persönlichkeit des anderen.

Viele Konflikte im späteren Leben könnte man auf fehlenden Respekt in der häuslichen Umgebung während der Kinder- und Jugendzeit zurückführen. So wie man zu Hause respektiert wurde und die anderen Familienmitglieder zu respektieren hatte, wird man sich im späteren Leben im Umgang mit Kollegen und in der Beziehung zu anderen Menschen verhalten und dementsprechend die Grenze zwischen der eigenen Welt und der des Mitmenschen spüren und anerkennen.

Ein Jugendlicher kann sich mit Recht furchtbar aufregen, wenn diese Grenze nicht beachtet wird. In den eigenen vier Wänden kann er sein Bedürfnis nach Privatheit am besten ausleben. Er richtet sein Zimmer ein und staffiert es nach seinem Geschmack aus, dort befinden sich alle seine Kostbarkeiten. Selbstverständlich muss die Pflege des eigenen Zimmers immer mehr Sache des Jugendlichen werden. So lernt er nach und nach, dass ihm die Pflege dessen, was ihm gehört, obliegt.

Der Computer

Meistens sind es die Jungen, die auf Computer versessen sind und die die Faszination des Bildschirms nicht mehr missen möchten, ja sogar richtig süchtig danach werden. Im Allgemeinen sind es nicht einmal die dümmsten Jungen, denen es so ergeht.

Gewöhnlich fängt es mit Computerspielen an. Aber den Kindern vergeht der Spaß ziemlich schnell, sobald sie durchschaut haben, wie das Spielprogramm funktioniert und wie sie gewinnen können. Die richtige Herausforderung liegt offensichtlich darin, herauszufinden, wie man gewinnen kann, in anderen Worten wie man das Spiel knacken kann.

Wenn die Kinder größer werden, genügen ihnen die Computerspiele nicht mehr. Die jungen Leute, die den Computer besiegen und beherrschen wollen, fangen nun an, selbst zu programmieren, oder versuchen sogar, in andere Computersysteme einzudringen. Die Macht über diesen Apparat erfüllt sie mit einem starken Gefühl des Triumphs. Der »Computerfreak« will alles, wozu der Computer imstande ist, in seine Gewalt bringen. Man könnte sagen, dass er eine Art kalten Krieg mit dem Computer führt. Sein Denken wird dabei stark herausgefordert: Er will um jeden Preis das Denksystem desjenigen durchschauen und beherrschen lernen, der das betreffende Programm entworfen hat.

Gelingt dies, gibt ihm das einen »Kick«. Darin offenbart sich die wahre Art der Computersucht. Die Betätigung am Computer löst einen Nervenkitzel aus und führt zu sensationellen Ergebnissen, die aber nur kurz befriedigen. Der Jugendliche muss immer mehr leisten, sonst macht es keinen Spaß mehr. Es geht nicht länger darum, die Funktion des Computers zu ergründen, sondern es geht an erster Stelle um die Suche nach Sensationen, die der Computerbenutzer durch Abläufe, die nur im Apparat stattfinden, erzeugt.

Wie so oft, wenn Erwachsene die gleiche Sucht haben wie die Jugend, wird die Sache nicht so tragisch genommen. Wer selbst viel Kaffee trinkt, Süßigkeiten isst, raucht oder trinkt, sieht die gleichen Erscheinungen bei seinen Kindern als nicht so problematisch an. Das eigene Verhalten verbietet einem, seine Kinder zu tadeln.

In vielen Familien gibt es zu Hause einen PC. Meistens wird er von Eltern und Kindern als Spielzeug benutzt. Wie könnten Eltern, die selbst mit diesem Gerät spielen, ihren Kindern den Gebrauch des Computers verwehren? So lange es nur hin und wieder als Spiel betrieben wird, ist es kein Problem. Aber wenn das Spielen einen zwanghaften Charakter annimmt, wird es problematisch. Die Beschäftigung mit dem Computer wird zur Sucht. Diese neue Sucht ist überall unauffällig auf dem Vormarsch. Außerdem schädigen sich die davon Befallenen selbst am meisten, im Gegensatz zum Drogensüchtigen, der stiehlt oder dem Alkoholiker, der betrunken am Steuer sitzt.

Wieviel Elend wurde nicht durch Spielautomaten hervorgerufen, bevor begriffen wurde, dass es sich auch hier um eine echte Sucht handelte? Vermutlich wird dies bei der Computer-Sucht noch länger dauern, denn die Computerfreaks brauchen keine Unmengen von Geld, um ihrer Leidenschaft nachzugehen, und der innere Schaden wird erst auf die lange Dauer sichtbar.

Warum ist hier von Schaden die Rede? In der Pubertät entwickelt sich das Seelenleben des Jugendlichen. Seine inneren Gefühle und Erfahrungen werden zum festen Seeleninhalt, den die Seelenhaut schließlich umhüllen wird. Auf der Grundlage dieser inneren Prozesse gestaltet sich sein späteres Verhalten. Betrachtet man aus diesem Blickwinkel die seelischen Vorgänge, die sich im Innern des Jugendlichen, der vor dem Bildschirm sitzt, abspielen, so sieht man sich mit einer paradoxen Situation konfrontiert. Der junge Mensch hat starke, gefühlsmäßige Erlebnisse, die von einem toten Gerät ausgelöst werden. Die Gefühle von Triumph und Ärger werden durch die eigene Leistung vor dem Bildschirm hervorgerufen beziehungsweise befriedigt. Von einer wirklichen Begegnung kann nicht die Rede sein. Eigentlich bewegt sich die Seele ständig im Kreis, in der Hoffnung, sich selbst zu befriedigen.

Eine solche irreale Bewegung ist dem eigentlichen Auftrag der Pubertät vollkommen entgegengesetzt. In der Pubertätsphase sollte es zu tiefgehenden Begegnungen zwischen Menschen kommen und sollten echte Erfahrungen in der Welt gemacht werden.

Die jungen Leute müssten vor dieser asozialen Tendenz, die von ihnen Besitz nehmen will, geschützt werden. Wenn ein Kind ein lebhaftes Interesse für Computer hat, aber auch eine lebendige Seele, wenn es viele Freunde hat und draußen Sport treibt, dann ist bei ihm ein gewisser Ausgleich vorhanden. Verbringt ein Heranwachsender aber seine ganze Freizeit hinter dem Computer und ist er ohnehin schon ein introvertierter Typ, der nur mühsam Kontakte knüpft, dann sollten die Eltern unverzüglich gewisse Grenzen setzen.

Interessieren sich auch Mutter oder Vater für Computer, kann es hilfreich sein, wenn sie mit dem Jugendlichen, der der Faszination des Computers nicht widerstehen kann, das Problem betrachten und sich gemeinsam überlegen, wie man damit umgehen könnte. Schon die Tatsache, dass man sich darüber austauscht, durchbricht die isolierte Beschäftigung. Es muss in der Pubertät einfach ein Gleichgewicht herrschen zwischen dem Sich-Verschließen vor den anderen und gemeinsamen Aktivitäten.

Zum Schluss möchten wir betonen, dass der normale Gebrauch des Computers zweifellos zur heutigen Zeit gehört und so auch ein Teil des Alltagsleben eines Jugendlichen ist. Es ist natürlich praktisch, ein Referat zum Beispiel auf dem Computer auszuarbeiten. Dann wird er als ein Hilfsmittel angewandt wie vieles andere. Die Beschäftigung mit dem Computer wird dann nicht zum Ziel an sich.

Ausgehen

Für viele junge Leute ist Ausgehen das Wichtigste, was sie in ihrer Freizeit machen. Das fängt oft schon am Freitagnachmittag an. Sie gehen zusammen mit Klassenkameraden in die Stadt, ins Kino oder treffen sich bei jemandem zu Hause. Zum Ausgehen gehören der Besuch in der Disko, Pop- und Rockkonzerte und Technoparties.

Ähnlich wie die Hausaufgaben ist Ausgehen ein Problem, das auch schon frühere Generationen beschäftigt hat. Die Kinder wollen mehr unternehmen und länger ausbleiben, als es den Eltern recht ist. Immer machen die Eltern sich Sorgen und neigen dazu, dieses Erlebnisfeld ihrer Kinder misstrauisch zu betrachten. Muss das so sein?

Wenn der Jugendliche ausgeht, will er auch buchstäblich »aus etwas herausgehen«. Zu Hause und in der Schule ist er noch ein Kind, das heißt für ihn: Unfreiheit und Abhängigkeit. Natürlich beinhaltet dies auch Betreuung und Geborgenheit, aber das interessiert weniger den Jugendlichen als eher die Eltern! Wenn er »ausgeht«, verlässt er den sicheren Hafen seiner Jugend und gehört für kurze Zeit der erwachsenen Welt an. Niemand achtet auf ihn, er braucht sich vor niemandem zu rechtfertigen und kein Mensch will etwas von ihm. Er fühlt sich frei, kann er selbst sein und sich richtig gehen lassen. Natürlich trägt er auch eine gewisse Verantwortung und ist bestimmten Risiken ausgesetzt, aber das ist wieder eher die Sichtweise der Eltern.

Der Heranwachsende bekommt beim Ausgehen einen flüchtigen Vorgeschmack von der Welt der Erwachsenen, und zwar vor allem von dem Idealbild, das er sich vom Erwachsenen macht: der Erwachsene ist frei und selbstständig, er sieht attraktiv aus, begegnet netten Leuten und ist vor allen Dingen glücklich. Die Jugend sieht das Erwachsensein wie einen einzigen Rausch der Befreiung!

Kein Wunder also, dass mit allen Mitteln versucht wird, so auszusehen, wie es der neueste Trend diktiert. Ausgehen hat seine eigenen ungeschriebenen Gesetze. Junge Mädchen entpuppen sich vor den Augen ihrer erschrockenen Mütter als verführerische junge Frauen und Jungen verwandeln sich plötzlich in richtige Männer. Das Schlimmste wäre, wenn man für jünger gehalten wird, als man ist, denn dann darf man nicht in die Disko! Wenn man es schafft, als Fünfzehnjähriger wie ein Achtzehnjähriger auszusehen, ist das eine Leistung, es stärkt das Ego und also auch das Selbstvertrauen.

Außerdem zeigt sich bei den Jugendlichen die Tendenz, immer später abends auszugehen. Am schönsten ist es, erst wegzugehen, wenn die Eltern ins Bett gehen. Da kann es am Wochenende sein, dass die Jugend erst gegen Mitternacht aufbricht, um in die Stadt bummeln zu gehen.

Wenn wir um den besonderen Stellenwert wissen, den das Ausgehen im Leben der Jugendlichen einnimmt, können wir ihre Forderungen besser begreifen. Sie gehen aus, weil sie sich loslösen wollen. Dieser Drang ist als Zeichen der wachsenden Selbstständigkeit ihrer Seele und des Bedürfnisses nach Erwachsensein zu werten. Eigentlich gehört das Ausgehen richtig in dieses Alter hinein und ist durchaus Teil einer gesunden Entwicklung.

Wir haben beschrieben, wie wichtig es in der Pubertät als »Schleusendurchgang« ist, gleichsam die Taue, die das Schiff an seinem Platz halten, nicht auf einmal loszulassen, sondern sie nach und nach zu lockern, bis das Wasser in der Schleuse schließlich das gleiche Niveau erreicht hat wie im darauffolgenden Flussabschnitt. Das gilt sicher auch für das Ausgehen. In der Welt der Vergnügungen, in der der junge Mensch das Erwachsensein ausprobiert, begegnet er vielen Situationen, die eine erwachsene Haltung von ihm erfordern. Er wird konfrontiert mit Begierden, die durch Alkohol und Sexualität ausgelöst werden, und mit Verlockungen wie Drogen oder Glücksspielen – das alles ist tatsächlich kein Kinderspiel.

Wer den Jugendlichen, der ausgehen möchte, ernst nimmt und sein Bedürfnis nach Freiheit begreift, wird keine Verbote erlassen, sondern in zunehmendem Maße Verschiedenes erlauben. Jedes Mal darf Sohn oder Tochter ein wenig mehr, möglichst dem Alter entsprechend, so dass sie mit der neuen Freiheit umzugehen lernen. Erziehung soll immer »maßgeschneidert« sein. Eltern, die es schaffen, bei früh pubertierenden Jugendlichen das ganz große Ausgehen noch ein wenig hinauszuschieben, sind Gold wert. Diese frühreifen Jugendlichen in ihrem Freiheitsdrang ausschließlich und kompromisslos blockieren zu wollen, wäre allerdings weit verfehlt, denn früher oder später werden die Eltern doch zu Verlierern.

Die Eltern sollten versuchen, ihre Ängste diesbezüglich in den Griff zu bekommen, denn dass Mutter oder Vater Magenkrämpfe bekommen, wenn ihr Kind ausgeht, ist sinnlos und kann höchstens zu Konflikten führen. Eine der besten Methoden, um diese Angstgefühle loszuwerden ist, sich ins Gedächtnis zu rufen, was die eigenen Eltern davon hielten, als man früher selbst ausging. Machten sie sich Sorgen und hatten auch Angst? War das eigentlich nötig? Man wird sich zweifellos noch an die Risiken erinnern, die man einging, aber vor allem wird man sich erinnern, dass eigentlich alles doch nicht so schlimm war. Zwar scheinen in unserer Zeit mehr Gefahren zu lauern, aber wir dürfen nicht vergessen, dass unsere Kinder auch nicht mehr so naiv sind wie die Jugend von vor dreißig Jahren. So gesehen kann man sagen, dass heutzutage der Risikofaktor im Verhältnis genau so groß ist wie früher. Das Bauernmädchen, das vor dem Zweiten Weltkrieg den Jahrmarkt besuchte, ging ein gleich großes Risiko ein wie unsere Tochter, die zu einer Technoparty geht. Nicht nur die Zeiten haben sich geändert, auch unsere Kinder.

Experimentieren

Natürlich wird beim Ausgehen tüchtig experimentiert: nicht nur mit Softdrugs, Alkohol, Pillen und dröhnender Musik, sondern vor allem auch mit wechselnden seelischen Stimmungen. Abends, wenn die jungen Leute unter sich sind, tauchen sie mit Leib und Seele in die unterschiedlichsten Seelenstimmungen ein. All ihren Gefühlen lassen sie freien Lauf. Sie sind ausgelassen und geraten durch die Musik völlig aus dem Häuschen. Es ist aber auch möglich, dass eine bestimmte Atmosphäre oder etwas, was gerade mit einem Freund oder einer Freundin passiert ist, sie zutiefst deprimiert. Die verschiedensten Haltungen werden ausgelebt: Sie benehmen sich herausfordernd oder verführerisch, sie versenken sich ganz in sich und greifen manchmal auch zur Gewalt. Wer einmal alle möglichen menschlichen Emotionen offen und in aller Unmittelbarkeit erleben will, braucht nur in eine Jugenddiskothek zu gehen.

Derjenige Jugendliche aber, der es beim Ausgehen nicht schafft, sich auszuleben und sich frei zu fühlen, greift möglicherweise zum Alkohol oder zu Rauschgift, um den ersehnten Zustand herbeizuführen. Darin liegt eine große Gefahr. Ein Heranwachsender, dem es leicht fällt, seine Innenseite nach außen zu kehren, braucht ein solches Hilfsmittel nicht, aber wer es nicht wagt, aus sich heraus zu gehen, greift leicht danach.

Wem ist nicht der Typ des verschlossenen Kollegen vertraut, der am Freitagabend nach einigen Gläschen Schnaps oder während eines Betriebsfestes plötzlich über enorme extravertierte Qualitäten zu verfügen scheint, der Witze reißt und lustig und gelöst die ganze Gesellschaft unterhält? Auf ähnliche Weise können Alkohol und Drogen, aber auch die ganze Atmosphäre des Ausgehens auf junge Menschen wirken. Dann lassen sie gern einmal richtig »die Seele baumeln«.

Risiken

Junge Leute, die ausgehen, verhalten sich also gesund und entsprechend ihrem Lebensauftrag. Weil sie dabei aber mit dem erwachsenen Verhalten experimentieren und ihr Seelenleben den Einflüssen der Außenwelt ausliefern, gehen sie natürlich bestimmte Risiken ein, denn nicht einmal unter normalen Umständen ist ihr Ich imstande, die Seele voll in seiner Gewalt zu behalten.

Ein Jugendlicher, der nie ausgeht, trägt allerdings mindestens ein gleich großes Risiko, was die Entwicklung seiner Seele betrifft. Das Abenteuer des Übergangs von der Kindheit zum Erwachsensein, das Pubertät heißt, führt über einen so schmalen Grat, dass er leicht vom Weg abkommen kann. Dennoch ist es besser, diesen schmalen Pfad einzuschlagen, als später mit einer kindlichen Seele in einem erwachsenen Körper leben zu müssen, denn dann wird es noch schwieriger sein, den Lebenspfad zu finden.

Aber selbst wenn unser Kind vom Wege abkommt – trotz all unserem Interesse und unserer Betreuung und trotz aller Versuche, ihm doch noch zu helfen –, so bedeutet das noch nicht das Ende der Welt. Es heißt allerdings, nun an die Arbeit zu gehen. Immer gibt es eine Möglichkeit, die Scherben wegzuräumen und neu anzufangen oder den verlorenen Faden wieder aufzunehmen. Wer nicht wagt, der gewinnt nicht. Es ist aber andererseits auch nicht immer so, dass derjenige, der wagt, problemlos ans Ziel gelangen wird. Viele Probleme, die das Kind schon seit Jahren mit sich herumträgt, brechen manchmal erst während der Pubertät hervor. Die Schülerin, die in der Schule immer gehänselt wurde, wird vielleicht zu einem hübschen Teenager und versucht nun, Jungen zu verführen, denn endlich ist die Zeit gekommen, in der sie im Mittelpunkt steht. Oder der verschlossene, schüchterne Junge kann in der Pubertät endlich alle Hemmungen fallenlassen und verfällt dem Alkoholkonsum, der ihm den Schlüssel zur Befreiung seiner Seele zu geben scheint.

Wenn Eltern trotz allen auftretenden Schwierigkeiten ihrem Kind zur Seite stehen und ihm treu bleiben, wird es ihnen meistens gelingen, diese labile Phase zu überstehen. Gerät ein Kind dagegen zu früh in die pubertäre Krise und wird es von zu Hause völlig losgelassen, sind die Risiken viel größer. Mancher Jugendliche hat es aber durch sein Verhalten auch geschafft, jegliche Flamme der Liebe im Herzen seiner Eltern zu löschen. Wie schwer ist es dann für den Erwachsenen, das Feuer aus eigener Kraft wieder anzuzünden!

Für Informationen zum Umgang mit dem Drogenproblem möchten wir nochmals auf das Buch »An Stelle des Ich« von Ron Dunselman verweisen (siehe die Literaturhinweise auf Seite 308).

Sexualität

Hintergründe

Geistige Einsamkeit

In den tiefsten Schichten seiner Seele trägt der Mensch einen Urschmerz in sich. Er hat sich in Urzeiten aus der ursprünglichen geistigen Einheit herausgelöst und dadurch seinen natürlichen Zusammenhang verloren. Die menschliche Natur und Herkunft ist im tiefsten Sinne geistig, nur wissen, fühlen und begreifen wir häufig nur noch wenig davon. In der Mythologie eines jeden Volkes wird erzählt, wie am Anfang der Erden-Menschheit eine Trennung zwischen geistiger und menschlicher Welt stattfand. Die Erinnerung an dieses Ereignis tragen wir als einen tiefen, beständigen Schmerz in unserer Seele. Die Loslösung und Abspaltung von der geistigen Welt geht mit einer Trennung der Menschen untereinander einher.

In den verschiedenen Religionen, sowohl im Osten als auch im Westen, wird nach der Heilung dieses ursprünglichen Bruches gesucht. Wahre Religion ist tatsächlich dazu imstande, die entstandene Kluft zu überbrücken. Aber manche Wege führen ins Leere oder nur zu einer scheinbaren Verbindung mit der geistigen Welt. Für viele Menschen bedeutet die Suche nach einer bewussten geistigen Orientierung einen ständigen Kampf mit Höhen und Tiefen.

Eine andere Möglichkeit, diesen Lebensschmerz zu bekämpfen, besteht darin, die Seele abzuschließen und so den Schmerz zu ersticken. Die westliche Welt hat diese Methode besonders stark entwickelt. Durch Flucht in die Arbeit, Genusssucht, durch das Streben nach Macht, Status und materiellen Gewinnen versucht der Mensch, seinen seelischen Schmerz abzutöten.

Der natürliche Weg, diesen tiefgründigen Schmerz zu überwinden, ist die Sexualität. Dadurch sucht der Mensch wieder eine Verbindung mit der Welt, von der er getrennt worden ist. Wird die Sexualität in der Liebe von Mensch zu Mensch erlebt, fühlt er sich bis in seinen Körper hinein von der geistigen Bindung durchglüht. Es ist nicht verwunderlich, dass sich gerade in diesem Augenblick ein neues geistiges Wesen inkarnieren kann. Dann findet eine Befruchtung statt, nicht nur leiblich, sondern auch geistig.

Menschliche Einsamkeit
Der Schmerz der menschlichen Einsamkeit, nämlich der Einsamkeit, die mitten unter den Menschen empfunden werden kann, ruht ebenso wie der Schmerz der geistigen Einsamkeit in den Tiefen der Seele. Durch ihn fühlen wir uns zum anderen Menschen hingezogen. Dieses Streben bringt uns dazu, eine Beziehung einzugehen, und führt schließlich zur Sexualität. Auf keine andere Weise können Menschen einander so nahe kommen wie in der Sexualität. Mann und Frau, jeder mit seinen unterschiedlichen Qualitäten und Kräften, können dann eins werden.
Der Psychologe C.G. Jung entwickelte die Theorie von Anima und Animus, der weiblichen und der männlichen Seele im Menschen. Nach Jung lebt der Mann zwar aus seinem Animus heraus, trägt aber ebenso seine Anima in sich. Für die Frau gilt das Umgekehrte. In unserer Seele sind wir also zweigeschlechtlich, unserem physischen Körper entsprechend herrscht aber entweder das männliche oder das weibliche Element vor.
Rudolf Steiner führt an, dass der Lebenskräfteleib des Mannes weiblich ist und der der Frau männlich. Wenn man sich in diese Anschauung vertieft, sieht man, dass Mann und Frau sich gegenseitig ergänzen können. Sie können, wenn sie von der Liebe und Seelenverwandtschaft getragen werden, den tiefen Urschmerz in ihrer Seele ab und zu

überwinden. Das suchen wir in der Sexualität. Darin wollen wir die Nähe des anderen erleben, die uns vorübergehend vom tiefen Urschmerz erlöst. Mit jemandem schlafen, nennt man auf Niederländisch »mit jemandem Gemeinschaft haben«. Hierin kommt der Sinn der Sexualität deutlich zum Ausdruck. Sie kann dem Menschen das Gefühl geben, in seinem »gesamten« Menschsein befriedigt zu werden. In der Sexualität liegt die Möglichkeit, sich für kurze Zeit nicht in Einsamkeit, sondern in Gemeinschaft zu erfahren.

Wie so viele Erscheinungen hat auch die Sexualität ihre Schattenseite. Wenn diese sich geltend macht, geschieht gerade das Gegenteil. Dann kann sich die Sexualität in einen tierischen Trieb ohne Ansehen der Person verwandeln, der nicht im Entferntesten mehr mit einer geistigen Verbindung zu tun hat.

Der Mensch hat den Auftrag, die Sexualität zu demjenigen Instrument werden zu lassen, das eine zwischenmenschliche Verbindung zustande bringt und zwei Menschen zusammenführt, so dass sie sich wechselseitig ihren Urschmerz lindern können. Die Sexualität vermag diesen ersehnten Zustand für eine kurze Weile herbeizuführen. Danach kehren beide Partner zu ihrer früheren Abgeschiedenheit zurück. Jede Verschmelzung dauert nur kurz. Nur zu schnell entfernen sich die zwei Menschen erneut voneinander und sind wiederum auf sich selbst zurückgeworfen. Um dieses ertragen zu können, brauchen sie die eigene Ich-Kraft, denn nachher empfinden sie oft den Menschheitsschmerz umso tiefer. Diesen leidvollen Zustand müssen sie aber aushalten können, dem müssen sie gewachsen sein. Und dazu benötigen sie unbedingt ihr Erwachsensein. Hier ist von zwei Klüften die Rede; der zwischen dem irdischen Menschen und der geistigen Welt und zum anderen zwischen den Menschen untereinander. Die Sexualität kann nur aufgrund dieser Trennung verstanden werden.

Das Urbedürfnis nach der Wiedererlangung der Ganzheit dringt aus dem menschlichen Leib über die sexuellen Kräfte nach außen.

Jugendsexualität

Nur selten tritt beim Jugendlichen die sexuelle Begierde spontan auf. Meistens lebt in ihm erst nur ein gewisser Drang, überall mitzuhalten und sich aufzuspielen, sowie die Angst, abgewiesen zu werden, oder auch das Bedürfnis, den Freund oder die Freundin an sich zu binden. Die Sexualität ist dann die Antwort auf diese bereits länger bestehenden Bedürfnisse und Ängste und also nicht unmittelbar Folge der Begierde selbst.

Unter Sexualität verstehe ich hier nicht die ersten zarten Liebkosungen und Küsse, sondern den echten Geschlechtsakt im Pubertätsalter.

Die Sexualität ist eine Art Dornröschen. Wenn sie wachgeküsst wird, möchte sie sich mit dem Prinzen vermählen, alles um sich herum wachrütteln und vor allem nicht wieder einschlafen! Werden diese Kräfte in den Gedanken, Gefühlen und im Willen eines Jugendlichen geweckt, zwingen sie ihn, erwachsen zu werden. Der Umgang mit der Sexualität erfordert viel von ihm. Er braucht seine Ich-Kraft, um nicht in der Flut heftiger Emotionen, die in ihm selbst und in dem anderen aufsteigen, unterzugehen. Von einem Tag auf den anderen wird er mit Verantwortlichkeiten, Begierden, extremem Genuss und Schmerz konfrontiert und muss von nun an damit leben können. Oft wird hiermit die Phase der Seelenfreiheit endgültig abgeschlossen.

Die jungen Menschen sind nun imstande, neues Leben zu erwecken. Das physische Erwachsenwerden korrespondiert mit dem Streben nach Individualität und Selbstständigkeit. Der Mensch steigt auf eine höhere Sprosse der physischen Lebensleiter. Unter ihm wird eine Sprosse frei, auf der ein neues Menschenkind stehen kann. Wäre es jetzt nicht höchste Zeit, dass das Kind sich von seinen Eltern loslöst und selbstständig wird?

Alle hormonellen Prozesse und jede sonstige Veränderung sendet diese Botschaft in das Innere des Jugendlichen. Seiner Natur gemäß bejaht er diesen Aufruf und versucht nun, seine Unabhängigkeit zu erlangen.

Sexualität erfüllt viele Funktionen. Eine davon steht im Dienst der Fortpflanzung und eine andere im Dienst der niederen Triebe. Manchmal handelt es sich nur um die Befriedigung leiblicher Begierden, aber auch die Bedürfnisse nach Intimität und Zärtlichkeit, nach menschlicher Nähe und Wärme können auf diese Weise erfüllt werden. Außerdem kann Sexualität unser Bedürfnis nach Identität in Bezug auf Mann- oder Frausein erfüllen. Schließlich kann die Sexualität, wie wir bereits gesehen haben, den Urschmerz des abgeschiedenen menschlichen Daseins lindern.

In der Sexualität findet eine Wechselwirkung zwischen Leib und Seele statt. Die Seele ist in der Leidenschaft, Intimität und Zärtlichkeit intensiv am körperlichen Geschehen beteiligt. Eine solche tiefe Verbindung von Seele und Leib setzt aber die Fähigkeit voraus, wieder zurückfinden zu können, das heißt, die Seele muss imstande sein, sich auch wieder ein wenig vom Körper zu lösen. Sexualität lebt in der Wechselwirkung von Verbinden und Loslassen.

Solange die Ausformung des »Seelenleibes« noch nicht abgeschlossen ist und die Seele noch nicht von einer gesunden Seelenhaut umhüllt ist, wie es am Schluss der Pubertätsphase der Fall sein wird, kann die Sexualität eine Gefahr für den Jugendlichen bedeuten. Dann kann es leicht geschehen, dass sich die Seele, die sich in der Sexualität so stark mit dem Körper verbindet, es nicht schafft, sich wieder davon zu lösen, und ihre Freiheit verliert. Dadurch kann der junge Mensch zum Sklaven seines Körpers werden.

166

Das drückt sich in dem Drang aus, fortwährend Sex zu suchen oder anderen Genussmitteln zu verfallen. Die Seele hat sich quasi an den Körper »geheftet« und ist jetzt gezwungen, sich nur noch mit den physischen Empfindungen und allem, was dazu gehört, zu identifizieren.

Viele Heranwachsende sind in dieser Hinsicht Gefangene ihres Körpers. Solange die Seele noch frei ist, kann sie nach Herzenslust träumen, verliebt sein und phantasieren; die Gefühle können sich nach allen Richtungen bewegen und sind nicht im physischen Leib eingekerkert. Ist die Seele aber der Gefangene des Körpers geworden, dann ist es so, als ob das Meer mit Ebbe und Flut, Strömungen und Wellenschlag zum Stillstand gebracht wird und in ein mächtiges Sammelbecken aus Stahl und Beton regungslos eingezwängt wird.

War das endlose Träumen von der Geliebten und später das Schreiben von Liebesbriefchen noch freilassend, waren die ersten Küsse und Zärtlichkeiten eine große, aber noch nicht bindende Erfahrung, so bedeutet für den Jugendlichen das Schlafen mit der oder dem Geliebten den Abschied von seiner Jugend – einen Abschied, der oft zu früh kommt, nicht, weil »es sich nicht gehört«, sondern weil seine Seele den neuen Erfahrungen noch nicht gewachsen ist.

Es gibt aber noch einen anderen wichtigen Aspekt. Da die Sexualität mit einem anderen Menschen erlebt wird, gerät der Jugendliche nicht nur unter das Diktat seines eigenen Körpers, sondern er ergibt sich auch der Körperlichkeit des anderen. Das beruht auf der Tatsache, dass sich die Lebenskräfte oder Ätherkräfte der beiden Menschen vermischen. Die Körper vereinigen sich und die Seelen werden dort mit hineingezogen. Wenn die Seele sich nachher aber nicht mehr befreien kann, bleibt sie dem anderen Menschen verfallen und verliert dadurch ihre Freiheit und Unabhängigkeit.

Geht die Beziehung zu Ende, weil der Junge eine neue Freundin oder das Mädchen einen neuen Freund hat, mit dem sie in die Disko geht, ist der Kummer oft sehr groß, denn der andere besitzt einen Teil der eigenen Seele. Er trägt diesen Teil mit sich eingeprägt in seine Lebenskräfte. Man könnte fast sagen, dass ein Teil des einen Menschen im anderen lebt. Wenn das Pärchen zusammen ist, bilden die Partner vorübergehend eine Ganzheit, wenn sie aber voneinander getrennt sind, fühlen sie sich »unvollständig«. Kommt es zu einem Bruch, kann dieses Gefühl der Unvollständigkeit zur Verzweiflung anwachsen, weil man einen Teil seines Selbst verloren hat, obwohl für das Alltagsbewusstsein die tiefe Trauer als der Verlust des Freundes erlebt wird. Das sind echte »Todeserfahrungen«, die sich bis zur Bedrohung des inneren, bisweilen sogar des äußeren Lebens steigern können.

Mancher Jugendliche weiß sich nicht anders zu helfen, als dadurch, dass er sich betäubt, Ersatz sucht oder sich innerlich abschottet. Er betäubt sich durch Alkohol, Drogen und Partys. Ersatz sucht er, indem er sich in die Arme eines neuen Partners stürzt, denn er kann nicht mehr »frei«, das heißt allein sein. Ein Stückchen Tod ist in sein Leben eingedrungen, und das empfindet er als zu schmerzhaft. Er kann sich innerlich auch so abhärten, dass er sich in einer folgenden Beziehung seelisch abschließt, so dass ihm eine so schmerzhafte Erfahrung nicht noch einmal passieren kann. In Zukunft ist es egal, mit wem er ins Bett geht, denn er riskiert nicht noch einmal einen Teil seines Selbst zu verlieren. Seine Seele lässt er nicht mehr daran teilhaben. Für ihn ist völlig gleichgültig, mit wem, wo und wie er zusammen ist. Nur noch die körperliche Befriedigung zählt. Es braucht nicht erwähnt zu werden, dass das mit einer großen Lieblosigkeit dem anderen Menschen gegenüber einhergeht. In der Seele entsteht eine Art Taubheit, das bedeutet, wie bereits oben geschildert wurde, dass die seelischen

Wahrnehmungssinne gelähmt werden. Sucht ein Mensch mit einer solch »abgehärteten« Seele sexuellen Kontakt mit einem Jugendlichen, der noch keine sexuelle Erfahrungen hatte und dessen Seelenhaut noch gar nicht vollständig entwickelt ist, wird dieser neue Partner zu seinem nächsten Opfer.

Außerdem bildet sich innerhalb einer solchen Beziehung ein gewisses Machtverhältnis heraus. Derjenige, der sein Inneres bereits vor äußeren Einflüssen verschlossen hat, bleibt in der neuen Beziehung frei, denn er hat seine Seele vor weiteren Erschütterungen abgeschottet. Bei dem neuen Freund oder der neuen Freundin ist das aber nicht der Fall. Diese verlieren durch diese Beziehung nicht nur einen Teil ihrer Seele an den anderen und geraten somit in eine einseitige Abhängigkeit, sondern sie verlieren auch Lebenskräfte, sodass die Seele auch in dieser Hinsicht unfrei wird.

Ein Jugendlicher mit einem starken inneren Halt wird es zwar schaffen, sich aus einer solchen Bindung wieder zu lösen, dennoch wird die psychische Wunde eine tiefe Narbe hinterlassen, denn er hat einen Teil seines Selbst verloren. Ein Heranwachsender mit einem schwachen Charakter hingegen wird sich wie ein Sklave im Griff des anderen fühlen. Obwohl er womöglich betrogen und schlecht behandelt wird und nicht einmal Liebe empfängt, bleibt er dem anderen doch buchstäblich sklavisch ergeben.

Eine ähnliche Situation kann man auch bei manchen Erwachsenen antreffen, die zwar körperlich erwachsen sind, aber deren Seele unreif geblieben ist. Ein Erwachsener mit einer schwach entwickelten Seele tut sich dann auch schwer, sich aus einer unglücklichen Beziehung zu lösen. Falls es sich hierbei um eine Ehe handelt, werden die Partner erfahren, wie sich ihre Lebenskräfte, die bis dahin vermischt waren, nach der Scheidung allmählich voneinander loslösen. Das ist ein Todesprozess, der eine lange Trauerzeit nach sich zieht.

Wenn dieser Loslösungsprozess schon dem Erwachsenen so sehr zu schaffen macht, wie schwierig muss das dann erst für einen Jugendlichen sein! Wenn eine Beziehung zwischen Jugendlichen jahrelang bestanden hat und auch sexuell gelebt wurde, dann ist die Beendigung davon nicht einfacher als bei einer Scheidung!

Eine andere Situation tritt wiederum dann auf, wenn zwei junge Menschen, die beide ihre Seelenhaut noch nicht vollständig gebildet haben, sexuellen Kontakt miteinander haben. Wenn beide tatsächlich dem »Richtigen« begegnet sind, haben sie Glück gehabt, denn dann tritt oft nach dem vierzehnten oder fünfzehnten Lebensjahr kein anderer Partner mehr in ihr Leben. Ihr Zusammenleben ist auf *wechselseitige Abhängigkeit* gegründet, denn jeder lebt tief in den Lebenskräften des anderen. Dennoch haben sie eine kostbare Lebensphase übersprungen, eine Phase, in der sie sich ganz den Erlebnissen ihrer eigenen Seele hätten widmen können. Sie haben teilweise die Jugendzeit als Entwicklungszeit geopfert. Sie haben nicht genügend Zeit gehabt, um sich zu überlegen, ob sie überhaupt eine Beziehung wollten und ob sie gerade diese Beziehung wollten.
Wenn diese zwei Menschen wirklich zusammen gehören, wird sich nichts mehr an der Beziehung ändern. Manchmal hat eine solche frühe Verbindung einen ganz besonderen Charakter. Die jungen Liebenden sind sich gegenseitig zutiefst vertraut und können sich gut ineinander einfühlen, weil sie sozusagen bis unter die Seelenhaut des anderen geschlüpft sind. Der Umgang miteinander wird ihnen ein Leben lang leicht fallen und sie werden ein sehr feines Gespür füreinander haben, vorausgesetzt jeder Partner macht früher oder später eine Entwicklung zur Selbstständigkeit durch. Solche frühen Verbindungen, die Bestand haben, kommen aber nur selten vor.
Meistens kommen die jungen Menschen nach einigen Jahren

zu der Einsicht, dass sie doch lieber einem neuen Partner begegnen möchten oder dass der andere eben doch nicht der Mensch ist, der zu ihnen gehört; oder sie stellen fest, dass sie sich einfach auseinander gelebt haben. Der tolle, anziehende Typ von damals ist vielleicht als Zwanzigjähriger ein langweiliger Student geworden, mit dem das Mädchen nichts mehr gemeinsam hat. Können die beiden einander nun überhaupt noch loslassen? Sie versuchen vielleicht Schluss zu machen, aber weil sie sich gegenseitig doch nicht missen können, gehen sie halt doch wieder miteinander. Sie können nicht ohne einander und auch nicht miteinander leben. Bei beiden herrscht durch den Verlust eines Teils ihrer Seele eine große Unfreiheit vor, denn dieser Teil haftet an dem Lebenskräfteleib des anderen. Bei manchen Jugendlichen gibt es unendliche Wiederholungen dieses Musters. Es gibt junge Leute, die es nicht schaffen, ihren Seelenleib richtig auszubilden, sie verlieren immer wieder aufs Neue einen Teil ihrer selbst in den Armen eines anderen Menschen. Sie bleiben unentwegt auf der Suche nach sich selbst und finden letztendlich immer weniger zu sich selbst.

Auch wenn es dem jungen Pärchen gelingt, einander endgültig loszulassen, hinterlässt eine solche erste Beziehung doch tiefe Spuren. Sich freibleibend umsehen, sorglos verliebt sein und eine Zeitlang »mit jemandem gehen« ist nur möglich, wenn die »erwachsene« Sexualität noch ausgeklammert bleibt.

Wie wir bereits gesehen haben, besteht das wichtigste Ziel der Pubertät darin, sich innerlich von den Einflüssen seiner Umgebung zu befreien und die ureigenen Seeleninhalte zu finden. Nur aufgrund dessen kann Individualität und Freiheit entstehen.

Wenn man den Zustand der inneren Unfreiheit, der durch die zu frühe Sexualität ausgelöst wird, mit diesem hohen Ziel der Pubertät vergleicht, sind diese beiden Verfassungen einander fast völlig entgegengesetzt. Der Jugendliche befreit sich zwar von seinen Eltern, wird aber gleichzeitig unfrei in der Beziehung zu einem anderen Menschen. Oder er fühlt sich gezwungen, seine Seele abzuhärten und abzuschließen, so dass von nun an Sexualität zwar zu keinem Problem mehr führt, sie aber auch nicht mehr länger eine Bereicherung bedeuten kann. Dieses Sich-Verschließen nach außen hin geht aber immer auch mit einem Sich-Verschließen nach innen einher. Wer keine tiefe Beziehung zum Mitmenschen mehr zulässt, kann auch keine richtige Beziehung zum eigenen Ich, zum eigentlich Sinntragenden im eigenen Leben eingehen. Dann kann die Pubertät ihre Funktion nicht länger erfüllen. Statt dass der Urschmerz in der Seele gelindert wird, wird er verstärkt und also noch heftiger empfunden.

Ratschläge für die Eltern
»Vorbeugen ist besser als heilen.«
Meiner Ansicht nach findet die komplexe Problematik des Umgangs mit der Sexualität noch viel zu wenig Aufmerksamkeit und Vertiefung. Die heutigen Jugendlichen wissen zwar im Allgemeinen, was sie tun müssen, um eine vorzeitige Schwangerschaft zu vermeiden. Sie sind früh aufgeklärt worden und überall sind Verhütungsmittel zu bekommen. Manches Mädchen, das ungewollt mit vierzehn oder fünfzehn Jahren schwanger wird, lässt eine Abtreibung vornehmen. Dass dieser Eingriff das Leben eines Kindes beendet, wissen wir. Das bedeutet gleichzeitig aber auch, dass die Jugend der jungen Mutter abgebrochen wird. Ihr Leben wird nie mehr so sein wie vorher. Nur äußerlich gesehen scheint man durch all diese »praktischen Lösungen« das Problem unter Kontrolle und die Frage der Sexualität endgültig geklärt zu haben.
Längst ist nicht mehr die Frage: »Wie verhüte ich eine vorzeitige Schwangerschaft?«, sondern jetzt heißt es: »Wie vermeide ich, dass ich Aids bekomme?«

Natürlich ist das außerordentlich wichtig. Aber hört damit in Bezug auf die Sexualität die Sorge um die Jugendlichen auf? Ich meine, wir müssen hier viel weiter schauen und denken. Heute kann es nicht mehr darum gehen, nach einer allgemeingültigen Norm zu suchen. Diese gibt es nicht mehr, wenn es sie überhaupt je gegeben hat. Aus dem Innern jedes Menschen tritt das Gewissen als Bestimmer der individuellen Norm hervor. Als Eltern haben wir den Auftrag, in unseren Kindern dieses Gewissen zu wecken; es ist die Stimme, die aus dem wahren Ich des Menschen erklingt.

Die Bezeichnung »Gewissen« enthält das Wort wissen. Indem wir wissen, durch Einsicht und Vertiefung, können wir uns mit der Frage nach einer richtigen Lebenseinstellung verbinden. Durch dieses Wissen, das uns sagt, welche Folgen unser Verhalten nach sich ziehen wird, entsteht eine zeitgemäße Norm, die wir ganz tief in unserer Seele tragen. Aus dieser Erkenntnis heraus können wir unseren Kindern helfen.

Es hat überhaupt keinen Sinn, wenn man Jugendlichen in der Pubertät beibringen will, was sich gehört oder was nicht. Bis zur Pubertät geht das noch, dann aber werden solche Vorschriften nur noch über Bord geworfen. Alles, was die Eltern den Jugendlichen in dieser Hinsicht erzählen, klingt zwar sehr einleuchtend und berechtigt, bewirkt aber nur eines: dass vor allem die Eltern sich nachher mächtig erleichtert fühlen. Wer dem Pubertierenden bestimmte Verhaltensregeln beibringen will, kann nur dadurch Einfluss auf ihn ausüben, dass er selbst im Sprechen und Denken, im Tun und Lassen konsequent nach ideellen Lebenswerten lebt und die eigene Doppel-Moral und Selbsttäuschung angeht.

Eine solch konsequente Selbsterziehung der Eltern kann für das Kind zur inneren Erfahrung werden und wird in seiner Seele vielleicht etwas in Bewegung bringen. Unmerklich schwingt seine Seele mit; und so können die Eltern ihm, ohne großen Widerstand hervorzurufen, auf diesem Gebiet doch noch etwas mitgeben.

Wie kann man das Kind so begleiten, dass es den Bereich der Sexualität erst dann gründlich erforscht, wenn seine Seelenhaut sich gebildet und sein Seelenleben seine eigene Form erhalten hat? Hier folgen einige Ratschläge:

- Versuchen Sie ihrem Kind von klein auf Achtung vor dem menschlichen Körper beizubringen, indem es lernt, diesen zu pflegen und ihn so zu akzeptieren, wie er ist, in Dankbarkeit für alles, was durch ihn möglich ist.

- Lassen Sie die Kinder die Erfahrung machen, dass Genießen schön ist und dass es zum Leben dazugehört, aber ziehen Sie eine deutliche Grenze. Es ist etwas anderes, ob man, wenn man Lust dazu hat, einfach eine ganze Packung Kekse nacheinander aufisst oder ob man ein Stückchen von dem frisch gebackenen Kuchen in der Vesperdose mitbekommt. Das Kind genießen lassen heißt nicht, es pausenlos zu verwöhnen, sondern ihm ab und zu etwas Besonderes zu gönnen.

- Die Freiheit des einen Menschen hört dort auf, wo in die Freiheit des anderen eingegriffen wird. Experimentieren ist erlaubt, solange die innere Grenze des anderen nicht überschritten wird, ganz gleich, ob es sich nun um die Eltern oder sonst jemanden handelt. Das ist ein langer Übungsweg. Oft sind Zank und Streit unter Kindern darauf zurückzuführen, dass sie die Grenzen des anderen auskundschaften wollen. Wenn es einem gelingt, dem Kind vor der Pubertät beizubringen, dass es einfach Grenzen gibt, die es respektieren muss, dann ist damit ein guter Boden für den späteren Umgang mit Grenzen auch in der Sexualität geschaffen.

- Gehen Sie als Erwachsener mit dem jeweils anderen Geschlecht mit Achtung um. Behandeln Sie ihren Ehepartner respektvoll – nicht nur in der Tat, sondern auch in

Worten. Anzügliche Witze und herumliegende Sexblätter verraten, dass der andere nur als Lustobjekt angesehen wird. Ein Kind, das das Glück hat, Eltern zu haben, die sich lieben und sich gegenseitig respektieren, bekommt dadurch eine stabile Grundlage für das weitere Leben mit.

– Für geschiedene Ehepaare gilt, dass Sie Ihren Ex-Mann oder Ihre Ex-Frau nicht heruntermachen sollten, um den Anderen dadurch in den Augen des Kindes herabzusetzen. Achten Sie Ihren Ex-Partner und versuchen Sie, Ihren Groll oder Ihre Aggressionen so zu verarbeiten, dass die Kinder nicht davon belastet werden. Gelingt Ihnen das nicht, sagen Sie Ihren Kindern, dass Sie sich geirrt haben und erzählen Sie ihnen von früher, schildern sie ihnen, was Ihnen an Ihrem ehemaligen Partner gefallen hat. Wenn Sie ehrlich sind und sich Mühe geben, werden Sie in Ihren Erinnerungen bestimmt auf etwas Positives stoßen. Ein Mädchen oder ein Junge, der sich daran gewöhnt hat, seinen Vater geringzuschätzen oder sogar zu hassen, ist nicht richtig auf den späteren Umgang mit dem anderen Geschlecht vorbereitet. Zeigen Sie Ihrem Kind zum Beispiel ein Foto, worauf Ihr Ex-Partner mit diesem Kind oder mit Ihnen selbst auf eine positive Weise zu sehen ist.

– Bringen Sie ihrem Kind bei, dass es etwas Wunderbares ist, schön und gesund zu sein, wodurch man zwar mehr *kann*, aber nicht mehr *wert ist*. Das wirklich Wertvolle des Menschen liegt in seinem Innern und hat mit äußerlicher Schönheit nichts zu tun. Wenn Eltern bei ihrem »hässlichen Entlein« immer wieder auf sein Aussehen anspielen oder es hänseln, wird es darauf fixiert und wird überall nach Bestätigung seines Äußeren suchen. Es wird seinen Körper ablehnen, genauso, wie ihn die Eltern im Grunde ablehnen, gleichzeitig aber auch Menschen suchen, die dennoch von seinem Körper angezogen sind. Dafür bezahlt es aber manchmal einen hohen Preis ... Andererseits führt übertriebene Aufmerksamkeit für die anziehenden Seiten des Körpers zu einer einseitigen Entwicklung. Auch diesen Kindern muss die Wichtigkeit der inneren Werte bewusst gemacht werden, sonst werden sie zur Oberflächlichkeit neigen.

– Wichtig ist auch, dass das Kind genügend physische Berührungen bekommt. Die meisten Eltern schmusen und balgen sich auch gerne mit ihren Kindern. Man sollte nicht immer gleich meinen, dass die Kinder schon zu alt sind, um noch einmal über den Kopf gestreichelt zu werden. Wer in seiner Kindheit zu wenig körperliche Zuwendung erfahren hat, sucht diese oft später (vergeblich!) in der Sexualität.

– Respektieren Sie die Privatsphäre Ihres Kindes. Es ist nicht nur wichtig, dass die Geschwister sich nicht einfach gegenseitig in den Schreibtischen herumschnüffeln oder das schöne T-Shirt des anderen ungefragt anziehen; noch wichtiger ist, dass Sie selbst das Territorium ihres Kindes respektieren. Öffnen Sie seine Briefe nicht, auch wenn Ihr Kind erst sechs Jahre alt ist. Wenn es möchte, wird es Sie nachher schon bitten, ihm den Inhalt vorzulesen. Wenn das Kind größer ist, blättern Sie nicht in seinem Aufgabenheft und bleiben Sie weg von seinem Kleiderschrank. Gönnen Sie Ihrem Teenager Unterhaltungen mit Freunden, ohne dass Sie immer dabei sein müssen. Als Eltern sollte man nicht in alles, was zum Leben des Kindes gehört, eindringen wollen – weder räumlich noch seelisch. Will Ihr Sohn oder Ihre Tochter beim Schlafengehen keinen Gutenachtkuss mehr geben, dann akzeptieren Sie das. Mit einem Gruß geht es auch. Möchte der Jugendliche das Badezimmer abschließen? In Ordnung. Fortan wartet eben jeder ruhig vor der Tür, bis er an der Reihe ist. Lachen Sie ihn nicht aus und üben Sie keinen Zwang auf ihn aus, aber bleiben Sie wachsam.

Denn auch Sie brauchen es umgekehrt nicht hinzuneh-
men, wenn ein Kleidungsstück ungebeten aus Ihrem
Schrank verschwindet oder wenn es auf Ihrem Schreibtisch wie auf dem Jahrmarkt zugeht. Fordern auch Sie
Respekt für Ihre Privatsphäre!
– Die heutige Gesellschaft ist voller Ideen und suggestiver
Einflüsse in Bezug auf das Verhältnis von Mann und
Frau und Sexualität, die alles andere als gesund und reali-
stisch sind: Filme, gespickt mit Sexszenen, Schönheits-
ideale, die man doch nie erreichen kann, und so weiter.
Solange die Kinder noch klein sind, kann man das alles
von ihnen fernhalten – wenn man will. Wird das Kind
aber größer, vermitteln Sie ihm rechtzeitig etwas von
Ihren eigenen Lebenswerten, bevor es mit den vielfach
schockierenden Dingen der »Außenwelt« konfrontiert
wird. Wenn Sie ihm gar nichts mitgeben, wird es vielen
Einflüssen unvorbereitet ausgesetzt. Klären Sie Ihr Kind
rechtzeitig selbst darüber auf, dass nicht das Christkind
die Weihnachtsgeschenke bringt, und kommen Sie seinem kleinen Freund zuvor, der ihm erklären will, wie
das Baby in Mutters Bauch gekommen ist. Wählen Sie
dazu schöne, warme und wahre Bilder. Wer erst alles auf
eine »schöne« Weise gehört hat, ist besser gegen »hässli-
che« Geschichten gefeit. Weiß ein Kind bereits vom warmen Häuschen in Mamas Bauch, in dem es wohnte, bevor es geboren wurde, dann wird es durch die sensatio-
nelle Geschichte des Nachbarjungen nicht sonderlich
berührt, denn das alles wusste es doch schon längst und
dazu viel besser!

Frühe Sexualität
Wie bereits erwähnt wurde, kommt es in der heutigen Zeit,
dank eingehender Aufklärung und allgemeiner Erreichbar-
keit von Verhütungsmitteln, bei Jugendlichen auf körperli-
chem Gebiet nicht mehr so häufig zu Problemen wie frü-

her. Dennoch: Trotz aller Bemühungen der Eltern, den Jugendlichen in seiner Unternehmungslust zu bremsen, kann es doch passieren, dass er Verliebtheiten nicht nur in Träumereien, in Form von Briefchen und Verabredungen mit Gesprächen und Küsschen auslebt, sondern einen Schritt weitergeht und vom Bereich des Eros zur echten Sexualität vordringt, bevor die Zeit dazu reif ist.

Ratschläge für die Eltern
Auch in diesem Fall gilt für die Eltern, dass sie nicht auf einmal alles zulassen müssen. Eine kreativ zugestandene Freiheit, die allmählich, Schritt für Schritt wächst, ist viel angebrachter! Außerdem ist es wichtig, dass die Freunde der Tochter oder des Sohnes zu Hause willkommen sind.
Wenn die Eltern aber in ihrer Gastfreundschaft noch einen Schritt weitergehen und es dem Freund der Tochter erlauben, so oft er will bei ihnen zu übernachten, ist es gut möglich, dass innerhalb eines halben Jahres ein richtiges »Ehepaar« von fünfzehn oder sechzehn Jahren mit im Haus wohnt. Sind die Eltern damit einverstanden und können sie damit umgehen, ist dagegen nichts einzuwenden. In den meisten Fällen aber wird ein solches mitwohnendes Pärchen in der Familie zur Quelle der Irritation. Zudem ist es nahezu unmöglich, einmal gegebene Freiheiten rückgängig zu machen. Selbst wenn der Jugendliche auf entsprechende Vorschläge eingehen sollte, geschieht das oft nur scheinbar. Es kann gut sein, dass er insgeheim bereits Pläne ausheckt, um endgültig auszubrechen. Bei dieser Art von zugestandenen Freiheiten gilt: erst wägen, dann wagen!
Wenn das junge Pärchen sich ganz normal im Wohnzimmer aufhalten kann und sich ab und zu ins Jugendzimmer zurückzieht, entsteht nicht so schnell ein einseitiges Interesse für den Körper des anderen.
Vielleicht gelingt es, mit den jungen Verliebten über die Sexualität zu sprechen, nicht im verurteilenden Ton, son-

dern mit einem offenen Ohr. Vielleicht kann man sich sogar einigen, dass sie möglichst allzu verführerische Situationen meiden.

Wenn junge Menschen früh eine feste Bindung eingehen, werden sie eher zu sexuellen Beziehungen neigen, als wenn sie noch herumflirten. Es ist etwas anderes, wenn ein Paar nach Jahren der festen Freundschaft schließlich den Schritt zur Sexualität macht, als wenn zum Beispiel ein Mädchen mit Freundinnen ausgeht, die ganze Nacht wegbleibt und alles Mögliche auf sexuellem Gebiet ausprobiert. In einem solchen Fall können und müssen Sie als Eltern eingreifen. Lassen Sie Ihr Kind spüren, dass es zu weit geht, und sagen Sie ihm, was Sie von seinem Benehmen halten. Das ist auf jeden Fall besser, als so zu tun, als ob Sie nichts merken, aus Angst, Ihr Kind zu verlieren.

Wenn wir sehen, dass unser Kind durch gewisse Erfahrungen auf dem Weg ist, seine Seelenfreiheit zu verlieren, und von einem anderen Menschen abhängig zu werden droht, fühlen wir uns oft machtlos. Wir dürfen als Eltern aber nicht vergessen, dass wir noch immer einen wichtigen Platz im Innern des Kindes einnehmen, auch wenn das in solchen Momenten nicht immer sichtbar ist. Aus diesem Grund kann man sein Kind auch noch während der Pubertät innerlich begleiten und ihm die Treue halten, so dass es merkt, dass es wirklich wahrgenommen wird. Vielleicht findet es dann den Weg zu seinem eigentlichen Wesenskern zurück.

Der Jugendliche, der den Mut hat, eine Beziehung abzubrechen, fällt oft in ein tiefes Loch, denn er spürt schmerzhaft den Verlust eines Teils seines Selbst, wie wir bereits zeigten. Wenn er einen solchen Kummer durchzumachen hat, muss man ihm helfen. Man kann ihn auffangen, ihm liebevolle Aufmerksamkeit schenken und ihn auf irgendeine Weise besonders verwöhnen. Auch kann man versuchen, ihn durch eine Reise abzulenken, oder ihn anregen, etwas Neues aufzugreifen. So hilft man ihm, diese labile

Periode zu überstehen und seine Selbstständigkeit wieder zu erlangen. Man darf nicht vergessen, dass Eltern eine besondere Verbindung mit den Lebenskräften ihres Kindes haben. Deswegen können die Eltern meistens doch noch einen Weg finden, um ihr in Not geratenes Kind zu erreichen und zu unterstützen.

Wenn das Kind innerlich verhärtet

Wenn man bemerkt, dass das Kind sich verschließt und innerlich verhärtet und man täglich durch sein Verhalten damit konfrontiert wird, muss man unbedingt versuchen, diese harte Schicht aufzuweichen. Vielleicht gibt es eine Familie mit kleinen Kindern, die einen Babysitter braucht, wo diese innerliche Verhärtung wieder gelöst werden kann. Vielleicht kann man es auf eine Bergtour mitnehmen, wo die Natur sein Herz wieder öffnet.

Möchte der Jugendliche eventuell wieder anfangen, sein früheres Musikinstrument zu spielen oder sich ein neues Instrument auswählen? Vielleicht fällt uns auch ein alter weiser Mensch ein, der sich ab und zu mit ihm unterhält und einen segensreichen Einfluss auf ihn nehmen kann. Suchen und kämpfen wir weiter, geben wir aber nicht auf! In der Pubertät ist noch vieles möglich, später gelingt es nur noch mit größter Mühe, eine Veränderung herbeizuführen.

Zusammenfassung

Am gesundesten ist es, wenn Sexualität für die Jugendlichen wie eine Frucht ist, nach der sie sich sehnen und von der sie ein wenig kosten, von der sie aber am besten noch nicht essen, solange ihr Seelenleib keine festen Konturen bekommen hat. Wann es so weit ist, hängt von der individuellen Entwicklung und Lebenssituation (Land oder Stadt) ab.

Schon rein physisch sind die Unterschiede groß. Das eine

Mädchen menstruiert mit elf Jahren, das andere mit fünf-zehn. Ebenso wie es Unterschiede in der körperlichen Ent-wicklung gibt, gibt es Unterschiede in der psychischen Entwicklung. Eltern, die ihr Kind aufmerksam beobach-ten, spüren recht deutlich, wo es gerade steht und ob es bereits stabil genug ist, den mitreißenden Kräften der Se-xualität gewachsen zu sein. Strenge Verbote sind sinnlos, warmes Interesse und Verständnis dagegen sind viel wirk-samere elterliche Qualitäten.

In unserer Zeit bleibt uns nur noch das Wissen bzw. Ge-wissen, um den richtigen Weg in diesem Gebiet zu finden. In früheren Zeiten gab es feste Normen für das soziale Leben. Die Konsequenzen dieser Vorschriften kommen uns heute oft lächerlich vor. Das alles haben wir als über-holten Ballast über Bord geworfen. Aber die Problematik, die zu diesen Vorschriften geführt hat, ist noch immer ak-tuell und fordert eine zeitgemäße Antwort. Für jedes Kind wird diese anders aussehen. Das ist die große Herausforde-rung an die heutigen Erzieher, die in einer Zeit leben, in der (fast) keine bindenden Regeln mehr gelten und in der scheinbar alles erlaubt ist.

Die Wirkung der drei Seelengebiete auf die Sexualität

Eingangs haben wir drei Arten von Pubertät unterschieden: Die Gedanken-, Gefühls- und die Willenspubertät. Bei den meisten Kindern ist eine dieser Formen stärker ausgeprägt als die anderen beiden und gibt so der pubertären Krise eine individuelle Färbung. Zugleich dominiert auch jeder Puber-tätstypus in einer bestimmten Altersphase:

– In der ersten Phase der Pubertät verselbstständigt sich das Denken, das Kind lernt abstrakt zu denken.
– Die nächste Phase steht im Zeichen der Befreiung des

Gefühlslebens. Während dieses Stadiums sind die Gefühle am heftigsten.
- In der dritten Phase schließlich wird die Willenskraft freigesetzt. Jetzt werden bedeutsame Entscheidungen getroffen, bei der Arbeit wird geschuftet und für Prüfungen wird tüchtig gebüffelt.

Begreiflicherweise ist der mehr auf das Denken ausgerichtete Jugendliche vor allem in der Anfangszeit der Pubertät auf Konfrontation mit seiner Umgebung aus. Derjenige, bei dem die Gefühlspubertät vorherrscht, sucht die Auseinandersetzung eher in der mittleren Phase und der Pubertierende mit einer Dominanz der Willenspubertät während der letzten Phase.
Im Folgenden möchten wir unter dem Blickwinkel der Typenzugehörigkeit die Sexualität im Jugendalter näher betrachten.

Der Bereich des Denkens

Das Denken ist eine freilassende, unverbindliche Tätigkeit, es ist eine rein innere Angelegenheit. Es prägt vor allem die Entstehungsphase einer Beziehung, das heißt, dass es zum Verliebtsein gehört.
Wenn bei einem Kind das Denken dominiert, kann es introvertiert sein oder auch schüchtern. Tritt der Hang zum Nachdenken zusammen mit einem starken Gefühlsleben auf, können tiefsinnige Gespräche entstehen, aber auch depressive Stimmungen; denn wenn die Gedanken von einem negativen Gefühl grundiert sind und sich immer nur im Kreise drehen, kann das manchmal zu Depressionen führen. Wenn ein ausgeprägtes Gedankenleben mit einem starken Willen kombiniert ist, besteht die Gefahr der Verhärtung und der kühlen Berechnung. Starre Begriffe füllen dann die Seele aus.
Ist das Denken eher schwach ausgeprägt, der Wille dagegen

stark, wird das zu unüberlegtem Handeln führen. Irgendeine Emotion löst dann sofort eine Tat aus. Ein solch impulsiver Mensch kann zur Tollkühnheit neigen und von den aufsteigenden Begierden terrorisiert werden.

Wenn bei einem Jugendlichen das sexuelle Wachstum genügend vom Gedankenleben getragen wird, hat er die nötige Zeit, um innerlich im Stillen zu erleben, was in ihm vorgeht. Dann kann er in Ruhe abwägen, wie weit er in einer Beziehung gehen will. Ist beim Jugendlichen der Hang zum Denken aber übermächtig, dann muss er, auch wenn eine Beziehung schon jahrelang besteht, zum weiteren Experimentieren bisweilen richtiggehend verführt werden.

Der Bereich des Fühlens

Hat das Denken nur in geringem Maße verpflichtenden Charakter, so ist das Fühlen schon viel weniger freilassend. Es kann dem Menschen zwar noch eine gewisse Freiheit gewähren, aber in welchem Maße diese wirklich vorhanden ist, hängt davon ab, wie weit die beiden anderen Seelengebiete ihre Aufgabe erfüllen.

Das Fühlen spielt sich vor allem im Zwischenmenschlichen ab. In der Begegnung mit dem anderen Menschen, in der Spannung, die wir zwischen uns selbst und dem Mitmenschen empfinden, lernen wir unsere Gefühle kennen und prägen dadurch allmählich unser Selbstbild. Das Gefühl gehört zur zweiten Phase der Beziehungsbildung: sich begegnen, zusammen sein, miteinander reden und sich gegenseitig besuchen.

Ein Mensch, der sich zu stark von seinen Gefühlen bestimmen lässt, wechselt ständig zwischen himmelhoch jauchzend, zu Tode betrübt, er fällt von einem Extrem ins andere. Dieses Wechselbad der Gefühle beobachtet man bei vielen Jugendlichen, die mitten in der Pubertät stecken. Wenn diese Labilität verstärkt auftritt, kann es leicht zu Auswüchsen in einer bestimmten Richtung kommen. Wenn ein Jugendlicher zu wenig Gefühl einbringt, ist er weder imstande, sich auf das Gefühlsleben des Anderen wirklich einzulassen, noch Gespür für das eigene Innenleben zu entwickeln. Er verletzt immer wieder die Grenze des Anderen, ohne es selbst zu spüren. Ein Mensch ohne tiefe Gefühle bleibt innerlich kalt und hart und die Bildung des Gewissens findet nicht richtig statt. In sozialer Hinsicht kann das zu großen Problemen führen.

Ein Mensch, der sowohl über ein starkes Gefühlsleben als auch über einen ausgeprägten Willen verfügt, wird das wie einen innerlichen Zwang erleben, der einen stark triebhaften Charakter annehmen kann. Hier muss das Denken helfend eingreifen!

Selbstverständlich kann in der Sexualität ein Mangel im Gefühlsleben zu schmerzlichen Erfahrungen führen, zum Beispiel wenn ein Mensch seine Begierden auslebt, ohne Rücksicht auf seinen Partner zu nehmen, oder wenn er in einer Beziehung eiskalt bleibt und jeglichen Annäherungsversuch des Anderen ignoriert. Es ist auch möglich, dass dies zu einer Labilität in Beziehungen führt: Heute bedeutet der Freund einem alles und morgen beachtet man ihn schon nicht mehr.

Der Bereich des Willens

Hier kann erst recht Unfreiheit entstehen. Denn die Umsetzung des Gewollten in die Tat hat selbstverständlich ihre oft unabänderlichen Folgen.

Der Wille lebt in der äußeren Wirklichkeit. Wir stellen uns durch unsere Tatkraft mitten in die Welt hinein und drücken ihr unauslöschlich unseren Stempel auf. Dominiert dieses Seelengebiet stark, kann dies zu großen Schwierigkeiten führen. Wenn Reflexionsfähigkeit (Denken) und Abstimmung (Fühlen) fehlen, handeln wir impulsiv und unbesonnen.

184

Besitzt jemand dagegen zu wenig Willenskraft, dann kommt er im Extremfall zu nichts und bleibt ein Leben lang ein Pubertierender! Wer kennt nicht die ewigen »Schweber« und Träumer, die so ganz ohne Verpflichtung unverbindlich durchs Leben gehen? In diesem Zusammenhang passt der Spruch: Versprechen und Halten sind zweierlei.

In der Sexualität bildet das Willensgebiet die Ebene des körperlichen Kontakts. In diesem Bereich wird das, was gedacht und gefühlt wird, auch ausgelebt. Über die Sexualität dringt der Mensch tief in den anderen Menschen ein. Der Ausdruck »Geschlechtstat« entspricht also zutiefst der Realität.

Es ist nicht ohne Sinn, dass die Entwicklung des Willenslebens ihren Höhepunkt erst am Ende der Pubertät hat, denn den unbegrenzten Möglichkeiten, die zur ersten und zweiten Phase gehören, wird durch das konkrete Tun und Handeln irgendwann ein Ende gesetzt. Dieser letzte Entwicklungsschritt vollzieht sich kurz vor der Schwelle zum Erwachsensein.

Sexueller Missbrauch

Was passiert in der Seele eines Kindes, das bereits in sehr jungem Alter mit Sexualität in Berührung gebracht wird? Seine Seelenkräfte sind zu dieser Zeit noch ungeschützt, sie sind noch nicht von einer Haut umgeben. Alle Eindrücke und Einflüsse von außen strömen ungehemmt in die Seele hinein und werden vom Kind als ureigene erfahren. Durch dieses seelische Ausgeliefertsein ist das Kind so wehrlos. Erst nachdem es Schrecken, Schmerz und Angst durchgemacht hat, wird es imstande sein, seine Seele früher als sonst abzuschließen, mit dem Ziel sich zu schützen. Das kann es nicht im Voraus. Es muss erst gewisse Erfahrungen machen, bevor es den Drang zum Selbstschutz entwickelt.

Im kleinen Kind schläft die Sexualität noch. Zu Recht, denn sie hat noch keinerlei Funktion. Der ganze Bereich der Fruchtbarkeit regt sich solange nicht, bis das Kind in die Pubertät eintritt. Wie ein inneres Dornröschen warten die Sexualität und die dazugehörigen Gefühle, bis sie vom Prinzen wachgeküsst werden. Eine dichte Dornenhecke beschützt Dornröschen gegen Eindringlinge, die es frühzeitig wecken könnten.

Beim sexuellen Missbrauch ist es so, als ob die Dornenhecke mit der Axt durchgeschlagen und Dornröschen roh aus seinem Schlaf gerissen wird. Die Seele des Kindes wird von Triebkräften und Leidenschaften durchdrungen, die rücksichtslos ausgelebt werden. Außerdem kann derjenige, der solche Kräfte an das Kind heranbringt, sie selbst nicht im Zaum halten. Ein Erwachsener, der ein Kind, auch wenn es nur ein Mal ist und ohne grobe Gewalt geschieht, mit seinen erwachsenen Trieben überrumpelt, sät in dessen Seele eine giftige Botschaft, nämlich: *Die sexuell gefärbten Triebe entziehen sich dem menschlichen Ich. Sie ergreifen Besitz von dir und du musst dich von ihnen beherrschen lassen. In diesem Bereich ist das Gewissen und der »innere Meister« nicht anwesend.*

Weil das Kind diese Botschaft als eigene erfährt und als solche in sein Seelenleben hereinlässt, wird sie zum Inhalt der Kinderseele. Es nimmt sie ganz arglos in seine Seele auf. Sogar wenn die Seele später, durch Schmerz und schreckliche Erfahrungen veranlasst, erstarkt und sich frühzeitig abschließen kann, wuchert dieses giftige Pflänzchen in der Seele weiter. Daraus ist die Passivität und Ohnmacht zu erklären, die uns von so vielen Missbrauchsopfern bekannt ist. Sie sind nicht imstande, sich zu verteidigen, wenn diese Botschaft in ihnen lebt. Denn sie sagt ihnen fortwährend, dass keine Beherrschung dieser Kräfte möglich ist, auch nicht von den Menschen, denen sie in diesem Zusammenhang begegnen.

So kommt es zu der für Außenstehende unbegreiflichen, sich endlos hinziehenden Tragödie der Missbrauchserfahrungen. Jene seelische Botschaft lässt Machtlosigkeit gegenüber den schrecklichen Erfahrungen entstehen.

Wenn das Kind in die Pubertät eintritt, ist es normal, dass es die übernommenen Seeleninhalte kritisch bewertet und versucht, das Eigene darin zu entdecken. Beginnt nun beim Missbrauchsopfer die Pubertätskrise, entsteht in seinem Innern der Impuls, sich von dem Missbrauch seiner Person zu befreien, indem es der Sache ein Ende macht oder indem es jemandem, der diesen Zustand beenden könnte, davon erzählt. Diese oft schwachen Versuche am Beginn der Pubertät werden häufig von der Umgebung zu wenig gehört oder ernst genommen. Wir sollten wirklich ganz wach auf solche Hilferufe hören. Manches Opfer erinnert sich Jahre später an diesen inneren Impuls zur Gegenwehr und daran, dass es tatsächlich etwas unternommen hat, aber seine Signale wurden von seiner Umgebung nicht gehört, nicht verstanden oder sogar abgewiesen.

Bei Missbrauchsopfern fällt häufig auf, dass sie frühzeitig gealtert sind und einen für ihr Alter zu erwachsenen und frühreifen Eindruck machen. Sie sind nicht so unbekümmert verspielt wie ihre Altersgenossen. Oder sie fallen aus Verzweiflung in eine frühere, unbelastete Lebensphase zurück und scheinen dann gerade ganz kindlich und in ihrer Entwicklung zurückgeblieben zu sein.
In beiden Fällen kann man wahrnehmen, dass diese Kinder eine »dickere« Seelenhaut haben als andere. Im Falle des frühgealterten Kindes kommt man zu diesem Eindruck, weil es sich schon so ausgesprochen »groß« verhält. Es kann auffällig altklug anderen zuhören und dementsprechend reagieren, es ist nicht so direkt und spontan wie andere Kinder. Das eher zurückgebliebene Kind andererseits

verschanzt sich hinter der Mauer seiner zu früh gebildeten Seelenhaut und versucht, seine verlorene Kindheit nachträglich einzuholen.

Während seiner fortschreitenden Pubertät wird das Missbrauchsopfer ständig daran gehindert, seine eigentliche Pubertätsaufgabe zu ergreifen. Diese lautet ja: Suche Individualität, wirf das, was fremd ist, über Bord, knüpfe eine Verbindung mit deinem inneren Ich an und kümmere dich um deinen eigenen roten Faden. Suche mit Hilfe deines Ich und deines roten Fadens den anderen Menschen und die Welt und stelle all deine Seelenkräfte dafür zur Verfügung. Wie soll ein Mensch, bei dem immer wieder jemand in seinen Körper, in sein Zimmer, in seine Intimität eindringt, der immerfort missbraucht wird, diesen Auftrag erfüllen können?

Wird schließlich dem Missbrauchsgeschehen ein Ende gesetzt, steht der junge Mensch vor einer sehr schweren Aufgabe. Man sagt ihm dann, er müsse nun das Geschehene verarbeiten, sich ausweinen und seinen Aggressionen Luft machen. Von seiner Umgebung wird erwartet, dass sie ihn tröstet und begleitet. So meint man, dass er es allmählich schaffen wird, auf eigenen Beinen zu stehen. Aber wie reißt man das giftige Pflänzchen in seinem Innern aus? Wie findet das Opfer zu sich selbst und wie erhebt es den eigenen »inneren Meister« auf den Thron?

Wenn diese Probleme nicht gelöst werden, wiederholt sich im Leben eines solchen Menschen ständig das gleiche Muster. Er wird immer wieder Menschen begegnen, die spüren, dass seine Seele unfrei und von der oben genannten giftigen Botschaft durchdrungen ist. Der Missbrauch hat zwar aufgehört, aber ein Mädchen zum Beispiel, das Opfer einer solchen Beziehung war, heiratet eventuell einen Mann, der auf ähnliche Weise mit ihm umgeht, wie während des Missbrauchs mit ihm umgegangen wurde. Die Ehescheidung ist dann meist unausweichlich. Wird damit die Giftpflanze mit der Wurzel ausgerottet, oder bleibt die Frau weiterhin Spielball dieser Triebkräfte? Im letzteren Fall ändern sich in ihrem Leben nur die Namen ihrer Partner, nicht aber die Art ihrer Erfahrungen.

Hinzu kommt noch etwas anderes. Wer weiterhin dieses giftige Pflänzchen in sich trägt, wird nicht nur wiederholt selbst zum Opfer, sondern birgt auch die Möglichkeit in sich, *selbst Täter zu werden und Missbrauch zu begehen.* Ein Missbrauchsopfer muss nicht unbedingt selbst wieder physische Gewalt ausüben. Doch es besitzt häufig nicht das natürliche Gefühl für Zurückhaltung. Ein Mädchen zum Beispiel, das ein Opfer von Missbrauch war, wird vielleicht später als Mutter gar nicht dazu imstande sein, die Intimsphäre ihrer Kinder zu respektieren. Sie liest womöglich deren Tagebücher und wird jegliche Freundschaft ihrer Kinder durchkreuzen. Sie vergegenwärtigt sich dabei nicht, dass sie sozusagen Missbrauch auf psychischem Gebiet ausübt, weil das Gift in ihrer Seele im Verborgenen noch immer weiterwirkt.

Manche Jugendlichen haben einen solchen Vater oder eine solche Mutter. Wenn die Eltern sich dieses Problems und seiner Folgen bewusst sind, oder der eine Partner dem anderen dabei helfen kann, dann kann der Elternteil, der Missbrauchsopfer war, Zurückhaltung lernen, indem er auf die Stimme des heranwachsenden Kindes hört, denn der gesunde Jugendliche wird sich ja heftig gegen diese ständige elterliche Einmischung zur Wehr setzen.

Wenn der Jugendliche jedoch nicht so stark ist, wird er vielleicht diese Einmischung von Vater oder Mutter auf allen Seelengebieten akzeptieren und sich diese sogar direkt wünschen. Dann entsteht zwischen diesem Elternteil und dem Kind ein symbiotisches Verhältnis, das beide unfrei macht. Sie wissen alles voneinander und können nicht ohne einander sein. Sie erleben die gegenseitige Abhängigkeit und Unfreiheit dann wie einen selbstverständlichen und natürlichen Zustand. Der durch Missbrauch seelisch verletzte Erwachsene klammert sich *wie ein Kind* an seine Kinder, nicht aus seinem Ich heraus, das bereit wäre, das Ich der Kinder zu suchen, anzuregen und frei zu lassen, sondern aus denjenigen Seelenkräften heraus, die nur besitzen, aneignen und durchdringen wollen. *Eine Qualität, die Eltern selbst nicht entwickelt haben, können sie auch nicht in ihrem Kind wahrnehmen und begleiten.*

Wenn ein solcher Vater oder eine solche Mutter die eigene Seele nicht »entgiftet« und den Weg zum eigenen Ich nicht findet, kann er mit dem freien, wahrhaftigen und wesentlichen Kern in seinem Kind nicht richtig umgehen. Hier kann nicht von Schuld, sondern nur von Unvermögen die Rede sein. Solche Eltern und deren Kinder brauchen dringend die richtige (professionelle) Hilfe und Betreuung.

Sexuelle Handlungen unter Kindern und Jugendlichen

Kinder finden es oft interessant, im Spiel den Körper des anderen zu erkundigen. Sie spielen Arzt und Patient, Vater und Mutter oder einfach Forscher, kurz, sie forschen und wollen entdecken. Die natürliche kindliche Neigung, entdecken zu wollen, wie alles aussieht, ist ganz normal und harmlos und hört wieder auf, wenn die Kinder genügend ausgekundschaftet haben, – wenigstens im Normalfall.

Unsere Gesellschaft aber bringt von allen Seiten nicht-kindgemäße Suggestionen an das Kind heran. Kinder werden in immer jüngerem Alter über Werbung, Fernsehen oder Zeitung mit Sexualität konfrontiert. Was sie da sehen, möchten sie vielleicht selbst auch einmal ausprobieren. Wenn es bei diesen Experimenten um zwei Kinder geht, die ungefähr gleichaltrig sind und gleich viel Kraft haben, braucht man sich nicht so zu sorgen. Schon nach kurzer Zeit werden sie merken, dass an solchen Spielchen doch nicht viel dran ist, und wieder anderen Betätigungen nach-

190

gehen. Wenn aber das eine Kind viel schwächer ist als das andere, kann von einem harmlosen Spiel nicht die Rede sein. Wollen zwei kräftige Jungen ihre Erkundigungsspielchen beim zarten, schüchternen Nachbarmädchen durchführen, so sollte möglichst gleich eingegriffen werden. Die Gefahr, dass die beiden Buben mit zwar ungewollten, aber doch groben Handlungen dem Mädchen unangenehm zusetzen, ist groß. Auch der kleine, schüchterne Nachbarjunge kann von zwei stärkeren Jungen auf verletzende und unfreie Weise »untersucht« werden.

Jugendliche in der Pubertät spielen sich manchmal wie große, starke und überhebliche Kerle auf. Wenn ein solcher »Macho« eine Beziehung mit einem viel jüngeren Mädchen oder Jungen anknüpft und dem jüngeren Kind gewisse Experimente aufdrängt, kann das viel Kummer und Leid bereiten.

Hier gilt deshalb: vorbeugen ist besser als heilen. Fürsorgliche Eltern werden darüber wachen, dass in der jeweils eingegangenen Beziehung ihres Kindes ein Gleichgewicht herrscht. Wird es von seinem Partner überrumpelt und dominiert, dann ist seine Seele in Gefahr. Weil der eine junge Mensch älter und kräftiger ist, kann er dem anderen unliebsame Erfahrungen aufzwängen, die man nur als Missbrauch umschreiben kann, – mit allen entsprechenden Folgen ...

Kinder, die unter einer solchen unfreien Beziehung leiden, haben oft allerlei Beschwerden. Alpträume und andere Ängste sowie Bettnässen und Bauchschmerzen können Notsignale sein. Solchen Symptomen muss immer auf den Grund gegangen werden. Bemerken die Eltern nichts, so kann das Kind ebenso große seelische Schäden davontragen wie ein Missbrauchsopfer.

Zusammenfassend kann man sagen: Begleiten Sie Ihr Kind wachsam auf seinem Weg, ohne dass das unnatürlich wirkt.

Sie sollten dabei nicht vergessen, dass das eine Kind eben innerlich schneller verletzbar ist als ein anderes, denn ein Kind mit einer offenen Seele, das voller Zuversicht der Welt entgegentritt, hat nun einmal eine weniger starke Wehrmauer um sich als andere Kinder. Es ist also notwendig, dass die Eltern ihr Kind gut kennen und einschätzen können und es mit nicht nachlassender Aufmerksamkeit im Auge behalten.

Schule und Beruf

In allen Kulturen und Zeitaltern findet eine Vorbereitung der Jugend auf das Erwachsensein statt. In erster Linie ist das die Aufgabe der unmittelbaren Betreuer der Kinder. Wenn das Kind sich aber der Geschlechtsreife nähert, wird die Vorbereitung von dafür besonders geeigneten, »professionellen« Menschen übernommen. Das können Eingeweihte, ältere Stammesmitglieder oder Dorfälteste sein. Im Mittelalter wurden die Jungen zu einem Handwerksmeister gebracht, bei dem sie in der Werkstatt das Handwerk erlernen konnten. Jahrhundertelang fanden Mädchen aus einfachen Familien Arbeit als Dienstmädchen oder auf einem Bauernhof. In den begüterten Familien hatten die Mädchen eine Gouvernante und lernten von ihr, wie sie eine »Dame von Stand« werden konnten.

Noch bis in unserer Zeit hinein haben die Lehrwerkstätten diese Tradition weitergeführt. Die alte Krankenschwesternausbildung zum Beispiel war auch noch so aufgebaut, dass man den Beruf erlernte, indem man in ihm arbeitete. Diese Lernmethode, wobei man unmittelbar auf seine zukünftige Aufgabe vorbereitet wird, ist nahezu verschwunden. Schulen als autonome Institutionen haben diese Funktion übernommen. Die heutigen Lehrer üben meistens ihr eigenes Fach nicht mehr aus, sie vermitteln nur noch Kenntnisse und Fähigkeiten. An erster Stelle sind sie Lehrer und nicht Berufsausübende.

Die Vorbereitung der Jugendlichen auf das spätere Leben verläuft heute im Allgemeinen in zwei Phasen. In einer ersten Phase werden grundlegende Kenntnisse vermittelt. Das geschieht in der Schule von der 7. bis zur 9. Klasse und fällt mit der Pubertätsphase zusammen, in der das Denken sich innerlich verselbstständigen will. In dieser Altersstufe sind die Kinder ausgesprochen neugierig. Sie wollen wissen, wie etwas zusammengebaut ist, denn dann können sie selbstständig an die Arbeit gehen. Wer das System der Mathematik oder der Grammatik versteht, fühlt sich gewissermaßen befreit, denn das Denken kann nun eigenständig mit dem Stoff umgehen.

Diese Jahre von der siebten bis zur neunten Klasse sind am wenigsten problematisch. Die Entwicklung des Jugendlichen und dasjenige, was die Gesellschaft ihm für seine Altersphase anbietet, sind aufeinander abgestimmt.

Die Kinder lieben diejenigen Lehrer, die viel wissen und gut erklären können. Viele Lehrer finden diese jungen Klassen oft am einfachsten zum unterrichten. Das hängt nicht mit der Bravheit oder Folgsamkeit dieses Alters zusammen, sondern damit, dass die Kinder sich von der Wissensvermittlung angesprochen fühlen.

Wenn aber die zweite Phase der Pubertät, also die Gefühlspubertät anbricht, tauchen weitaus mehr Probleme auf. In dieser Altersstufe steht beim Jugendlichen die menschliche Begegnung im Mittelpunkt des Interesses. Die Klassenkameraden sind wichtiger als der Lehrstoff. Unternehmungen in der Freizeit, Beziehungen und Verliebtheiten, Klatsch und alle möglichen wechselnden Stimmungen füllen sie innerlich aus. Gelingt es den Lehrern, während dieser Etappe dasjenige, was sie vermitteln wollen, voller Gefühl und warmem Interesse vorzubringen, werden die Schüler von ihrem Unterricht gefesselt sein. Der Geographielehrer, der die großen Entdecker wieder auferstehen lässt, oder der Geschichtslehrer, der eine Vielfalt von Ereignissen darstellt, indem er jeweils von den historischen Gestalten ausgeht, die diese wesentlich mitgeprägt haben – sie können damit rechnen, ein interessiertes Publikum vor sich zu haben.

Lehrer anderer Fächer haben es in dieser Hinsicht vielleicht nicht so einfach. Dennoch können auch sie erfolgreich sein, wenn sie einerseits Liebe für ihr Fach zeigen und andererseits herzliches Interesse für die quirligen Pubertierenden, die sie da vor sich haben. Wenn die jungen Leute das lebendige Engagement ihres Lehrers spüren, können sie sich mit den dargebotenen Lehrinhalten verbinden.

Wird diese Altersgruppe jedoch von einem Lehrer unterrichtet, der seine Vorbehalte gegen »die heutige Jugend« hat oder der seinen Unterrichtsstoff emotionslos vorbringt, ist das eine regelrechte Katastrophe. Das lässt sich an den Leistungen der Schüler ablesen. In dem einen Schuljahr, in dem die Klasse einen engagierten und von seinem Stoff begeisterten Lehrer hat, haben die Schüler erstaunlich gute Noten, und die Hausaufgaben werden gemacht. Im nächsten Schuljahr dagegen, in dem sie von einem energielosen, trockenen Lehrer unterrichtet werden, geht der Durchschnitt der Noten rasant nach unten, und es kommen von allen Seiten Beschwerden über den mangelnden Einsatz der Schüler. Das zeigt, dass die Schüler es in diesem Alter noch nicht schaffen, die gefühlsmäßige Bindung an den zu lernenden Stoff ohne die belebende Seelenkraft des Lehrers aufrecht zu erhalten.

In der dritten Phase der Pubertät, der Willenspubertät, gehen die Schüler allmählich eigene Wege. Es muss eine Entscheidung getroffen werden. Was möchtest du später einmal machen? Möchtest du studieren? Leider müssen die Schüler heute sehr früh zwischen bestimmten Fächerkombinationen wählen. Der Schwerpunkt der Berufswahl liegt meistens in der mittleren Periode der Pubertät, einer Zeit, in der die Jugendlichen noch gar nicht richtig wissen, was sie später werden wollen. Viele Schüler entschließen sich denn auch *aus emotionalen Gründen* für gewisse Fächer. Es wäre viel besser, wenn man die Schüler erst viel später entscheiden ließe, welche Fächer sie fallenlassen möchten, denn eigentlich gehört der Entschluss zur Spezialisierung, der hier gefordert wird, in eine spätere Lebensphase hinein.

Die Entelechie

Bevor diese Betrachtungen über Pubertät und Berufswahl fortgesetzt werden, soll ein allgemeiner Begriff eingeführt werden, der die Kraft benennt, die den wichtigen Entscheidungen im Werdegang des Menschen zugrunde liegt: die Entelechie.

Was ist die Entelechie? Sie ist das im Menschen, was sich immerfort im Werden befindet. Das, was der Mensch aus innerstem Antrieb werden will. Die Entelechie ist die Offenbarung dessen, was der Mensch im Hier und Jetzt verwirklichen will. Sie ist dasjenige im Menschen, was nach sinnvoller Verwirklichung strebt. Wenn es ihm gelingt, seine Entelechie zu erahnen, zu begreifen und ihr Gestalt zu geben, wird er seinen individuellen »roten Faden« entdecken, der seinem Leben zugrunde liegt. Er ist dann imstande, ein sinnerfülltes Leben zu führen, weil er sich mit seinem geistigen Ursprung und seinem Lebensziel im Einklang befindet. Das ist für jeden Menschen verschieden.
Wie kann man nun dieses Wissen um die Entelechie in der Praxis anwenden?
Das heranwachsende Kind hat alles vergessen, was mit seiner Entelechie zusammenhängt. Es weiß nicht, wer es in seinem tiefsten Wesen eigentlich ist und was es hier auf der Erde machen wollte. Aber schon bald werden bei ihm bestimmte Eigenarten sichtbar. Aufmerksamen Erziehern fallen diese Eigentümlichkeiten in dem auf, was das Kind sagt oder fragt, oder dadurch, wie es aussieht oder durch seine sonstigen Veranlagungen. Es sind kleine, individuelle Züge, die zu diesem bestimmten Menschenkind gehören. Ein guter Erzieher wird sich bei jedem Menschenkind fragen, was es wohl auf der Erde verwirklichen will und wohin es unterwegs ist. Deswegen schaut er sich jedes Kind mit wachen Sinnen an.

Jedes Kind ist außerdem den Einflüssen seiner Umgebung ausgesetzt. Es ist, als ob die Umwelt seine Seele mit bestimmten Inhalten überschüttet. Vieles davon wird von der Seele aufgenommen. An diesen fremden Einwirkungen entwickelt es sich. Wenn dann die Pubertät anbricht, spürt das Kind den inneren Drang, zu seiner Herkunft, zu seinem eigentlichen Wesen, dem Ursprungsgefühl zurückzugelangen, mit dem es dieses Leben angetreten hat. Es versucht sich sozusagen in die Erinnerung zurückzurufen, was es hier auf der Erde vorhatte und was es an Fähigkeiten mitbringen wollte. Das alles weiß es nicht mehr.

Es bleibt ihm nur die Möglichkeit, den Impulsen Gehör zu schenken, die ab und zu in seiner Seele hochsteigen. Wenn der junge Mensch Glück hat, gibt es Erwachsene, die ihm dabei helfen und diese Aufwallungen aus den ureigensten Tiefen begreifen und darauf eingehen.

Wenn das Schicksal dem Menschen wohlgesinnt ist, findet er auf diese Weise die richtige Schule und Ausbildung sowie die geeignete Arbeitsstelle; er trifft die zu ihm gehörenden Freunde, Freundinnen und einen Partner und findet auch noch den richtigen Ort zum Wohnen, die richtige Gelegenheit, um Sport und Hobbys zu betreiben, kurz, wer das seltene Glück hat, dass alles in seiner Jugend wie von selbst klappt, wird seine Entelechie mühelos ausleben können.

In der Praxis sieht es aber meistens anders aus. Gewöhnlich entdeckt der Mensch nur schrittweise Puzzleteilchen seines Lebensplans, und manchmal muss er einzelne Teilchen wieder zurücklegen, weil diese gar nicht passen wollen.

Im Lebenslauf eines jeden Menschen kommen besondere Einschnitte vor. Das sind die »Knotenpunkte« der Entelechie. Es ist dann so, als ob der Mensch im Zentrum eines Verkehrskreisels steht und eine der vielen Straßen wählen soll, die von dort wegführen. Es bringt ihn seinem Ziel nicht näher, wenn er nur seine Runden dreht. Er muss sich irgendwann für einen bestimmten Weg entscheiden.

Gegen Ende der Pubertät, meistens ist das auch das Ende der Schulzeit, taucht ein solcher Knotenpunkt auf. Schüler, die früh aus der Schule ausscheiden, müssen sich dementsprechend auch früh für einen bestimmten Beruf entscheiden, während jene, die bis zum achtzehnten, neunzehnten Lebensjahr in die Schule gehen, länger Zeit für ihre Berufswahl haben. Am Ende der Grundschule wird auf Grund der intellektuellen Leistungen beschlossen, auf welche weiterführende Schule der Schüler kommt. Die Auswahl der Fächer wird meistens zusammen mit dem Schüler getroffen. Auch hierbei sind vor allem die kognitiven Fähigkeiten entscheidend. Außerdem ist natürlich wichtig, dass das Kind sich zu diesen Fächern hingezogen fühlt, denn seine gefühlsmäßige Beziehung sollte mit berücksichtigt werden. Letztlich kommen dann aber doch unausweichlich die existentiellen Fragen:

– Was möchte ich werden?
– Was möchte ich studieren?
– Was werde ich in der Welt machen?

Um diese Fragen beantworten zu können, muss der Jugendliche aufmerksam auf seine innere Stimme hören. Der Erwachsene kann ihm dabei zur Seite stehen. Tief im Innern des jungen Menschen lebt unbewusst der »innere Sucher«, der ihm bei seinen Entscheidungen helfen kann.

Alles, was der Mensch vergessen hat, schlummert noch in tiefen Seelenschichten: die Lebensfragen und auch die Impulse der Entelechie.

Nur selten bereut ein Mensch die Entscheidungen, die er selbst getroffen hat, sogar dann nicht, wenn er später dazu gezwungen wird, seinen Kurs zu ändern. Häufiger aber bereut man im späteren Leben die »vernünftigen« Entschlüsse, die andere einem eingeredet haben, auch wenn diese einem Erfolg gebracht haben.

Erst wenn Eltern und Lehrer durch genaue Wahrnehmung und objektive Anerkennung des ureigensten Wesens des jungen Menschen ein feines Gespür für dessen Entelechie entwickelt haben, können sie ihm wirklich helfen, nicht, indem sie Entscheidungen für ihn treffen, sondern indem sie ihn in seiner Suche nach seinem tiefsten Wesenskern unterstützen, sodass er sich später damit verbinden kann.

Für diejenigen jungen Menschen, die noch gar nicht wissen, was sie werden wollen, kann ein Jahr Pause sehr hilfreich sein. Die Erfahrungen, die sie sammeln, während sie ein Jahr lang im In- oder Ausland arbeiten oder reisen, sprechen den Bereich ihrer Seele an, in dem das selbstständige Handeln, die Willenskraft geweckt werden soll. Die unmittelbaren Lebenserfahrungen helfen bei der Geburt der eigenen Lebensentscheidungen mit.

Warum haben wir es so eilig? Ist es so wichtig, ob der junge Mensch ein Jahr früher oder später seinen Platz in der Gesellschaft einnimmt? Oder spielt der Stolz der Eltern hierbei eine Rolle oder ist eine kurze Schulzeit etwa von Vorteil für den Lebenslauf oder die Finanzierung des Studiums?

Langeweile

Langeweile ist eine heute weitverbreitete Erscheinung, unter der viele Menschen leiden. Auf der einen Seite beklagen wir uns darüber, dass wir nie Zeit haben, auf der anderen Seite aber versuchen wir, uns mit allen Mitteln die Zeit zu vertreiben.

Auch Jugendliche langweilen sich oft und auf unterschiedlichste Weise. Ihr Verhalten, das durch dieses Gefühl ausgelöst wird, bzw. das Fehlen jeglicher Aktivität ist eine fortwährende Quelle von Konflikten zwischen Eltern und Kindern, zwischen Lehrern und Schülern und zwischen der Erwachsenengesellschaft und der Jugend.

Was ist Langeweile, wie entsteht diese und wie kann man darauf reagieren? Im Folgenden werden wir versuchen, eine Antwort auf diese Fragestellung zu finden.

Was ist Langeweile?

Von Langeweile kann man sprechen, wenn im Menschen im Grunde ein Bedürfnis nach Lebendigkeit und Regsamkeit anwesend ist, er aber in der Seele eine starke Leblosigkeit erlebt.

Jeder der drei großen Seelenbereiche – Denken, Fühlen und Wollen – wird von seinem eigenen Grad der Lebendigkeit gekennzeichnet. Das Leben in der Seele wird sowohl von Impulsen aus dem Innern des Menschen als auch von solchen aus der Außenwelt genährt.

Die Impulse, die von innen kommen, gehen von unserem geistigen Kern, vom Ich aus. Es schickt Impulse geistigen Ursprungs in die Seele. Ideale und künstlerische Impulse, aber auch der Drang zur Selbstverwirklichung werden von unserer Ich-Wesenheit in der Seele geweckt. Das Wesen des Menschen ist mit diesem Geistigen verbunden und vermag Anregungen aus dieser Sphäre aufzufangen und in den Seelenleib hineinzugeben.

Die Impulse der Außenwelt kommen durch Begegnungen mit anderen Menschen, Tieren und Pflanzen, durch menschliches Wissen und Kultur, kurz durch die ganze Welt, wie sie sich unseren Sinnen darbietet, zustande.

Jemand, der sich langweilt, kann den Eindruck eines Faulenzers machen. Doch kann jemand, der sich langweilt, durchaus auch sehr aktiv wirken. Obwohl er ununterbrochen tätig ist, ist seine Seele nicht an diesem hektischen Geschehen beteiligt. Es herrscht eine Art lebloser Betriebsamkeit.

Diese Form der Langeweile könnte man mit dem Zustand eines Autofahrers vergleichen, der im Stau steht: obwohl er unterwegs ist, vielleicht auf der Reise ist, kommt er keinen Schritt vorwärts.

Wodurch entsteht Langeweile?

Langeweile entsteht, wenn die verschiedenartigen Impulse, die auf unsere Seele einwirken, nicht imstande sind, sie zu erreichen. Sie können den seelischen Panzer nicht durchdringen. Eine solche seelische Abschottung kann nach zwei Richtungen hin auftreten: Es kann eine geistige Abschottung sein, so dass der Appell unseres tiefsten Wesens nicht gehört wird, oder es kann sich um eine Abschließung zur Außenwelt hin handeln. Wir hindern die Impulse aus der Umgebung daran, zu uns durchzudringen, indem wir seelisch verhärten oder uns eine Elefantenhaut zulegen. Womöglich sind auch psychische Blockaden vorhanden. Das alles hat Langeweile zur Folge, denn die Seele wird nicht oder nur in geringem Maße von inneren oder äußeren Einflüssen zur Lebendigkeit und Tätigkeit angeregt.

Ein anderer Grund für Langeweile liegt vor, wenn die unterschiedlichen Impulse zwar die Seele erreichen, diese daraufhin in Wallung gerät und unmittelbar reagiert, es dem Menschen von seiner Umgebung aber unmöglich gemacht wird, diesen Tatendrang auszuleben. Wenn Eltern mit ihrem Kind zum Beispiel zu jemandem auf Besuch gehen, wo es nur stillsitzen darf und zeigen soll, wie wohlerzogen es ist, kann die Seele des Kindes zwar von überschäumender Lebenslust erfüllt sein, es hat aber keine Gelegenheit, dies zu äußern. Prompt verspürt es Langeweile.

Energie ist ein Zeichen von Leben und zugleich Voraussetzung für das Leben. Die Seele kann nur dann lebendig sein, wenn der Mensch über genügend Lebenskraft verfügt. Wer müde, erschöpft oder krank ist, verliert zum Teil die Vitalität seiner Seele. Wenn ein Mensch abgestumpft und matt in seinen Reaktionen ist, deutet das vielfach auf mangelnde Lebenskräfte hin. Dieser Zustand tritt zum Beispiel beim kleinen Kind am Ende des Tages auf, beim Lehrer am Ende des Schuljahres und beim Arbeitnehmer, wenn er überfordert wird.

Wann langweilt sich der Mensch nicht?
Wer äußerlich gesehen zwar nichts tut, sich aber mit diesem Zustand zufrieden gibt, ja ihn sogar als positiv erlebt, der langweilt sich nicht. Ein solcher Mensch ist deswegen äußerlich passiv, weil seine Seele in sich hineinlauscht. Wenn er nach einer Weile von neuem Lebenswillen getragen wieder aktiv wird, empfängt die Seele eine Antwort. Bei einem Menschen, der innerlich beschäftigt ist, weil er sich zum Beispiel mit Plänen trägt, diese aber noch nicht so weit gediehen sind, dass er sie ausführen kann, kann auch nicht von Langeweile die Rede sein.

Wenn die Seele gesund ist, lebt in ihr ein Rhythmus wie von Ebbe und Flut, von Hin- und Herbewegen zwischen innerer und äußerer Tätigkeit, zwischen Phasen, in denen die Seele den Impulsen lauscht, und Phasen, in denen sie diese verwirklicht.

Ebenso wie es in primitiven Kulturen keine Arbeitslosigkeit gab, und diese erst dann entstanden ist, als die menschliche Gesellschaft »zivilisiert« und komplex wurde wie heute, gibt es keine Langeweile, solange der Mensch sich in seinem natürlichen Element aufgenommen fühlt.
Ein Kind auf dem Spielplatz langweilt sich nicht – es sei denn, es wird müde. Ein Naturmensch langweilt sich nicht in der Natur, ein Denker nicht in der Bibliothek, ein Fußbal-Liebhaber nicht beim Fußballspielen.
Langweilen sich Jugendliche vielleicht deswegen, weil sie sich nicht in ihrem Element befinden?

Langeweile auf dem Gebiet des Denkens

Im Denken leben, heißt Fragen haben und sich mit diesen beschäftigen. Wenn ein Mensch staunt und dieses Staunen ihn zum Denken anregt, werden viele Fragen in ihm wach. An Fragen entwickelt sich das Denken. Das können Fragen sein, die der Mensch sich selbst stellt, oder auch solche, die ein anderer ihm stellt. Fertige Antworten langweilen uns schnell. Sie sind nicht spannend. Nur Antworten, die wir selbst nach einem regen Denkprozess finden, allein oder im Gespräch mit einem anderen Menschen, befriedigen die Seele echt.
Reine Wissensvermittlung und Einpauken von Lehrstoff führen zur Langeweile im Bereich des Denkens. Wenn dagegen Inhalte vermittelt werden, die eine wirkliche *Antwort* auf alle Fragen geben, die in der Seele emporsteigen,

wenn sie eine Antwort auf das lebendige Suchen sind, dann kommt keine Langeweile auf. Eigentlich müsste der Mensch dasjenige lernen, worüber er Fragen entwickelt hat. Lehrstoff, der dem Alter des Kindes entspricht, hat in dieser Hinsicht mehr Chancen anzukommen als Wissenswertes, worüber der Schüler noch nicht nachgedacht hat.

Hochbegabte Kinder langweilen sich hier mehr als andere. Oft bietet man ihnen als Lösung noch mehr Kenntnisse an. Die Langeweile, die sie leider so häufig verspüren, kann man am besten bekämpfen, indem man versucht, ihre Augen für die vielen Rätsel um sie herum zu öffnen. Die zahllosen Fragen, die in der umgebenden Welt leben, können ihre Seele, wenn man sie ihnen bewusst macht, in Bewegung bringen und sie richtig herausfordern!

Zusammenfassend kann man sagen, dass die Jugendlichen in der Schule mit einer Welt der Wissensvermittlung konfrontiert werden. Sind sie tatsächlich auf der Suche danach, dann werden sie dadurch auch wirklich befriedigt. Bietet der Unterrichtsstoff aber keine Antwort auf ihre inneren Fragen, dann langweilen sie sich. Sie fühlen sich nicht in ihrem natürlichen Element und interessieren sich nicht für das Dargebotene.

Die gleiche Klasse kann während der einen Unterrichtsstunde auffallend schlaff und unbeteiligt in den Bänken herumhängen, in der nächsten Stunde aber voller Begeisterung auf die Fragen reagieren, die der Lehrer aufwirft. Dieser Unterschied ist nicht nur auf die Stimmung, die der Lehrer in der Klasse erzeugt, zurückzuführen, sondern auch auf die angewandte Unterrichtsmethode. Manche Mathematiklehrer zum Beispiel lassen zunächst die Schüler über bestimmte Denksportaufgaben grübeln, die mit dem Lehrstoff zusammenhängen, bevor sie den neuen Stoff behandeln und erklären. Durch diese Vorgehensweise wird das Denken so stimuliert, dass weniger Langeweile entsteht.

Der tiefere Sinn des Denkens liegt im Verstehen der Rätsel der Welt.

Langeweile als Folge eines abgestumpften Gefühlslebens

Was sich im Gefühlsleben abspielt, ist eng an die Vorstellungsfähigkeit gekoppelt. Wenn der Mensch bei einem Ereignis oder einer Schilderung etwas mitempfindet oder sich in etwas hineinfühlt, kann er sich auch etwas dabei vorstellen. Durch diesen Vorstellungsprozess wird dasjenige, was in die Seele hineinströmt, mit Leben erfüllt. Auch wenn ein geistiger Impuls in der Seele belebt wird, kann der Mensch sich davon eine Vorstellung bilden. Oder wenn ein anderer Mensch ihm eine Begebenheit erzählt und diese in seiner Seele Gefühle erweckt, ist er imstande, sich vorzustellen, was das Erzählte für den anderen bedeutet, oder wie es dazu gekommen ist.

Die unvorstellbaren Grausamkeiten, die überall in der Welt geschehen, werden oft von Menschen verursacht oder begangen, deren Gefühl nicht lebendig geblieben ist. In ihrem Gefühlsleben gibt es viele tote Stellen. Wer sich den Schmerz der Mutter vorstellen kann, wird deren Kind nicht ermorden…

Durch dieses gefühlsmäßige Verständnis in der Seele verbindet sich der Mensch mit demjenigen, was bis dahin von ihm getrennt war. Ob es sich nun um etwas handelt, was früher geschehen ist oder was jetzt gerade stattfindet oder auch um Zukunftspläne – immer trägt das Leben in den Gefühlsbereich der Seele dasjenige herein, was vorher noch draußen war.

Wenn ein Geschäftsmann den zukünftigen Kurs seiner Firma festlegen will, ist er auf sein Denken und seine Tatkraft angewiesen. Eine echte, lebendige Vorstellung seiner Zukunftspläne entsteht aber erst, wenn sich auch sein Gefühlsleben mit der gedanklichen Aktivität verbindet und ihr Leben einhaucht.

Junge Menschen können sich manchmal vor ihrem Mitmenschen und seinen Werten verschließen. Dann lebt ihre Seele nicht richtig in der Gefühlsregion. Dadurch richten sie bestimmte Dinge an, ohne sich dabei vorzustellen, was ihre Taten für den anderen bedeuten können. Wäre das nicht der Fall, würden Schikane, Zerstörungen und aggressives Verhalten nicht so häufig auftreten.

Gute Erzieher werden immer versuchen, die Jugendlichen spüren zu lassen, was es bedeutet, wenn sie sich auf diese oder jene Weise daneben benehmen. Wenn sie zum Beispiel die Sachen, die sie beschädigt haben, reparieren lassen oder selbst instand setzen müssen, werden sie nachträglich vielleicht doch noch ein Gefühl für das entwickeln, was sie bis dahin kalt ließ. Es handelt sich immer darum, das Gebiet in der Seele, das vielleicht etwas verwahrlost ist, mit neuem Leben zu erfüllen. Wenn wir nur an ihren gesunden Verstand (Denken) appellieren, werden wir nichts in ihnen bewegen.

Vieles von dem, was die heutige Jugend so stark fasziniert, wirkt verhärtend auf ihr Gemüt. Vor allem Jungen tun so, als ob sie emotional unverletzbar und »cool« wären. Dass ein solches Verhalten zu einem teilweisen Absterben ihrer Seele führt, wird von ihnen nicht bemerkt.

Man kann sich zum Beispiel abhärten, indem man sich die grauenvollsten Filme solange anschaut, bis sich einem schließlich der Magen nicht mehr umdreht, weil man sich gar nichts mehr dabei vorstellt. Der gleiche Effekt lässt sich auch durch häufiges grobes Verhalten erzielen. Anfangs wird man sich wegen seiner Taten noch schämen, aber allmählich gewöhnt man sich daran. Nach einigen Malen versetzt man sich nicht mehr länger in die Lage des anderen hinein, dem man Unannehmlichkeiten bereitet hat. Wer selbst ein reiches Innenleben hat, der kann sich oft über die Gefühllosigkeit einer solchen »leblosen« Seele nur wundern.

Das Mitempfinden wird immer von einem Strom der Sympathie getragen. Der Mensch fühlt sich mit vielem in der Welt *eng verbunden,* also das genaue Gegenteil der Empfindung, von allem *weit entfernt* zu sein, wie es bei der Langeweile der Fall ist.

Aufgrund seiner unlebendigen Gefühlswelt entsteht beim Jugendlichen in der Pubertät also Langeweile. Zwar fühlt er sich dadurch unverwundbar, aber in Wirklichkeit fühlt er kaum noch etwas: in seinem Innersten hat der Tod Einzug gehalten. Es stellt sich eine gefühlsmäßige Leere ein, die schließlich zum verzweifelten Versuch führt, doch noch irgendetwas zu fühlen. So entsteht die Sucht nach Sensationen.

Das Bedürfnis nach Reizen und Sensationen

Sensationen sind Reize für die undurchlebten Regionen der Seele. Tratsch und Klatsch können diese Funktion ebenso erfüllen wie Vergnügungsparks oder Horrorfilme. Doch auch die Geruchs-, Farb- und Geschmacksverstärker, mit denen wir täglich zu tun haben, sind Reizvermittler. Sexuelle Reize, die in Filmen, Zeitschriften oder durch eigenes Experimentieren auf diesem Gebiet geweckt werden, befriedigen die menschliche Sensationslust. Auch bestimmte Feste und Genussmittel, Alkohol und Drogen führen ungeahnte Reize herbei.

Wenn aber die lebensarmen Bereiche der Seele auf diese künstliche Weise gereizt werden, wird gleichsam das innere todkranke Pferdchen aufs Äußerste hochgepeitscht. Das schwache seelische Flämmchen lodert hoch auf, um dann sofort zu erlöschen. Sensationsreize ersticken das letzte Restchen Seelenleben, statt es wieder zum Leben zu erwecken, was eigentlich die Aufgabe wäre. Eine solche Seelenverfassung braucht immer kräftigere Nervenkitzel, um noch irgendetwas zu erleben. Schließlich ist die Seele völlig erschöpft, ausgebrannt und leer.

Wer das Gefühlsleben dieser jungen Menschen wieder lebendig machen will, muss also auf die Suche nach etwas gehen, was noch von ihnen mitempfunden werden kann. Es geht darum, die winzige Ecke der Seele ausfindig zu machen, in der noch eine Verbindung mit irgendetwas in der Außenwelt besteht. Auch wenn es nur noch einen einzigen Freund oder ein einziges Tier gibt, durch das innerlich etwas zum Mitschwingen gebracht wird, ist doch eine kleine Chance vorhanden, dass das Mitempfindungsvermögen sich regenerieren kann. Dann kann ein solcher Mensch wieder an dem teilnehmen, was ein anderer erfährt und erlebt.

So wie das Denken den Auftrag hat, das Rätsel der Welt zu lösen, hat das Fühlen den Auftrag, das Rätsel des Mitmenschen zu lösen.

Langeweile als Folge eines gestörten Willenslebens

Langeweile im Willensbereich ist uns am vertrautesten. Wenn diese Art Langeweile auftritt, bedeutet das, dass der Mensch einfach nicht weiß, was er tun soll. Zu nichts hat er Lust. Totale Untätigkeit herrscht vor. So ein herumlungernder Halbwüchsiger in den Sommerferien ist für manche Eltern ein Bild des Schreckens.

Wie bereits geschildert, wird der Wille in der Seele durch körperliche Bewegung in Schwung gebracht. Das Seelenleben im Bereich des Wollens gründet sich auf das Bewusstwerden der irdischen Verhältnisse, angefangen bei den eigenen Körperverhältnissen.

Am Anfang der Pubertät gerät der Körper des Kindes aus dem Gleichmaß. Das Kind wird fülliger, sein Körper wird länger und schlaksig; das Kind weiß nicht wohin mit den Armen und Beinen. Es ist völlig normal, dass in diesem Alter das Schulkind die für die Kindheit typische Harmonie des Körpers verliert.

Am Ende der Pubertät erlangt der Körper ein neues Gleichgewicht. Der junge Mann oder die junge Frau findet dann ein neues Verhältnis dazu.

Viel Bewegung führt Erfahrungen herbei, die heilsam auf das Willensleben wirken. Im griechischen Altertum wurde deswegen gleich viel Zeit für Sport und Geschicklichkeitsspiele wie für die Entwicklung von anderen Fähigkeiten wie dem Denken aufgewendet.

Rastlosigkeit wie Kraftlosigkeit bei Jugendlichen können ein Ausdruck von Langeweile im Willensbereich sein. Der Tatendrang schläft, nur noch eine starke Unruhe ist übriggeblieben. In der Apathie und der Gleichgültigkeit gegenüber der Arbeit wie dem eigenen Körper spiegelt sich oft jene Schlaffheit im Willen wieder.

Ein sehr lebendiges Willensleben zeigt sich dagegen zunächst als Begierdentrieb, als ein Streben, das sich rücksichtslos auf ein Ziel richtet. Diese ungestümen Kräfte müssen noch »erzogen« werden.

Hinter dem Computer, in der Schule, vor dem Fernseher sowie im Auto sitzt man still. Das alles ödet den Jugendlichen entsetzlich an. Er sucht Aktivität und Bewegung. Vielleicht hilft Tanzen oder eine tüchtige Rangelei unter Fußballfans. Er braucht Aktion! Die Jugend sollte unbedingt ihrem Drang zur Bewegung in *Arbeit und Sport* nachgehen können.

In dieser Hinsicht ist heutzutage das Großstadtkind im Nachteil gegenüber den Kindern, die auf dem Land leben. Aber auch durch Zeitungen austragen oder einen Ferienjob in der Fabrik bekommt der Jugendliche die nötige Gelegenheit zum Tätigwerden.

Vielleicht weniger im Trend, aber doch sehr aufbauend sind

Reisen zu Fuß oder mit dem Fahrrad oder Kajaktouren. Wenn man mit Hilfe der eigenen Körperkraft unterwegs ist, wirkt das wie eine lebenspendende Quelle für das menschliche Innere. Überlebenstouren sind für Jugendliche wahrscheinlich noch interessanter! Auf diesem Gebiet wird heute viel angeboten.

Das Wollen hat den Auftrag, das Rätsel des Menschen auf der Erde, des Menschen in der Welt zu lösen. So lautet der dringende Auftrag des jungen Menschen am Ende der Pubertät: Löse das Rätsel deines eigenen Platzes als Mensch in der Welt.

Die funktionelle Langeweile

Die Eltern sollten die immer wieder auftretende Langeweile beim Jugendlichen nicht zu sehr fürchten. Jeder neuen Lebensepoche geht eine Periode der Erwartung voraus, eine Art Brutzeit. Wenn sich im Leben des Kindes etwas Neues anbahnt, fängt es erst einmal an, sich zu langweilen. Aus dieser Langeweile heraus entsteht dann das Bedürfnis nach neuen Impulsen. Erst wenn dieses Bedürfnis auftritt, ist der Zeitpunkt da, dass man seinem Kind helfen kann.

Viele Eltern stört es entsetzlich, wenn sich ihr Kind langweilt, so dass sie mit allen Mitteln versuchen, es für irgendetwas zu mobilisieren. Wie gesagt, Langeweile kann während einer Übergangzeit funktionell bedingt sein, so dass man dem Kind Zeit lassen muss.

Die Neigung zur Langeweile veranlagen die Eltern aber oft selbst bei ihrem Kind. Sobald es geboren ist, gibt man ihm allerlei Spielzeug und hängt Bilder rund um die Wiege auf und nimmt es sofort, wenn es schreit, aus dem Bettchen. Man kann sogar ein »activity center« für Babys kaufen, damit das Kind sich nur ja nicht langweilt. Dabei wird ihm so die Möglichkeit genommen, Phantasie zur Selbstbeschäftigung zu entwickeln. Genau so ist es mit dem Jugendlichen. Wenn man ihm vorzeitig bestimmte Dinge anbietet, läuft man Gefahr, dass man ihm Antworten gibt, bevor er Fragen hat. Man verhindert dadurch zwar vielleicht, dass sich in einer solchen Übergangsphase Langeweile breitmacht, aber man verhindert auch, dass er eigenschöpferisch Aktivitäten entwickelt.

Kinder, die ständig alles sofort zur Verfügung haben wie die Teeflasche beim Baby und die Coladose am Fahrrad des Schulkinds, wachsen manchmal zu jungen Tyrannen heran, die von ihrer Umgebung fordern, dass diese sie ständig unterhält. Sie wollen immer ausgehen, alle Aufmerksamkeit haben und andauernd beschäftigt werden.

Wozu kann mangelnde Lebendigkeit auf den verschiedenen Gebieten führen?

Wenn zu wenig Eigenleben im *Denken* vorhanden ist, wird der Mensch leicht zum Nachäffer oder aber auch zum fanatischen Wissenssammler, der nur das Gedankengut anderer zusammenträgt. Für Indoktrinierung durch schlechte Freunde oder führende Persönlichkeiten, aber auch durch Sekten, wird er recht empfänglich sein.

Gibt es zu wenig Eigenleben auf der *Gefühlsebene* und schlägt das nach innen um, besteht die Gefahr der Vereinsamung, der Isolierung oder der autistischen Erscheinungen. Das führt manchmal zur Depression, das heißt zu einer solch abgrundtiefen Einsamkeit, dass sie sogar im Selbstmord enden kann. Wenn diese Gefühllosigkeit dagegen nach außen schlägt, entsteht das Bild eines Menschen, der durch seelenloses Verhalten, durch Aggressionen und Machtausübung, durch eiskaltes und hartes Auftreten das Herz seiner Mitmenschen bekümmert, sei es bei seinen Eltern, Freunden oder seinem Partner. Eine Art sozialer Bankrott stellt sich ein.

Wenn ein junger Mensch zu wenig Leben im *Willensbe-*

reich hat, neigt er dazu, alles im Stich zu lassen, und zwar auf verschiedenste Weise: Er gibt das, womit er beschäftigt war, auf, er flüchtet sich in Anorexia, er schwänzt die Schule, sein Leben lässt er zum Trott werden und trifft keine Entscheidungen, sondern lässt sich einfach mittreiben, er kommt seinen Versprechungen nicht nach, kommt immer und überall zu spät und seine Leistungen werden auf Kosten der Energie anderer erbracht. Manchmal schlägt die mangelnde Lebendigkeit auch in den entgegengesetzten Pol um. Der Jugendliche wird dann von einem hektischen Arbeitstrieb gepackt. Auf diese Weise will er seine Angst vor der Konfrontation mit der eigenen mangelnden Vitalität überspielen und maskieren. Die übermäßige Aktivität nach außen ist dann kein echtes Leben im Willen, sondern nur ein Scheinleben.

Immer führt ein Mangel an Lebendigkeit in der Seele zu einer Gleichgültigkeit gegenüber dem eigenen Lebensziel. Voller Angst vernimmt die Seele die Frage nach dem wahren Sinn dieses Lebens, ohne dass sie imstande ist, die Antwort zu finden, die in den Tiefen der Seele ruht. Die Entelechie wird dadurch zurückgewiesen und an ihrer Entfaltung gehindert.

Wenn aber die Seele des Jugendlichen auf allen Gebieten genügend Lebendigkeit und Regsamkeit entwickelt hat, wird er den richtigen Kurs im Leben einschlagen und auch beibehalten können, voller Originalität, in Treue zur eigenen Entelechie, fest mit der Welt verbunden, in Harmonie mit ihr und den Menschen seiner Umgebung.

Umgang mit Geld und Arbeit

Eine neue Sichtweise auf Geld

Geld gibt es in Form von Münzen, Papiergeld und Bankguthaben. Es steht für einen bestimmten Wert, sodass man damit allerlei machen und kaufen kann. So sieht es zumindest für das Kind aus. Das ist aber nur eine oberflächliche Sichtweise.

Für uns Erwachsene ist es von großer Bedeutung, dass wir ein tieferes Verständnis für Geld und sonstige finanzielle Angelegenheiten entwickeln. Dadurch werden wir besser imstande sein, junge Menschen zu lehren, mit Geld umzugehen.

Wer sich auf den Ursprung des Geldes und des Geldwertes besinnt, wird feststellen, dass ihm immer menschliche Leistung oder Kraft in Form von Arbeit zugrunde liegt. Jede Mark steht für die Arbeit eines Bauern, eines Fabrikarbeiters, eines Erfinders oder eines Wissenschaftlers. Jede Mark vertritt aber auch die Kräfte der Erde. Denn jedes Material, ob es nun pflanzlichen, tierischen oder mineralischen Ursprungs ist, ist der Erde entnommen worden. Nehmen wir als Beispiel Erdgas und Erdöl. Wieviele Jahre hat es gedauert, diese Grundstoffe entstehen zu lassen? Welche Kräfte haben sich seit Urzeiten Jahr um Jahr dafür sammeln müssen! Dieses Geschenk der Erde bildet einen Teil des Geldstromes, der Geldmittel, über die die Menschen verfügen. Warum ist es von so großer Bedeutung, sich zu vergegenwärtigen, dass hinter jeder Mark die geschenkte Arbeit von Mensch und Tier steht? Aus dieser Erkenntnis geht hervor, dass der Umgang mit Geld nicht etwas Abstraktes ist und deshalb nie unverbindlich sein kann. Im Geld ist sozusagen der Arbeitsstrom geronnen, zum Stillstand gekommen. Wenn jemand die Verfügungsgewalt über Geld bekommt, nimmt er damit eine schwerwiegende Verpflichtung auf sich, die ihn nicht mehr freilässt. Er wird sich nämlich darum kümmern müssen, dass dieser Strom geschenkter Kräfte fruchtbar angewandt wird, sodass die Kräfte, die entnommen worden sind, nun verstärkt Mensch und Erde zurückgeschenkt werden können. Die Absicht ist nicht, dass sich das Geld vermehrt, sondern dass die Kräfte, die ihm zugrunde liegen, wieder befreit werden, indem sie für ein sinnvolles Ziel eingesetzt werden. Diesen Umwandlungsprozess kann man mit dem vergleichen, was bei einem Baum geschieht, der umgehauen wird. Der Baum stirbt, aber der Mann, der ihn umgehauen hat, verwendet das Holz, um daraus ein Kunstwerk zu machen oder damit ein Haus zu bauen. Dadurch wird der Baum, obwohl er tot ist, auf eine neue Weise fruchtbar. So ist es auch mit dem Geld. Wenn diese Umwandlung nicht stattfindet, weil nicht auf die richtige Art und Weise mit dem Geld umgegangen wird, belastet das denjenigen, der es falsch anwandte. Denn er hat ja damit die Verpflichtung auf sich genommen, die vergeudete Arbeitskraft zu ergänzen und letztlich doch noch fruchtbar anzuwenden. Wenn ein Mensch diesen Auftrag nicht beachtet, entwickelt das Geld eine Art »Sogwirkung«, indem es die *potentielle Arbeitskraft* dieses Menschen an sich zieht. Dadurch verliert er allmählich seine Arbeitsenergie. Er wird faul und es fehlt ihm die nötige Energie und Ambition. Wie ein Schwamm, den man im Wasser liegen lässt, saugt das Geld seine Energie weg.

Geld ist eine Ganzheit von »gebundenen Geschenken«. Im Leben eines Menschen, der nicht wegschenkt, sondern nur raubt und an sich reißt, verwandelt sich Geld in eine rücksichtslose Kraft.

Schauen wir uns doch einmal das Märchen vom Rumpel-stilzchen an. Die Müllerstochter, die im Auftrag des Königs Stroh zu Gold spinnen soll, schafft das nicht allein. Sie bekommt das Gold von Rumpelstilzchen geschenkt, im Tausch für ihre eigenen »Kapazitäten« in Form eines Hals-bandes und eines Ringes. Schließlich muss sie auch noch die Frucht ihrer Verbindung mit dem jungen König, näm-lich das Königskind, preisgeben. Zum Glück verfügt die junge Königin über ausreichende »Arbeitskraft«, denn ihr Bote reist durch das ganze Land und findet schließlich Rumpelstilzchen. Dank der Kräfte dieses Boten überwin-det sie die Gefahr. Der Bote ist das Bild unserer einsatzbe-reiten Arbeitskraft.

Wenn wir den Heranwachsenden zu lange und zu ausgie-big mit Geld versehen, beanspruchen wir ihn und seine Möglichkeiten auf falsche Weise. Bringen wir ihm dagegen frühzeitig bei, dass Geld Arbeitskraft in irgendeiner Form fordert und wir ihm *seinen Möglichkeiten gemäß* Aufträge geben, legen wir das Fundament für ein gesundes Wachs-tum zum Erwachsensein.

Junge Menschen, die Geld sinnvoll anwenden und dem empfangenen Geld eigene Arbeit hinzufügen, empfinden das nicht wie einen Angriff auf ihre Arbeitskraft, sondern eher wie eine Steigerung ihrer Arbeitspotenz. Wer seine eigene Arbeit wegschenkt, wirkt insgeheim an der Zunah-me seiner Arbeitskräfte.

Heutzutage wird vielfach über zu harte Arbeit, über Ent-spannung und Freizeit geredet. Wieviel Zeit zum Erholen brauchen wir eigentlich gegenüber unserer geringen An-zahl von Arbeitsstunden! Vielleicht werden wir nicht vom vielen Arbeiten so müde, sondern vielmehr vom übertrie-benen und unfruchtbaren Konsum von Geld und Gütern. Das raubt dermaßen stark unsere Arbeitskräfte, dass wir es nicht schaffen, uns davon zu erholen. Die Ruhe vermag nicht, diese Leere wieder aufzufüllen. Wir sollten einmal unseren Besitz und die Weise, wie wir unser Geld verwenden, auf ihre schenkende und fruchttragende Wirkung hin prüfen ... Wer meint, dass teure Ferien die nötige Entspannung bringen werden, läuft Gefahr, das Problem nur noch zu vergrößern.

Was bedeutet das für Jugendliche?

Wenn ein Kind noch klein ist und ausschließlich von den Kräften anderer Menschen lebt, spielen die geschilderten Probleme noch keine Rolle. Die Eltern sorgen für das Kind und tragen die sich daraus ergebenden Folgen.

Wenn das Kind aber größer wird und in die Pubertätsjahre kommt, verändert sich dieses Verhältnis. In dem Maße, in dem es älter und demnach unabhängiger von seinen Eltern wird, und in dem Maße, in dem es sich innerlich von den Einflüssen seiner Kindheit befreit und diese durch Eigenleben ersetzt, wird das Kind auch verantwortlich für sein finanzielles und materielles Tun und Lassen.

Vielen Jugendlichen macht es Spaß, ihr eigenes Geld zu verdienen. Sie erleben, dass dieses selbst verdiente Geld ihnen ein »gutes« Gefühl gibt. Es macht sie innerlich stärker und erhöht ihr Selbstvertrauen.

Die Eltern werden ihr Verhältnis zu ihrem Kind diesem neuen Status anpassen müssen. Der Charakter der Beziehung wandelt sich nun: von Fürsorge und Pflege zur Begleitung und schließlich zum Loslassen des Kindes.

Taschengeld
Meistens denken die Eltern nicht weiter darüber nach, wenn sie dazu übergehen, ihrem Kind Taschengeld zu geben. Es ist eine Art allgemein akzeptierte Gewohnheit. Die Höhe des Taschengelds ist sehr unterschiedlich, aber im

Allgemeinen will das Kind mehr, als seine Eltern ihm geben. Das kann am Anfang der Pubertät zu heftigen Auseinandersetzungen führen.

Taschengeld kann ein Mittel sein, um mit Geld umgehen zu lernen. Man kann sein Taschengeld vernaschen, damit kleine Geschenke kaufen oder es sparen. Das Kind lernt das Geldsystem und den Geldwert von allerlei Sachen kennen. Dass eine Angelrute teurer ist als Süßigkeiten, wird ihm ziemlich bald deutlich werden.

Warten können, sparen, vergeuden das alles kann durch das kleine bisschen Taschengeld erfahren werden, vorausgesetzt das Kind bekommt es nicht zu früh und der Betrag ist nicht zu hoch. Ganz wichtig ist ferner, was die Eltern selbst mit ihrem »Taschengeld« anfangen, das heißt mit dem Betrag, der monatlich von ihrem Gehalt übrigbleibt. Ein Kind lernt anhand des Beispiels seiner Eltern, wie es mit Geld umgehen soll.

Übrigens ist es ganz gut, wenn Eltern wenig mit den Kindern über Geld reden. Sie werden schon durch Erfahrung lernen, was die Erwachsenen ihnen beibringen möchten! Alles frühzeitige Hin- und Her-Diskutieren über Geld macht die Kinder unsicher, sie verlieren viel von ihrer Spontaneität und ihrem natürlichen Gefühl für das Geld.

Im Lauf der Zeit möchte das Kind entsprechend seiner sich entfaltenden Persönlichkeit über größere finanzielle Möglichkeiten verfügen. In erster Linie ist es geneigt, sich mit diesem Wunsch an seine Eltern zu wenden. Das ist an sich ein gesundes Zeichen, aber in der Pubertät ist der Jugendliche eigentlich auf der Suche nach Individualität und nicht nach erneuter Abhängigkeit!

Gibt man einem Jugendlichen viel Taschengeld, ohne dass er dafür etwas zu leisten braucht, macht man ihn abhängig. Am besten wäre es, wenn er selbst versuchen würde, sich mittels seiner Arbeitskraft zusätzlich Geld zu verschaffen. Ab vierzehn oder fünfzehn Jahren kann jeder Heranwachsende ohne weiteres einige Zeit in den Ferien »jobben«, Werbung verteilen, vielleicht im Büro von Vater oder Mutter das vernachlässigte Archiv ordnen oder im Nachbarhaus die Kinder hüten. Die Eltern können dies aktiv fördern.

Ein junger Mensch empfindet es als etwas völlig anderes, ob er sein Geld durch oft harte körperliche Arbeit verdient hat, oder ob er jeden Monat 150 Mark Taschengeld vom Vater in die Tasche gesteckt bekommt. Im ersten Fall wird der Geldwert zu einer inneren Erfahrung und selbstverständlich wird der Jugendliche dadurch anders, das heißt besser mit Geld umgehen. Wenn Sie als Eltern dem Kind dennoch etwas geben möchten, ist es besser, wenn Sie ihm etwas anderes statt Geld schenken: ein Abo für die Eisbahn vielleicht oder eine zusätzliche Ferienreise. Aber bleiben Sie mäßig. Vieles von dem, was man sich zu früh erworben hat, verliert bald seine Attraktivität und seinen bereichernden Wert.

Häusliche Arbeit

Dann gibt es auch noch die Arbeit in der Familie. Der Haushalt mit seinen immer wiederkehrenden Arbeiten gehört im Prinzip in die Verantwortlichkeit des Erwachsenen. Bringen Sie ihrem Kind aber möglichst frühzeitig bei, dass jeder seinen Teil zum Ganzen beitragen sollte und dass zum Beispiel die schmutzige Wäsche in den Wäschekorb gehört!

Im Idealfall sollte das Kind, wenn es in die Pubertät eintritt, sich bereits daran gewöhnt haben, einen bescheidenen Anteil zur häuslichen Arbeit beizutragen. Nicht nur der eigene Teller wird abgewaschen, sondern alle Teller. Das ist eine soziale Geste. Wenn solche Dinge für ein Kind, das am Anfang des Jugendalters steht, noch nicht zur Gewohnheit geworden sind, so sind Sie als Eltern ziemlich spät dran damit. In der Pubertät verwirft der Jugendliche vieles von dem, was Sie ihm anerzogen haben. Deswegen wird es schwer sein, ihm in dieser Altersphase noch neue Gewohnheiten beizubringen.

Auch wenn die jungen Leute noch so laut schimpfen und sich immer wieder vor der Arbeit drücken, sollten Sie konsequent bleiben. Fahren Sie ruhig fort, den Jugendlichen, der so richtig zum Schlamper geworden ist, regelmäßig zu bitten, abzuwaschen oder die Wäsche von der Leine zu nehmen. Natürlich kann man den Heranwachsenden nicht die Verantwortung für den gesamten Haushalt übertragen. Aber wenn wir uns damit abfänden, dass sie auf der ganzen Linie ihre Aufgaben vernachlässigen und ihrer Umgebung die gesamte Arbeit überlassen, so hieße das, dass wir sie, was ihre Arbeitsleistungen betrifft, maßlos verwöhnen. Und das würde sich genauso nachteilig auswirken wie eine Verwöhnung durch Geld oder materielle Güter.

Wenn man im Berufsleben auf einen Erwachsenen trifft, dessen Arbeitshaltung sich durch wenig Einsatz und die Neigung, sich Pflichten zu entziehen, auszeichnet, ist das oft eher auf erzieherische Fehler in der Pubertät als auf bestimmte Charakterzüge des Betreffenden zurückzuführen, wie man üblicherweise meint.

Ein junger Mensch, der während der Pubertätsphase die Gelegenheit bekommt, richtig *zu pubertieren, auf seinem Niveau entsprechend zu lernen und nebenher auch noch zu arbeiten,* wird in den späteren Lebensphasen »Leistung nach Lohn und Lohn nach Leistung« erhalten. Denn wenn er in der Pubertät eine Verbindung mit dem eigenen Ich eingehen will und das Ich anfängt, sich über die männliche Seite der Seele zu manifestieren, dann braucht er unbedingt solche Arbeitsmöglichkeiten. Daraus schöpft er die nötige Kraft und Energie, um das zustande zu bringen, was sich in seinem Leben und in dieser Gesellschaft verwirklichen will (siehe dazu auch das Kapitel über »Mutterbrücke und Vaterbrücke«, S. 260).

Wenn wir sagen, dass wir Lohn nach Leistung empfangen, meinen wir damit eine Belohnung in Form von Geld. Es gibt aber auch eine immaterielle Belohnung in Form von einer Bereicherung unserer Arbeitskraft.

Wir können aber auch sagen, dass wir »Leistung für Lohn« bekommen, denn jede Summe Geld, die wir für unsere Arbeit ausbezahlt bekommen, trägt einen neuen Arbeitsauftrag in immateriellem Sinne in sich. Ein lustloser und träger Mensch macht vielleicht wenig Fehler im Laufe seines Lebens, aber er wird durch diese Trägheit allmählich »schwerhörig« für Impulse und Wirkungen des Ich. Dieses verkümmert gewissermaßen, weil es keine Möglichkeit hat, sich »Gehör zu verschaffen«.

Kehren wir noch einmal zum Märchen von Rumpelstilzchen zurück. Außer der Müllerstochter kann man auch den König näher betrachten. Er möchte Gold haben. Von Habgier getrieben, zwingt er das Mädchen dazu, Gold zu spinnen. Aber dadurch setzt er sein Kind aufs Spiel. *Ohne dass der König es wusste,* hat er durch seine Habgier das Königskind fast für immer verloren. Er ist sich doch so sicher, dass er alles bestens geregelt hat, aber ohne es zu wissen, bezahlt er einen hohen Preis für seine Habgier.

Rumpelstilzchen ist für mich ein Bild für das Triebmäßige, nämlich die Begierde des Königs. Erst als die Königin sich dieser Kraft bewusst wird und diese mit Hilfe ihres Knechts benennen kann, verliert Rumpelstilzchen seine Macht.

In diesem Märchen räumt das Mädchen scheinbar alleine alle Schwierigkeiten aus dem Weg. Es ist aber auffallend, dass der König, sobald er sie geheiratet hat, sie nie mehr darum bittet, aus Stroh Gold zu spinnen. Er scheint seine Begierde überwunden zu haben und will sich nicht länger bereichern, ohne etwas dafür zu tun…

Umgang mit den eigenen und anderer Leute Sachen

An dieser Stelle möchte ich noch kurz auf die viel gehörte Klage eingehen, dass junge Leute nachlässig und unsachgemäß mit wertvollen Gegenständen umgehen. Ihr Fahrrad, ihre Bücher, ihre Kleider, aber auch die Sitze im Linienbus und die Blumen im Park zeigen uns die traurigen Folgen dieser Haltung.

Der junge Mensch steckt voller Wut und Frust über all den Reichtum, der ohne sein Zutun zustande gekommen ist, denn er spürt unbewusst, dass der Reichtum wie ein Schwamm Kräfte aufsaugt, das heißt, dass der Gebrauch dieser Güter von ihm seinen Tribut in Form von innerer Kraft fordert. Dieser Kräfteraub frustriert ihn, und er lässt seine Wut an diesem Luxus und Reichtum aus. Ohne es zu wissen, schadet er sich selbst seelisch dadurch noch mehr.

Wer sieht, dass ein Kind in dieser Weise mit bestimmten Dingen umgeht, sollte ihm die Pflege des betreffenden Gegenstandes übertragen. Geben Sie dem Jugendlichen Kleidergeld und Sie werden wahrscheinlich bald bemerken, dass der Verlust von Kleidungsstücken ein Ende hat. Lassen Sie ihn in den Ferien selbst das Geld für seine Bücher verdienen und mit den Beschädigungen wird Schluss sein. Wenn Ihr Kind sein Fahrrad vernachlässigt hat, sorgen Sie dafür, dass es ein schöneres bekommt, aber dann ein selbstverdientes! Schenkt der Jugendliche seine Arbeitskräfte her und erwirbt sich auf diese Weise sein Fahrrad, so verschwindet seine innere Aggression. Das selbstverdiente Geld hat in dem Fahrrad Gestalt angenommen und die inneren Kräfte haben eine äußere Form bekommen. Kauft der Jugendliche vom selbstverdienten Geld Material und zimmert damit einen Stall für seinen Hasen, dann sieht er jedesmal, wenn er an dem Stall vorbeikommt, wie sich seine Kräfte auf sinnvolle Weise verwandelt haben. In einer stillen Ecke seiner Seele wächst die Sicherheit, dass seine Kräfte ausreichen werden, um später als Erwachsener für sich und andere zu sorgen.

Geld horten

Es gibt auch Jugendliche, die dazu neigen, ihr ganzes Geld zu horten. Sie wenden es nicht an und halten so das gesamte Potential an Möglichkeiten in diesem Geld gefangen.

Oft leiden diese Jugendlichen unter einer Art Lebensangst. Sie befürchten, dass das Ausleben und Verströmen der Kräfte, die in dem Geld stecken, sie mit Leere und Mangelerlebnissen zurücklassen wird. Sie ahnen nicht, wie bereichernd es sein kann, mitten im pulsierenden Leben zu stehen.

Die fruchtbare Verwendung der Lebensströme und -kräfte ist wie das Bewässern dürrer Äcker: Es bringt neue Fruchtbarkeit und Reichtum. Die beschriebenen jungen Menschen versuchen voller Angst, den Fluss innerhalb des Flussbettes zu halten, statt Bewässerungskanäle zu graben. Versuchen Sie als Eltern gemeinsam mit Ihren Kindern nach einer positiven und sinnvollen Verwendung des Geldes Ausschau zu halten. Wenn ein solcher Jugendlicher wirklich Freude an etwas Schönem, Selbsterworbenem empfinden kann, wenn er lernt, jemanden mit einer Aufmerksamkeit zu überraschen, wird sein Vertrauen auf das Leben wachsen. Dann wird er nicht mehr länger sein Geld zwangshaft horten, sondern die potentiellen Kräfte, die darin stecken, der Welt anvertrauen. Sein Leben wird dadurch reicher und erfüllter. Oft fällt es solchen Jugendlichen dann weniger schwer, Geld für gutes Material oder Instrumente auszugeben. Ein guter Füller, Holz zum Zimmern oder eine CD, die Vater schon lange gesucht hat, können ihn vielleicht dahin führen, dass er sich selbst und die Materie aus der nutzlosen Gefangenschaft befreien kann.

Geld vergeuden

Andere Kinder wiederum, möchten ihr Geld am liebsten schon ausgeben, bevor sie es erhalten haben: »Mama, darf ich mein Taschengeld für den nächsten Monat schon haben?«

Viele Jugendlichen vergeuden zunächst ihr Geld und ihre Kräfte. Wir können ihnen helfen, wenn wir ihnen mit kurzen Zwischenpausen nur kleine Beträge geben, zum Beispiel 10 DM pro Woche statt 40 DM im Monat.

Helfen Sie ihrem Kind aus finanziellen Schwierigkeiten heraus, aber achten Sie darauf, dass es etwas dafür tun muss. Es darf nicht soweit kommen, dass ein Jugendlicher durch seine Unfähigkeit, mit Geld umzugehen, schließlich einen Berg Schulden hat. Wenn er ein Jahr oder länger braucht, um seine Schulden abzuzahlen, erstickt er fast unter dieser Last. Die Eltern sollten ihm helfen, Ordnung in dem Durcheinander seiner Begierden und Wünsche zu schaffen. Die Redewendung »Mit leerem Magen ist nicht gut einkaufen«, kann man hier ganz konkret anwenden. Das heißt für den Jugendlichen, dass er gut gekleidet und mit vollem Bauch in die Stadt gehen sollte. Es ist besser, dass er erst im Katalog die CD aussucht, die er haben möchte. Denn wenn er unvorbereitet ins Musikgeschäft geht, wird er vielleicht zu Einkäufen verführt, die seine finanziellen Möglichkeiten bei weitem übersteigen!

Wenn ein Jugendlicher bestimmten Verantwortlichkeiten noch nicht gewachsen ist, sollten die Eltern noch eine Weile seine Sachen verwalten, allerdings nur, solange er das noch akzeptiert. Es ist besser mit dem Springen noch ein wenig zu warten, anstatt kopfüber in den Abgrund zu stürzen.

Nebenverdienste und Arbeitslosigkeit

In den westlichen Industrieländern beschenkt die Gesellschaft den jungen Menschen über einen langen Zeitraum hinweg: Schule, Studienfinanzierung, Arbeitslosengeld, Fortbildungsprojekte usw. Es sind alles kostbare Errungenschaften früherer Generationen. Doch können unsere Kinder diesen Überfluss verkraften? Wie wir soeben gesehen haben, lassen uns diese Schenkungen nicht frei, im Gegenteil, sie erlegen uns die Verpflichtung auf, in Zukunft unsere Arbeitskräfte einzusetzen.

Wenn ein Kind, das ohnehin schon kein guter Schüler ist, die Schule schwänzt und faulenzt, gerät es aus dem Regen in die Traufe. Die Last des Geschenkten wird ihm zu schwer und das macht es nur noch träger und bequemer. Seine Leistungen lassen immer mehr nach.

Wahrscheinlich wird unsere Gesellschaft in Zukunft dazu gezwungen werden, einen großen Teil solcher Extraleistungen wieder abzuschaffen. Vieles ist bereits gestrichen worden, sodass heutzutage die Studenten häufig dazu verdienen müssen, um ihr Studium zu finanzieren. Das ist nicht unbedingt eine rein negative Entwicklung. Möglicherweise ist es besser, wenn ein junger Mensch erst später sein Studium absolviert, aber parallel dazu arbeiten kann, als wenn er zügig sein Studium durchläuft, ohne jegliche eigene finanzielle Leistung zu erbringen. Wer in seiner Studentenzeit einen Job hatte, wird letztlich besser vorbereitet ins Berufsleben eintreten.

Was hat es für eine Auswirkung, wenn Ihr Sohn oder Ihre Tochter mit siebzehn Jahren arbeitslos zu Hause oder in einem gemieteten Zimmer herumsitzen und ein Einkommen (auch wenn es das Minimum ist) ohne Gegenleistung empfangen? Es bedeutet eine schwere Krise für den Jugendlichen. Die unnatürliche, äußerst belastende Situation raubt ihm und der Gesellschaft eine gesunde Zukunft.

Arbeitslosigkeit ist für jeden Menschen ein schwieriger Zustand, aber für junge Menschen ist es einfach eine Katastrophe. Sie sollten unbedingt irgendeine Arbeit leisten, sei es bezahlte, sei es ehrenamtliche, denn der fortwährende Verbrauch von Geldern, denen kein Schenken von innerer Kraft gegenübersteht, löscht die Eigenaktivität aus; die Arbeitsenergie verschwindet; der Mensch wird zunehmend lustloser und hat immer größere Mühe, seinen roten Faden zu finden.

Denn Arbeitskraft hat nicht nur eine Funktion im Zusammenhang mit bezahlter Arbeit. Eigentlich ist das ganze Leben ein großes Arbeitsfeld. In Beziehungen, in der Selbsterkenntnis und Selbsterziehung, im Mitleben mit anderen und der Welt, in der Sorge für Partner und Familie, in allen diesen Bereichen sind wir auf die innere Arbeitspotenz angewiesen, und überall empfinden wir schmerzhaft die Folgen ihrer Abnahme.

Wir können nur inbrünstig hoffen, dass aus diesen Erkenntnissen heraus alles Mögliche getan wird, um die jungen Menschen gegen den Raubbau ihrer Kräfte als Folge unfreiwilliger Arbeitslosigkeit zu schützen.

Der Blütenbaum

Reisende, die in fernen Ländern waren, kehren oft mit den wundervollsten Geschichten nach Hause zurück. So gab es eine Zeit, in der Reisende, die im Fernen Osten waren, mit Geschichten über einen östlichen Blütenbaum heimkehrten.

In jenen Gegenden wuchs dieser Baum unter der warmen Sonne und unter dem geheimnisvollen östlichen Sternenhimmel. Er war unglaublich groß und hatte ausladende, dicke Äste und einen riesigen Stamm. Die Menschen dieses Landes waren davon überzeugt, dass in diesem Baum die Mutterseele ihres Landes lebte. Die Reisende staunten darüber, aber noch mehr staunten sie über die Blüten des Baumes. Große, duftende, rosaweiße Blumen schienen zwischen den Ästen zu schweben. Sie verbreiteten einen herrlichen Duft, und wer unter dem Baum hindurch lief und Glück hatte, dem fiel ein Blütentropfen auf den Kopf. Dann duftete sein Haar monatelang und im Schlaf erschien ihm der Baum und versorgte ihn mit den schönsten Träumen.

Immer mehr Reisende machten sich auf die Suche nach dem Baum. Er blühte immer, auch dann, wenn er Früchte trug. Seine Früchte waren klein und grün und sahen wie winzige Äpfel aus. Die Reisenden beachteten die Früchte nicht, aber von den Menschen des Landes wurden sie sorgfältig geerntet. Sie trockneten sie und bewahrten sie für ihre Kinder auf. Wenn diese krank waren oder zu wenig zu essen hatten, gaben die Eltern ihnen die kleinen grünen Früchte. Die Kinder gesundeten dann schnell und ihr Hunger verschwand. Es schien, als ob ein einziges kleines Früchtchen Nahrung und Kraft des ganzen Baumes in sich trug.

Alles wäre weiterhin gut gegangen, hätten die Reisenden gelernt, den Baum genau so sehr zu lieben wie die Menschen des Landes selbst. Aber die Reisenden kamen aus dem Westen und hatten nie gelernt, Bäume innig zu lieben. Sie kamen nur, um den Baum zu sehen und um die wunderbaren Blütentropfen aufzufangen. Dann konnten sie zu Hause mit ihren Erlebnissen prahlen. Sie hatten es immer eilig und häufig wollten sie unter dem Mutterbaum nicht warten, bis dieser einen wunderbaren Tropfen aus seinen prächtigen Blüten fallen ließ. Sie mussten weiter, immer weiter reisen, ihr Flugzeug wartete nicht! Sie hatten Eile …

Sie pflückten also mit grober Hand die Blüten ab und suchten zwischen den Blättern nach einem Blütentropfen. Die Blumenblätter wurden zertreten und keiner gönnte ihnen noch einen Blick.

Es gab sogar schlaue Reisende, die kleine Parfümfläschchen dabei hatten und diese mit Blütentropfen füllten. Ihnen bedeutete ein einziger Tropfen nichts! Sie wollten einen Vorrat … Wiederum andere verkauften die Fläschchen daheim und wurden dadurch reich.

Der Baum wurde dadurch ständig leer gepflückt. Es kamen immer mehr Reisende und kämpften um die schönsten Blüten. Sie kletterten auf den riesigen Baum hinauf und rissen ganze Äste und Zweige ab, um diese dann unten kahlzupflücken. Der Baum stöhnte und ächzte, aber das wussten nur die Bewohner des Landes. Die Reisenden dachten, dass es der Südwind sei, der durch die Äste blies. Weil Reichtum arm macht, kamen die reichen Reisenden immer wieder zurück, um noch mehr zu sammeln, weil sie sich nach dem beglückenden Gefühl des Reichtums sehnten.

Der Baum stöhnte immer lauter. Da nun seine Blüten geraubt wurden, konnte er nicht länger Frucht tragen. Die kleinen grünen Früchte wurden immer weniger und nur noch ganz selten konnten die Menschen des Landes einige sammeln. Ihre Kinder wurden krank und immer öfter blieben sie elend oder starben sogar. Wenn sie Hunger hatten und es kein Essen mehr gab, waren die Eltern machtlos.

Oft wuchsen diese Kinder nicht weiter und blieben klein.
So litten die Kinder, die Eltern und auch der große alte
Mutterbaum. Aus Kummer ließ er seine Äste hängen. Dadurch aber konnten die Reisenden noch bequemer an den
Baum herankommen, um ihn zu berauben. Sie wollten die
süßlich dufteten Blütentropfen und die sanften süßen
Träume voller Genuss, das war das Einzige, was zählte.
Schließlich wurde der große, uralte Mutterbaum krank.
Seine Äste brachten keine neuen Blütenknospen mehr hervor. Die grünen Blätter färbten sich braun und fielen ab. Es
war, als ob die Winde wüssten, was geschehen war. Wütend
bliesen sie über das Land, so dass es stürmte wie nie zuvor.
Die Reisenden und die reichen Leute vergaßen den Baum.
Wie ein Schwarm Heuschrecken hatten sie sich niedergelassen, um zu essen, was essbar war, und jetzt, da es nichts
mehr zu holen gab, verschwanden sie und zogen in andere
Länder, wo mehr zu holen war.
Die Menschen des Landes vergaßen ihren Baum aber nicht.
Sie gaben ihm zusätzlich Wasser und Kräuter und hegten
und pflegten ihn. Aber es nutzte alles nichts.

In diesem Land gab es eine uralte Gewohnheit. Jedes Mädchen, das kein Kind mehr war, zog zum Mutterbaum,
schnitt sich eine lange glänzende Haarlocke ab und begrub
sie zwischen den Wurzeln des Baumes. Wurzelwesen verstanden die stille Bitte, denn auf diese Weise bat jedes Mädchen um Gesundheit für die Kinder, die es später haben
würde. Die Wurzelwesen arbeiteten dann um so härter für
den Mutterbaum, damit dieser viele Früchte hervorbringe,
die die Kinder ernähren und heilen würden. Aber auch die
Wurzelwesen konnten jetzt nicht mehr viel bewirken. Der
Mutterbaum war krank und so hart sie auch arbeiteten, er
blieb kahl und leer.
Eines Tages kam ein Mädchen zum Baum, das hieß Warande. Sie begrub nach alter Gewohnheit ihre Haarlocke beim

Baum, aber vergaß diese sofort. Denn während sie diese eingrub, hatte sie gespürt, wie krank der alte Baum war, und sie weinte bitterlich. Sie kehrte nicht nach Hause zurück, sondern legte sich schlafen unter den alten kahlen Ästen. Am nächsten Tag flocht sie eine Strickleiter aus Gras und warf diese über den untersten Ast des Baumes. So kletterte sie nach oben, immer höher und höher, bis sie oben im Wipfel des Baumes angelangt war. Dort erklang laut das Stöhnen und Ächzen des Baumes.

Warande schaute sich um. Woher kam die Stimme? Sie suchte und suchte zwischen Ästen und Zweigen, bis sie schließlich in einem dicken Ast eine Höhle fand. Vorsichtig sah sie hinein. Da erblickte sie eine schmale Leiter! Bald fanden ihre flinken Füße die Sprossen. Zum Glück war sie klein und passte durch die Öffnung. Sie kletterte hinunter, immer tiefer. Der Schacht verbreiterte sich, und Warande wurde auf einmal klar, dass sie sich nun im Stamm selbst befand. Der Stamm war hohl!

Schließlich sah sie unten ein kleines Feuerchen. Um das Feuer herum waren Steine aufgestapelt, sodass das Holz des Baumes nicht Feuer fangen konnte. Es gab genügend Raum, denn der Baum war viele Meter dick, und das Feuer war nur ganz klein. Daneben saß ein runzeliges altes Weibchen. »Guten Tag, mein Kind«, sagte die kleine Frau, »mir ist so kalt, schüre doch das Feuer!«

Warande schürte das Feuer, bis die Flammen fröhlich aufloderten und die kleine Frau sich zufrieden die Hände rieb. »Endlich wird mir warm«, murmelte sie.

Kaum hatte sie das gesagt, da sprang ein kleines schwarzes Männchen zum Feuer. »Heiß, heiß!« schrie es und warf seinen schwarzen Mantel über die Flammen, die sofort zu verlöschen drohten.

Das alte Weibchen stöhnte und klagte mit lauter Stimme. Das Mädchen begriff, dass dies das Klagen und Stöhnen des Baumes sein musste.

Das schwarze Männchen verschwand ebenso schnell wie es gekommen war. Dabei würdigte es das Mädchen keines Blickes. Das Einzige, was zurückblieb, war ein ekelhafter, verdorbener Geruch, sodass das Mädchen seine Nase zukneifen musste. Das alte Weibchen erzählte ihr, dass das schwarze Männlein während einer mondlosen Nacht durch das Loch heruntergesprungen war. Gewöhnlich brannte das Feuer kräftig und hell und die Flammen verbrannten die Eindringlinge, die schlechte Absichten hatten. Aber in den vergangenen Jahren war das Feuer niedrig und schwach geworden, und nur noch kleine Flämmchen waren übriggeblieben. Die hatten es nicht vermocht, das Männchen zu verbrennen. Daraufhin hatte es für sich selbst eine Wohnung gegraben und löschte seitdem mit seinem Mantel jede Flamme, die größer zu werden drohte, aus.

Voller Staunen hatte das Mädchen zugehört. Sie fragte das alte Weib, wie sie das Männchen von hier fortschaffen könnte.

Ein tiefer Seufzer war die Antwort: »Aber Kind, kein Mensch kann das wieder heilen, was von Göttern geschaffen wurde und von Menschenhand beschädigt. Dieser Baum ist schon sehr alt... Jetzt, wo das schwarze Männchen hier Herr ist, werde ich für ewig Kälte leiden!«

Aber das Mädchen war noch jung und begriff von der Ewigkeit nichts. Aufs Neue schürte es das Feuer, höher und höher loderte es auf. Sofort sprang das schwarze Männchen wieder hervor und warf seinen Mantel über die Flammen. Darauf hatte Warande gewartet. Rasch riss sie ihm seinen Mantel weg und kletterte damit die Leiter hinauf so schnell sie nur konnte. Das Männchen stieg ihr nach und schrie: »Gib ihn zurück! Der Mantel gehört mir!«

Außer Atem erreichte Warande die Öffnung im Ast und warf den Mantel weg. Es war Nacht und stockfinster. Sie spürte auf einmal, wie seltsame Fledermäuse an ihr vorbeihuschten. Diese rissen den Mantel in kleine Stückchen und nahmen sie in alle möglichen Richtungen mit.

Nun war auch das Männchen oben angelangt, aber zu spät! Sein Mantel war verschwunden und statt dessen zerteilte ein Blitz den dunklen Himmel und traf das kleine Wesen mitten ins Herz. Warande sah einen kurzen blauen Schein aufleuchten, mehr nicht. Da ... da hörte sie es! Der Baum sang! Aus den Tiefen des Baumes heraus klang die Stimme der alten Frau und sie sang voller Freude über das warme Feuer. Warande kletterte wieder vom Baum hinab und baute sich darunter eine Hütte. Sie sah, wie der Baum nach einer Weile wieder Knospen bekam, die zu neuen Blüten wurden. Kleine Blätter erschienen und der Baum wurde wieder grün und schön. Die geheimnisvollen Parfümtropfen waren aber verschwunden und kehrten nie mehr wieder. Glücklicherweise kamen wiederum neue kleine Früchte und das Mädchen sammelte sie in großen Körben und verteilte sie an kranke und hungrige Kinder.

Ein Jahr später fand sie zwischen den Baumwurzeln zwei neugeborene Kinder. Das eine hatte rotes Haar und das andere schwarzes. Warande nahm sie auf und pflegte sie, als ob es ihre eigenen Kinder wären und sie gediehen prächtig. Es war ein Mädchen und ein Junge, das Mädchen war rot und der Junge schwarz.

Diese Kinder wurden erwachsen und sammelten viele Früchte des Baumes für sich selbst. Sie trockneten sie und holten anschließend die Samen heraus. Im nächsten Jahr steckten sie diese in die Erde, und so wuchsen nach Jahren wieder neue Mutterbäume heran. Jedem, der kam, gaben sie einen jungen Baum und als sie alle Bäume verteilt hatten, küssten die zwei jungen Menschen Warande zum Abschied und zogen davon. Niemand hat sie je wieder gesehen, aber Warande hörte manchmal ihre Stimmen, wenn sie im Bett lag – Stimmen, die tief aus dem Baum zu kommen schienen...

Teil III

Die Eltern

Wenn die Eltern die Verbindung zu ihrem Kind verlieren

Bei vielen Eltern, die ein Kind in der Pubertät haben, lebt unterschwellig die Angst, die Verbindung zu ihm zu verlieren. Manchmal kommt es in dieser Zeit tatsächlich zu einem Bruch. Ist er äußerlicher Natur, dann läuft entweder das Kind von zu Hause weg und bricht den Kontakt ab oder die Eltern gehen an dem Elend, das ihr Kind verursacht, beinahe zugrunde, sodass sie ihr Kind schließlich aus dem Haus weisen.

In beiden Fällen wird großer Schaden sowohl in der Seele der Eltern als auch des Kindes angerichtet, ganz abgesehen von den Risiken, die Jugendliche von vierzehn bis achtzehn Jahren eingehen, wenn sie plötzlich allein dastehen. Eigentlich will kein Erwachsener ein solches Ende der Erziehungszeit. Und genau betrachtet will auch kein einziges Kind ein solch jähes Ende seiner Kinderjahre. Außerdem besteht nach einem Bruch mit dem Elternhaus die Gefahr, dass die Pubertät vorzeitig abgebrochen und von einem zu frühen und krampfhaften Erwachsensein abgelöst wird. Es kann aber auch ein Entwicklungsrückschritt eintreten, das heißt, dass der Jugendliche anfängt, sich wieder wie ein Kind zu benehmen. Er macht sich dann völlig von Dritten abhängig, die an Stelle von Vater und Mutter treten, das kann ein Freund oder eine Freundin, eine Randgruppe oder eine religiöse Sekte sein. Der Jugendliche zeigt wieder wie ein Kind die Neigung, andere nachzuahmen und verhält sich längst nicht so kritisch wie vorher.

In manchen Familien ist der Bruch zwischen Eltern und Kind jedoch nicht äußerer, sondern innerer Natur. Es ist schwer zu sagen, welcher von beiden schlimmer ist. Auf jeden Fall treten beim inneren Bruch gleich schwere Risiken auf wie beim äußeren. Auch hier kann das Abbrechen der Beziehung zum frühzeitigen Erwachsenwerden oder zur kindlichen Abhängigkeit von bestimmten Personen führen, die stellvertretend für die Eltern Einfluss auf den Jugendlichen ausüben. Der innere Bruch ist allerdings weniger auffallend als der äußere. Das Kind lebt weiterhin zu Hause, aber es ist, als ob es sich in einem Hotel – am liebsten kostenlos – aufhalten würde. Die menschliche Verbindung zwischen Eltern und Kind ist zerbrochen. Außer ein wenig Zank und ein paar Worten, die sie miteinander wechseln, läuft zwischen beiden Parteien nichts mehr. Dieser Zustand dauert nicht wie in harmlosen Fällen einen Tag oder, wenn's hoch kommt, mehrere Tage. Es herrscht vielmehr als Dauerzustand dieser gleichgültige oder gespielt höfliche Umgang miteinander vor.

Es kommt durchaus vor, dass diese Form des minimalen Kontaktes in den Pubertätsjahren auftritt, und ich möchte betonen, dass dies ganz normal ist. Aber, wenn alles gut verläuft, ist das nur vorübergehender Natur. Wenn es aber über Jahre hinweg zwischen den Eltern und ihrem Kind keine Wärme und Nähe mehr gibt und wenn sie nichts mehr miteinander gemeinsam haben, dann muss man tatsächlich von einem inneren Bruch sprechen.

Endgültig ist dieser Zustand, wenn das Kind gar nicht mehr zu den Eltern zurückfindet.

Viele Jugendliche laufen irgendwann einmal von zu Hause weg. Meistens endet ihre Flucht bei der nächsten Straßenecke, im Haus der Freundin oder der Nachbarin, und in kürzester Zeit sind sie wieder daheim.

Immer wieder kommt es aber vor, dass die häusliche Situation auf das Kind so erdrückend wirkt, dass es sich äußerlich oder innerlich endgültig von seinen Eltern zurückzieht, wobei die Eltern das zu spät bemerken und ihr Kind tatsächlich verlieren. Im Folgenden werde ich diese tragischen, durchaus vermeidbaren Situationen besprechen.

Wem gehört das Kind?

»Was immer man auch im Leben empfängt, sollte man als etwas Geliehenes und Befristetes betrachten. Das erspart viel unnötigen Kummer.« Dieser weise Spruch hat zwar eine allgemeine Gültigkeit, aber besonders im Verhältnis zu den Kindern, die uns anvertraut sind, sollte man sich diesen Gedanken immer wieder vor Augen führen, denn er drückt meines Erachtens die fruchtbarste Haltung aus.

Im vorgeburtlichen Leben hat sich das Kind ein passendes Elternpaar ausgesucht. Erfüllt von einem unendlichem Vertrauen zu diesen Eltern, wird das Kind als ein vollkommen abhängiges Wesen geboren. Kleine Kinder gehören uns wirklich, denn sie schenken uns sich selbst, sie tun das aber nur *für einen begrenzten, notwendigen Zeitraum!*

Das tiefe Gefühl, dass dieses kleine Wesen unser Fleisch und Blut ist, gibt dem Kind Geborgenheit und Ruhe. Aber dieses elterliche Gefühl sollte zeitlich begrenzt sein! Wenn sich die Pubertät nähert, will sich das Kind nicht länger als eine Art Geschenk der Obhut seiner Eltern überlassen. Bis dahin hat es sich ihnen bedingungslos anvertraut. Ob diese die Elternschaft freudig genossen haben oder nicht, ist nicht so wichtig. Vielleicht traut sogar das schwierige Kind seinen Eltern mehr zu als andere Kinder. Wenn ein Kind mit geringen Problemen sein Schicksal in die Hände der Eltern legt, zeugt das von Vertrauen. Wie unglaublich groß muß dann das Vertrauen der Kinder sein, die körperlich oder seelisch behindert zur Welt kommen!

Bis zum zehnten Lebensjahr etwa ist das Kind einfach »unser« Kind. Die meisten Eltern fühlen das als etwas ganz Natürliches. Von diesem Alter an beginnt das Kind aber, sich zu erinnern, dass es sich selbst nicht für immer weggeschenkt hat. Bisweilen spürt es, dass tief in seiner Seele das Ich, also der bis dahin schlummernde Geistkern sich regt. Dieses Ich ist der rechtmäßige »Besitzer« des Kindes. Die eigentliche

Pubertät setzt erst dann richtig ein, wenn der »innere Meister« aufgewacht ist und seine Erbschaft fordert: »Bis heute habe ich euch gehört, ab jetzt gehöre ich mir selbst!«

Wer als Elternteil weiterhin das Gefühl hat, dass das Kind sein Eigentum ist, lässt sich von Egoismus oder seelischen Ängsten leiten.

Es ist gar nicht so einfach, diesem inneren Egoismus auf die Spur zu kommen, denn häufig verbirgt er sich hinter allerlei Formen der Elternliebe. Noch schwieriger ist es, diese selbstsüchtigen Neigungen zu überwinden oder wenigstens dafür zu sorgen, dass sie das eigene Handeln nicht länger bestimmen.

Dasselbe gilt für die Angst, die Eltern manchmal befällt, wenn ihr Kind in die Pubertät kommt. Das kann Angst um das Kind selbst sein oder auch eine allgemeine tief empfundene Lebensangst. Manchmal braucht ein solcher Mensch wirklich die Hilfe seines Partners, von Freunden oder sonstigen Hilfeleistenden. Wenn er sein Kind nicht *tatsächlich* verlieren will, muss er unbedingt den seelischen Kampf gegen diese Angstgefühle aufnehmen.

Warum reagieren Eltern auf eine bestimmte Weise?

Im Allgemeinen kann ein Mensch ebenso unbewusst wie ein Blumenkohl durchs Leben gehen, und wenn er ein wenig Glück hat, wird sich vieles schon von allein geben. Wer aber einen echten pubertierenden Jugendlichen zu Hause hat, wird gezwungen, über sich selbst nachzudenken und auch über die Frage, wer man als Erwachsener eigentlich selber ist. Der Jugendliche konfrontiert die Eltern nicht nur mit ihrer ureigensten Art, zu reagieren; die Konfrontation, die sich da abspielt, geht noch viel tiefer. Wie wir wissen, spiegeln die Kinder von Geburt an die Verhaltensweisen ihrer Umgebung. Der pubertierende Jugendliche rüttelt dann die Eltern vehement mit der Fragestellung auf, wer sie eigentlich sind. Während er darum ringt, seine Identität, seine Verbindung mit dem eigenen Ich zu entdecken, versucht er gleichzeitig auch dem Ich des Erwachsenen auf die Spur zu kommen. Mit ungeheurer Treffsicherheit bringt er ans Licht, wie die Beziehung der Eltern zu ihrem eigenen Ich ist. Leben sie eine Scheinbiographie oder folgen sie ihrem roten Faden? Hat die Seele des Erwachsenen selbst ihre Pubertät durchgemacht, und hat sie sich von unbewusst übernommenen Inhalten befreit? Passt der Seelenleib zum Seeleninhalt?

Es wird wohl kaum einen Erwachsenen geben, der diesen kritischen Test überstehen wird, ohne ganz schön Federn zu lassen. Bestimmt gibt es in jeder menschlichen Seele einen Bereich, der nicht vom Ich durchdrungen ist, und selbst wenn nur auf irgendeinem Gebiet Routine und Bequemlichkeit herrschten. Über gewisse Dinge hat man vielleicht noch nie nachgedacht, oder im Zusammenhang damit noch nie etwas Neues ausprobiert, denn man hat weiterhin das gemacht, was einem schon immer selbstverständlich schien. Und außerdem trägt man auch noch das elende Gefühl mit sich, dass man als Erwachsener nicht mehr imstande ist, sich von dem nicht passenden Seelenleib zu lösen, obwohl man es schließlich nach vielem Ringen geschafft hat, seinen Seeleninhalt in eigene, authentische Seeleninhalte umzusetzen. Der junge Mensch spürt aber genau, dass die Erwachsenen der Meinung sind, sie hätten sich endgültig von fremden Einflüssen befreit, während er an kleinen Dingen doch bemerkt, dass sie noch immer alte Gewohnheiten mit sich herumtragen. Die Erwachsenen fühlen sich dann vom Jugendlichen schmerzlich ertappt.

Abschließend kann man sagen, dass das Risiko, sein Kind innerlich oder äußerlich zu verlieren, vor allem von folgenden Faktoren abhängt:

- Inwiefern erkennen die Eltern an, dass das Kind nicht ihr Besitz ist, sondern eine eigene Individualität?
- Inwieweit hat die Seele der Eltern früher oder später selbst ihre Pubertät durchgemacht?
- In welchem Maße streben sie nach der Verwirklichung ihres sinnvollen Lebenszieles aus ihrem eigenen Ich heraus?
- Inwieweit sind sie bereit, über sich selbst und ihre Selbsterkenntnis nachzudenken?
- Inwieweit sind sie bereit, ihr Festhalten am eigenen Ego und am persönlichen Stolz aufzugeben?

Die Bereitschaft, die letzte Bedingung zu erfüllen, hängt mit verschiedenen anderen Motiven zusammen: mit Selbsteingenommenheit und Überheblichkeit sowie mit dem Drang nach Sicherheit und Status. Jeder Mensch hat diese Triebfedern in sich, auch wenn er den Eindruck macht, äußerst bescheiden oder auch unsicher zu sein. Vielleicht ist gerade diese Unsicherheit oder Bescheidenheit sein ganzer Stolz oder Halt.

Jeder Angriff auf das Gebiet des menschlichen Egos erzeugt nun einmal Schmerz. Man erschrickt, läuft weg oder reagiert aggressiv. Wenn der Jugendliche wieder einmal empfindlich das eigene Ego attackiert, ist man beleidigt, man hüllt sich in Schweigen oder bricht in Tränen aus, man schlägt mit scharfen Worten zurück oder man stürzt sich kopfüber in eine heftige Auseinandersetzung.

Weitere Ratschläge
Dass Eltern ihrem pubertierenden Kind und seiner Zukunft Misstrauen entgegenbringen, ist zwar verständlich, aber völlig sinnlos. Während dieses Seelenabschnittes hat das Kind ein unglaubliches Bedürfnis nach Vertrauen, nach Eltern, die trotz aller Schwierigkeiten fest daran glauben, dass sich alles zum Guten wenden wird. Ob der Jugendliche nun raucht oder trinkt, sich auf sexuellem Gebiet dane-

ben benimmt oder nur herumhängt, die Eltern sollten sich nicht irreführen lassen: Innerlich sollten sie weiterhin felsenfest davon überzeugt sein, dass er seinen Weg finden wird und dass er es schaffen wird, seine Zukunftspläne zu verwirklichen. Sie sollten sich aber auch immer vor Augen halten, dass es sich hier nicht um *ihre* Zukunftsträume für das Kind handelt, sondern um die Zukunft, die zu seinem Ich, zu seinem eigenen inneren Meister gehört.

Die innere Weisheit, die sich das Kind während seiner Pubertätskrise erkämpft, wird es unbeirrbar dahin führen, wo es hingehört. Wenn Eltern von diesem Gedanken durchdrungen sind, werden sie erst recht von Zuversicht erfüllt werden. Das bedeutet für den Pubertierenden echte seelische Nahrung, wenn er das vielleicht auch nur selten zeigen wird. Natürlich gibt es immer wieder Momente, in denen die Eltern das Vertrauen in ihr Kind zu verlieren drohen, denn oft wird es ihnen bang ums Herz, wenn sie sehen, was es alles tut oder vor allem auch nicht tut. Das ist nicht weiter schlimm, solange sie sich immer wieder dazu durchringen, weiterhin zu ihrem Kind zu stehen und voller Vertrauen der unbekannten Zukunft entgegenzusehen.

Natürlich werden Eltern, die festgelegte Vorstellungen über die Zukunft ihres Sohnes oder ihrer Tochter haben – das können Wunschträume über Ausbildung, Studium, Leistungen, Geld und Ansehen sein oder auch über ein unbekümmertes Leben mit viel Freiheit, Spaß und Vergnügungen – ein größeres Risiko laufen, enttäuscht zu werden. Solche Eltern betrachten alles, was ihr Kind tut und was nicht zu diesem Idealbild passt, mit Argwohn. Ein gesunder Jugendlicher wird sich wahrscheinlich dagegen wehren und sich später eine eigene Lebensform suchen, die alles Mögliche beinhalten kann, vielleicht sogar das, was die Eltern sich gewünscht hatten! Wenn das zukünftige Leben des Kindes aber von den Wunschträumen der Eltern erheblich abweicht, werden die Eltern ihrem erwachsenen Sohn oder ihrer Tochter vielleicht niemals wirklich vertrauen, sie werden ihr Leben als misslungen betrachten und womöglich immer noch hoffen, dass er oder sie irgendwann doch einmal... Manche Eltern verharren in dieser Haltung auch noch, wenn ihre Kinder bereits sechzig Jahre alt sind!

Ein »gelungenes« Leben kann für das Kind nur die lebenslange Suche nach der eigenen sinnvollen Verwirklichung seines Lebenszieles auf Grund des eigenen Ich sein.

Elternliebe

Der junge Mensch ist ständig mit allen möglichen Verliebtheiten beschäftigt, aber echte tiefe Liebe kommt in diesem Alter noch kaum vor. Zwar kann er sich verzweifelt an jemanden binden, aber dann ist innerhalb dieser Beziehung oft eine große Abhängigkeit mit im Spiel (s. S. 169).

Die »große Liebe« sollten die jungen Leute in dieser Zeit noch in der Gestalt der Elternliebe, als Geschenk der Eltern erleben. Was ist Liebe? Die Antwort auf diese Frage überlasse ich gern den Dichtern. Aber ich möchte wenigstens andeuten, was Elternliebe während der Pubertätsphase beinhalten kann.

Der Liebe seiner Eltern begegnet der Heranwachsende in Form von Geduld, Akzeptanz, Vergebung, Toleranz, Interesse, Vertrauen und in aufbauender Kritik, aber auch in Konfrontation, Streit, Unmittelbarkeit und Wut!

Es gibt übrigens noch eine weitere Eigenschaft, die hier dazu gehört, nämlich die Bereitschaft, den Schmerz, den einem das Kind während der Pubertät zufügt, so viel wie möglich für sich zu behalten, also es nicht damit zu belasten.

Wenn man darauf verzichtet, diese »Wachstumsschmerzen« dem Jugendlichen vorzuwerfen, bringt man eine Art

Opfer. Und auch dies, ja besonders dies verrät die Liebe der Eltern. Die jungen Menschen brauchen dann später nicht mit Schuldgefühlen, mit denen sie ohnehin nichts mehr anfangen können, durchs Leben zu gehen. Wer die leidvollen Seiten der Erziehung innerlich verarbeitet und in Einsicht umwandelt, ermöglicht es seinem Kind, unbelastet seinen Weg zu gehen.

Wer von einer solchen Haltung erfüllt seine Kinder erzieht, wird sich bemühen, immer dort Brücken zu bauen, wo Risse zwischen einem selbst und dem Kind entstanden sind. Diese Brücken sorgen dafür, dass man am Ende der Pubertät sein Kind nicht »verloren« hat.

Die Bildersprache der Geburt

Die beste Vorbereitung der Eltern auf die Erziehung ihres Kindes besteht darin, dass sie sich so genau wie möglich an seine Geburt erinnern. Ebenso wie das Kind im vorgeburtlichen Dasein seine Lebensziele wahrnimmt und diese in sein Inneres aufnimmt, nehmen Eltern und Kind während der Geburt die kommende Kindheit und Jugend dieses Kindes wahr, nicht hellseherisch wie in einer Vision, sondern als innere Erfahrung. Während des Geburtsvorgangs werden kurz, aber intensiv, wie in einem Extrakt alle zentralen Fragen der zukünftigen Erziehung durchlebt.

Die gesamte Entbindung mit allen daran beteiligten Personen, Erfahrungen und Erlebnissen bildet ein einziges großes Bild dessen, was auf die Eltern und ihr Kind zukommen wird.

Aus irgendeinem Grund sind wir uns dessen nicht bewusst. In den vielen Jahren meiner beruflichen Praxis habe ich nie versäumt, die Eltern eines Problemkindes nach der Entbindung zu fragen. So sammelt man wertvolle Informationen. Es ist gleichsam Reisepass und Schnellkurs für Eltern und Kind. Denn jede Einzelheit der Entbindung, jede Begebenheit und jedes Gefühl haben ihre Bedeutung. Wir sollten uns mit dieser bildhaften Vorbereitung auseinandersetzen und sie als Erkenntnishilfe und Erziehungsgrundlage anwenden.

Als ich einmal einen Kurs für Eltern gab und wir den Bilderreichtum der Geburt besprachen, erzählte jeder der anwesenden Eltern seine »Entbindungsgeschichte«. Einzelne Kursteilnehmer berichteten auch über die eigene Geburt auf Grund von Erzählungen ihrer Eltern. Voller Staunen entdeckten die Menschen den Reichtum an interessanten Mitteilungen, der in diesen Geschichten verborgen war. Weil die Kinder, deren Geburtsprozess geschildert wurde, zur Zeit des Kurses bereits älter waren, konnten die Eltern außerdem berichten, wie die Botschaft der Bilder im späteren Leben dieser Kinder zu erkennen war. Immer wieder gaben die Erfahrungen bei der Geburt tatsächlich ein exaktes Bild der späteren Lebensphasen. Dazu ein paar Beispiele.

Wenn bei der Geburt das Kind nicht in der richtigen Lage liegt und die Entbindung dadurch erschwert wird und besonders schmerzhaft ist, werden Mutter und Kind durch diese Erfahrung tief in Leib und Seele »aufeinander vorbereitet«. Wenn dieses Kind aufwächst, wird es in der Eltern-Kindbeziehung auch »nicht richtig liegen«. Die Eltern werden es schwer haben, diesem Kind in allem zu folgen. Das wird nicht ohne Schmerz und Mühe abgehen.

Viele Mütter, die von plötzlich aufsteigenden Gefühlen während der Geburt erzählten, begegneten im späteren Leben ähnlichen Gefühlen aufs Neue. Eine Mutter berichtete zum Beispiel, dass sie vor der Geburt ihres Babys an Infusionen angeschlossen wurde und starke stimulierende Mittel verabreicht bekam. Ihr wurde gesagt, sie solle sich beeilen, denn die Entbindung sollte möglichst vor dem Wochenende stattfinden. Das Gefühl, nicht genügend Zeit zu bekommen, das sie damals tief empfunden hatte, trat im späteren Leben wiederholt auf als das Gefühl, von der Umgebung nicht so viel Zeit zu bekommen, wie sie selbst für die Erziehung ihres Kindes nötig hatte, also immer wieder von anderen zur Eile gedrängt zu werden.

Wer bewusst mit diesen Bildern umgeht und sie in aller Deutlichkeit aus seiner Erinnerung heraufholt, lernt diese Geburtserfahrungen als Erkenntnishilfe und Anregung anzuwenden. Die Mutter im letzten Beispiel wird darüber wachen, dass sie sich ausreichend Zeit für die Erziehung ihres Kindes erkämpft. Die andere Mutter wird zusätzlich

Zeit, Geduld und Energie darauf verwenden, ein gesundes Autoritätsverhältnis zwischen sich und dem Kind, das als Embryo verkehrt lag, aufzubauen. Denn wahres Menschsein bedeutet, dass man die Freiheit hat, das eigene Schicksal durch bewusste Entscheidungen selbst in die Hand zu nehmen. Indem man sich Einsicht in diese Geburtsbilder erwirbt, weiß man, worauf man sich gefasst machen muss. Durch diese gesteigerte Wachsamkeit entdeckt man womöglich bestimmte Züge in seinem Kind, die einem vielleicht sonst entgangen wären!

Der Entbindungsvorgang

Selbstverständlich können wir nur ganz allgemein die Bildersprache der Geburt schildern, denn genauso wie jeder Mensch einzigartig ist, ist auch jede Geburt einzigartig. Jeder Mensch fängt auf ganz individuelle Art seine Biographie auf der Erde an.
So kann auch die gleiche Begebenheit, also das gleiche Bild für das Leben eines bestimmten Menschen je nachdem eine andere Bedeutung haben. Wer dogmatisch denkt und die Bilder schablonenhaft interpretiert, sodass er für immer zu wissen meint, was ein bestimmtes Bild bedeutet, hat kein Auge für die Einmaligkeit jedes Menschen.
Wenn die Eltern die Geburt ihres Kindes immer wieder mit ihrem Gefühl durchleben und dabei die Bildersprache auf sich wirken lassen, werden sie die Bedeutung dieser Bilder für ihr Kind und für sich selbst erfassen.

Bei der Geburt können wir drei Phasen unterscheiden, die jeweils in Beziehung zu einer bestimmten Entwicklungsphase des Kindes stehen.

Erste Phase

In der ersten Phase des Geburtsprozesses spürt die Mutter meistens leichte Wehen, unregelmäßig in ihrer Art und Dauer. Wie lange wird es noch dauern, bis das Kind kommt? Vieles muss nun geregelt werden. Sind alle erreichbar, ist alles fertig, was ist als Nächstes zu tun? Der Partner, der verständigt worden ist, kommt nach Hause. Wenn man bereits Kinder hat, bringt man sie zu anderen Leuten und der Arzt oder die Hebamme werden benachrichtigt, oder man fährt in die Klinik.

Diese Phase ist vor allem eine Art Vorbereitungszeit, in der die Form und Art der Entbindung festgelegt wird. Wenn diese erste Phase nur ganz kurz dauert und also sehr bald in die mittlere Phase übergeht – die ausgesprochen schnelle Entbindung, dann gehört auch das zur individuellen Geschichte dieses bestimmten Kindes.

Die erste Phase der Geburt deutet auf die erste Erziehungsperiode hin. Die ersten sechs bis sieben Lebensjahre sind wie ein Abbild dieser Zeit.

Außerdem drückt der erste Teil der Geburt viel von dem aus, was später auf dem Gebiet des Denkens errungen werden muss.

Zweite Phase

Die zweite Phase setzt ein, wenn regelmäßige, deutliche Wehen auftreten, die die Eröffnung des Muttermundes bewirken sollen. Meistens sind das schon ausgesprochen schmerzhafte Wehen. Mit Hilfe von Entspannungsübungen und Atemtechniken wird versucht, diese Wehen »abzufangen«.

Von außen gesehen verläuft diese Periode am ruhigsten. Die Wöchnerin durchlebt zusammen mit ihrem ungeborenen Kind die aufeinanderfolgenden Wehen. Wenn diese Wehen nicht besonders lange dauern, mag die Entbindung zwar leichter sein, aber auf emotionellem Gebiet wird die Mutter es umso schwerer haben, denn sie ist oft dadurch nicht genügend auf die dritte Phase vorbereitet. Dann, wenn die Wehen ausreichend Zeit, Energie und Durchhaltevermögen in Anspruch genommen haben, kommt der Augenblick, in dem Mutter und Kind »so weit sind«. Es folgt eine vollständige Eröffnung: die letzte Phase kann beginnen.

In den rhythmischen Wehen, im Gleichgewicht zwischen Anstrengung und Entspannung, drückt sich ein Bild der zweiten Entwicklungsphase des Kindes vom sechsten oder siebten Jahr bis zur Pubertät aus.
Parallel dazu gibt der zweite Teil der Entbindung uns ein Bild für vieles, was durch Mutter (Eltern) und Kind auf der Gefühlsebene durchlebt werden wird.

Dritte Phase
Die dritte Phase beginnt, wenn es zu einer völligen Eröffnung gekommen ist. Dann fängt das Pressen an und es ändert sich der Charakter der Wehen. Das Kind begibt sich auf den Weg von innen nach außen, es schiebt sich nach und nach durch den Geburtskanal. Die eigentliche Geburt rückt heran.
Nun gibt es äußerliche Aktivität zur Genüge. Mutter und Kind arbeiten bis zum Äußersten zusammen; der Vater, die Hebamme oder der Arzt sind unmittelbar an diesem Vorgang beteiligt. Sie helfen und stimulieren, ermutigen und unterstützen (im Normalfall).
Die Presswehen dauern solange, bis der Kopf des Kindes den Muttermund passiert hat. Nur noch eine kurze Weile und das Baby ist da und tut seinen ersten Atemzug. Aber erst wenn das erste eigene Atemholen einsetzt, das Blut nicht mehr in der Nabelschnur klopft und diese abgebunden werden kann, ist die Geburt des Kindes abgeschlossen.

Nun gibt es ein neues, unabhängig lebendes Menschenkind auf der Erde.

In der dritten Phase der Geburt können wir ein Abbild für den dritten Erziehungsabschnitt, nämlich für die Pubertätszeit sehen. Im physischen Loslösungsprozess, im Austreibungsprozess zeigen sich die Bilder, die für die Pubertät maßgeblich sind.
Zugleich stellt diese letzte Phase uns bildlich dar, was in Zukunft auf dem Gebiet des Willens und des Handelns von den Eltern und dem Kind durchlebt werden muss.

Bemerkenswerterweise kommt bei einer normalen Geburt erst der Kopf (Denken), dann die Brustpartie (Fühlen) und zum Schluss der Unterleib und die Beinchen (Wollen) zum Vorschein. In der gleichen Reihenfolge befreit der Jugendliche die verschiedenen Regionen seiner Seele!

Die Stellung des Vaters

Es ist zwar die Mutter, die entbindet, aber auch der Vater macht die Geburt auf seine Weise mit, manchmal auch nur zum Teil. Wenn man als Frau Mutter werden will, kommt man um Schwangerschaft und Entbindung nicht herum. Vaterschaft dagegen ist etwas, dem man selbst Gestalt geben muss.
Früher waren die Väter im Allgemeinen nicht bei der Geburt anwesend. Ängstlich warteten sie in einem anderen Zimmer auf das erste Kindergeschrei. Heutzutage aber ist der Vater meistens dabei und nimmt intensiv an allem teil. Ähnliches nehmen wir in der Erziehung wahr. War sie früher vor allem eine weibliche Aufgabe, so stehen heutzutage die Väter weniger im Hintergrund und sind in dem gesamten Erziehungsgeschehen viel aktiver. Auch hier liefern die

äußerlichen Veränderungen in der Entbindungssituation ein Bild für den gegenwärtigen Wandel innerhalb der Erziehung.

In bestimmten Geburtssituationen kann sogar das entgegengesetzte Phänomen auftreten. Wenn eine Frau ihr Kind nicht auf die gewöhnliche Weise zur Welt bringen kann und es mit einem Kaiserschnitt geholt werden muss, ist sie von einer bewussten Wahrnehmung des Geburtsvorgangs mehr oder weniger abgeschnitten. Immer wieder bin ich in letzter Zeit Vätern begegnet, die mit Zustimmung des Chirurgen bei der Entbindung durch Kaiserschnitt anwesend sein durften. In diesem Fall ist es allein der Vater, der das Kind in seinem Geburtsprozess bewusst wahrnimmt und der nachher der Mutter (die sich sozusagen im Abseits befindet) erzählen kann, was er dabei gesehen, gehört und gefühlt hat. Wie die Geburt auch verlaufen mag, immer ist es wichtig, dass man genau beobachtet, was in jedem Stadium des Geburtsvorganges geschieht. Die erste Phase macht die Mutter auch beim Kaiserschnitt durch. Die zweite Phase erlebt sie meistens gar nicht oder nur teilweise. Das hängt mit dem Zeitpunkt zusammen, in dem beschlossen wird, zum Kaiserschnitt überzugehen. Die letzte Phase entgeht ihr notwendigerweise vollständig. Deshalb sollte sie nach der Geburt den betreffenden Arzt und die Krankenschwester nach Einzelheiten fragen. Ein bisschen Information ist besser als gar keine.

Einige Geburtsverläufe – betrachtet im Hinblick auf die Pubertät

Erstes Beispiel
In der letzten Phase der Entbindung, beim Pressen, spürt eine werdende Mutter, dass die Wehen aufhören. Sie ist

erschöpft und ihr Körper verweigert jede weitere Anstrengung. Sie bekommt Medikamente und aufmunternde Worte der Menschen, die bei der Entbindung anwesend sind. Sie schöpft erneut Kraft, die Wehen kommen wieder in Gang, und das Kind wird geboren. Dieser Augenblick der Verzweiflung und dieses Gefühl der Erschöpfung hinterlassen bei der Mutter einen tiefen Eindruck.

An dieses Erlebnis erinnert sie sich, als ihr Kind mitten in der Pubertätskrise steckt. Ihr Sohn ist schwierig und verursacht so viele Probleme, dass sie verzweifelt aufgeben will. Alles wird ihr gleichgültig und sie lässt den Jugendlichen machen, was er will. Plötzlich aber fällt ihr die Übereinstimmung zwischen der Krise während der Entbindung und der jetzigen auf, und das gibt ihr neuen Mut. Sie hat es doch auch damals zu einem guten Ende gebracht! Sie sucht Hilfe und findet jemanden, der ihr die nötige Unterstützung geben kann, um weiter durchzuhalten.

Zweites Beispiel

Als bei einer Frau die Presswehen aufhören und das Köpfchen des Babys sichtbar wird, stellt sich heraus, dass dieses zu groß ist, so dass der Arzt einen Dammschnitt vornehmen muss. Die Frau erschrickt; der Eingriff ist vielleicht schmerzhaft, aber dadurch kann das Kind geboren werden. Die Wunde, die dabei entsteht, muss genäht werden und braucht einige Zeit zum Heilen. Meistens heilen diese Wunden zum Glück recht schnell.

Nach der Geburt blickt die Mutter ihr Kind an. Sie ist verwirrt und noch ganz benommen. Dann aber sieht sie, wie ruhig und gesund ihr Kind ist und wie es sie mit offenen Augen anschaut. Sie hat das Gefühl, dass diese Äuglein ihr sagen wollen, dass alles gut sei. Dadurch findet sie ihr Gleichgewicht wieder.

Als dieses Kind am Ende der Pubertät angelangt ist, läuft es von zu Hause weg. Es geht zu Freunden, sucht sich dann ein eigenes Zimmer und bricht auf diese Weise aus. Hatte es zu Hause zu wenig Gelegenheit, zu wenig Freiraum selbstständig zu werden? Die Mutter bleibt ohne ihr Kind zurück. Sie ist in ihrer Seele tief gekränkt. Musste das wirklich sein?

Als sie sich aber wieder an die Entbindung und die Gefühle erinnert, die sie damals hatte, findet sie die richtige Antwort. Sie sucht ihren Sohn in seiner Wohnung auf. Sie betrachtet alles aufmerksam und stellt dabei fest, dass er es gut hat und sie sich keine Sorgen um ihn zu machen braucht. Er musste offensichtlich so ausbrechen, wie er es gemacht hatte. Sie gewinnt ihr Gleichgewicht wieder und akzeptiert die neue Situation. Die Wunde in ihrer Seele heilt nun schnell ...

Weil diese Frau wusste, dass die Entbindung eine außergewöhnlich wichtige Vorbereitung auf die Erziehung ist, wurde ihr klar, dass sie ihre innere Ruhe durch die Begegnung mit ihrem Kind und seiner nun erworbenen Selbstständigkeit wiedergewinnen könnte. Vielleicht wäre sie auch ohne die Hilfe der Geburtsbilder zu dieser neuen Sichtweise gekommen. Hätte sie sich aber nicht mit der großen Lehrschule, die die Entbindung ist, auseinandergesetzt, wäre sie wahrscheinlich erst viel später, womöglich zu spät zu den neuen Einsichten gelangt.

Drittes Beispiel

Der Vater ist bei der Geburt seiner Tochter dabei. Tief in seiner Seele erlebt er den Schmerz seiner Frau und den Kampf seines Kindes mit. Dann sieht er, wie das Köpfchen des Babys zum Vorschein kommt. Ein tiefes Gefühl der Freude überwältigt ihn und er ermutigt seine Frau, indem er ihr sagt, dass er das Baby schon sehen kann. Da bittet ihn jemand, etwas zu halten oder zu holen. Während er kurz abwesend ist, geht es auf einmal zügig voran und als er wieder da ist, ist das Kind bereits geboren. Er ist gerade zu spät gekommen!

Während der Pubertät seiner Tochter nimmt er zusammen mit seiner Frau aktiv am täglichen Leben der Familie teil. Tief in seiner Seele erlebt er den Loslösungsprozess seines Kindes. Eines Tages wird ihm eine neue Stelle angeboten, wodurch er viel ins Ausland reisen muss. Sobald der Vater aus dem Haus ist, zieht die Tochter aus und sucht sich eine eigene Wohnung.

Hätte er bei seinem Kind bleiben müssen? Oder war es gerade richtig, dass er sich zurückzog? Wenn er auf die Entbindung zurückblickt, wird ihm vieles deutlich. Er erinnert sich, dass das Baby damals von seiner kurzen Abwesenheit Gebrauch machte, um geboren zu werden. Nun kann der Vater auch akzeptieren, dass seine Tochter sich erst frei genug fühlte, ihre Selbstständigkeit zu erwerben, als er sich, durch äußere Umstände veranlasst, ein wenig in den Hintergrund zurückziehen musste.

Man könnte noch zahllose andere Beispiele anführen, etwa von Zangengeburten, oder von der Mutter, die erlebte, wie ihr Kind gerade dann geboren wurde, als die Sonne aufging. Was bedeutet es, wenn bei der Geburt Menschen anwesend sind, die man liebt, oder wenn diese gerade abwesend sind, oder wenn man insgesamt auf Verständnis oder Unverständnis stößt? Hat die Mutter große Schmerzen durchgemacht und wenn ja, wie hat sie diese bewältigt? Wenn die Eltern Zugang zu dieser reichen Quelle der Erfahrungen finden, können ihnen ganz neue Erkenntnisse über ihr Kind, über sich selbst, über die Erziehungszeit und ihre näheren Umstände erwachsen.

Die Pubertät ist eine Phase der Loslösung. Das Kind befindet sich wie in einem Geburtskanal. Diesen Übergangszustand zwischen Kindsein und Erwachsensein erlebt es als beklemmend. Es gibt keinen Weg zurück, und die Zukunft ist unsicher.

Während der letzten Entbindungsphase presst die Mutter ihr Kind von sich weg nach außen. Die Pubertät fordert von den Eltern ebenfalls eine deutliche Ablösungsgeste: sie müssen ihr Kind allmählich in die Freiheit entlassen und ihm eigene Verantwortlichkeiten überlassen, statt es krampfhaft festzuhalten. Wichtig hierbei ist, dass dies schrittweise geschieht. Im gesamten Geburtsvorgang ist die letzte Phase die riskanteste für Kind und Mutter. Manchmal ist es eine Angelegenheit auf Leben und Tod.

Der dritte Teil des Geburtprozesses ist ein schmaler Weg zur Freiheit, zur äußeren »Freiheit« des Körpers. Die Pubertät ist der schmale Weg zur inneren Freiheit, zur Freiheit der Seele.

Das tiefgehende Bedürfnis
nach einem Vater in der Pubertät

Was ist ein »richtiger« Vater in der Pubertät? Warum hat ein Jugendlicher ein solch tiefgehendes Bedürfnis nach der Vatergestalt? Was bedeutet das für die alleinerziehende Mutter?

Wenn ein Jugendlicher sich von den Einflüssen seines Elternhauses allmählich löst und sich einen Weg durch die Pubertätskrise zum Erwachsensein hin bahnt, sollte er sich eigentlich einen eigenen Seeleninhalt aufbauen. Dieser sollte im Idealfall aus Einflüssen und Kenntnissen bestehen, die er durch eigene Erfahrungen erworben hat. Statt damit gleich anzufangen, schaut er sich aber zunächst in seiner Umgebung nach neuen Inhalten um, die aber immer noch fremdbestimmt sind. Dass er alles Alte über Bord wirft, heißt also noch lange nicht, dass er nun selbst das Steuer ergreift.

Die Schleuse als Bild der Pubertät haben wir bereits behandelt. Der Aufenthalt in der Schleuse ist für das Schiff unbedingt nötig, denn es kann sich nicht einfach von einem Flussabschnitt eines höheren Niveaus in einen tieferen Abschnitt stürzen. Geschieht das doch, so ist die Gefahr groß, dass das Schiff kentert und der Schiffer ins Wasser stürzt!

Im Allgemeinen macht der Jugendliche in diesem Lebensalter die Tür zu für alles, was von seiner direkten, vertrauten Umgebung kommt, öffnet aber zugleich eine andere Tür für andere, immer noch fremde Einflüsse. Man könnte ihn mit jemandem vergleichen, der sich das Rauchen abgewöhnen will. Weil das natürlich schwer ist, ersetzt er die Zigarette zunächst durch Süßigkeiten oder andere Naschereien.

Sich-Befreien heißt in diesem Lebensabschnitt: das Alte abweisen, zugleich aber andere unfreie Einflüsse akzeptieren. Die Eltern wundern sich, dass das Kind sich einerseits nicht länger um ihre Verbote und Gebote kümmert, andererseits aber penibel die ungeschriebenen Gesetze seiner Freunde oder seiner Clique befolgt. Es stört die Jugendlichen nicht im Geringsten, dass ihre Jeans schmutzig sind – ein schwieriger Punkt für die Eltern -, aber es wäre für sie schrecklich, eine altmodische Kordhose anziehen zu müssen, denn dann blamiert man sich in der Schule, es sei denn, der Trend hat sich geändert – dann machen alle selbstverständlich munter mit.

Inwieweit hat das mit dem Vater zu tun? In den meisten Familien ist der Vater für das Kind gewöhnlich derjenige, der am stärksten auf die Außenwelt gerichtet ist. Von Ausnahmen abgesehen, hat seine Karriere in der Familie Vorrang. Meistens ist er vollbeschäftigt und die Mutter teilzeitbeschäftigt. In manchen Familien haben beide Eltern eine Teilzeitstelle. Wenn die Rollenverteilung umgekehrt ist, stellt der Jugendliche seine Vater-Mutter-Orientierung entsprechend um!

Väter sind also generell mehr auf die Außenwelt hin orientiert als Mütter. Ein Kind, das die Einflüsse des Elternhauses abwerfen will, vollzieht diesen Prozess häufig in zwei Schritten. Im Vater sieht es eine Brücke zwischen dem Zuhause und der Außenwelt. Während der Pubertät kann man es sich, ohne sich zu blamieren, erlauben, den Vater länger ernst zu nehmen als die Mutter. Wenn er auf die richtige Weise Vater ist, lässt der heranreifende junge Mensch beim Eintritt der Pubertät die Hand seiner Mutter los, lässt sich aber noch eine Weile vom Vater begleiten – *aber auf gar keinen Fall an die Hand nehmen!* Ohne Gesichtsverlust kann der Jugendliche noch etwa ein Jahr lang die Begleitung seines Vaters akzeptieren.

Wer als Vater für diese Rolle in Betracht kommen will, muss aber folgende Bedingungen erfüllen:

- Er sollte nicht immer mit der Mutter zusammen sein wollen und alles mit ihr zusammen machen.
- Er sollte bereit sein, sich *Zeit* zu nehmen, um gemeinsam mit seinem Kind etwas zu unternehmen.
- Er darf nicht zuviel auf es einreden und ihm sagen, was es tun und lassen soll.
- Er selbst sollte in seiner Jugend richtig pubertiert haben, um so die Auswüchse seines Kindes mit viel Humor und der Fähigkeit zum Relativieren betrachten zu können.
- Probleme in der Ehe, im Beruf oder mit dem Älterwerden sollten ihn nicht zu sehr in Anspruch nehmen.

Ein Vater, der seinem Kind auf dem Weg zum jungen Erwachsenen Halt gibt, ist gewissermaßen schon so etwas wie ein großer Freund.

Zieht der Vater aber aus Loyalität seiner Frau gegenüber immer an einem Strang mit ihr, dann schreibt der Heranwachsende kurzerhand beide Eltern ab. Das soll nicht heißen, dass der Vater seiner Frau zuwiderhandelt, indem er genau das erlaubt, was sie verboten hat. Das würde nur zu Verwirrung und Konflikten führen. Die Eltern müssen sich durchaus über die Grenzen, die einzuhalten sind, einig sein. Der Vater darf jedoch von seiner inneren Einstellung her das Kind ruhig erwachsener behandeln, als es ist – freilich *nur ein wenig*. Er darf schon etwas vom Eltern – Kindverhältnis Abstand nehmen, während die Mutter noch damit ringt. Der Vater kann dem Jugendlichen vielleicht von den eigenen Jugendsünden erzählen, sodass seine Unvollkommenheiten relativiert werden. Hat der Vater früher vielleicht auch einmal die Note »ungenügend« bekommen? Kam er auch öfter zu spät nach Hause? Hat er manchmal auch die Erwachsenen an der Nase herumgeführt? Die meisten Väter schon …

Der Vater, nach dem das Kind ein Bedürfnis hat, stellt sich bereits ein wenig früher und uneingeschränkter neben sein

Kind und macht früher den Schritt vom elterlichen Betreuer zum elterlichen Begleiter. Ein solcher Vater überlässt die
undankbare Rolle des Eltern-Betreuers, soweit sie noch
nötig ist, etwas mehr der Mutter. Durch dieses Verhältnis
entsteht für das Kind als Zwischenstation eine kleine Insel,
auf halbem Weg zwischen dem diesseitigen Ufer der Jugend und dem jenseitigen Ufer des Erwachsenseins.

Auf diese Weise hat der Vater mehr Chancen, dem Kind
noch eine Weile bei seiner Orientierung auf die Außenwelt
hin zur Seite zu stehen. Es wird ihn öfters und noch über
längere Zeit nach seinen Ansichten über bestimmte Dinge
fragen. Das ermöglicht ihm, die Eskapaden von Sohn oder
Tochter noch ein wenig zu überwachen und, wenn nötig,
einzugreifen. Stellen Sie sich vor, ein Jugendlicher begegnet
einer Gruppe mit fanatischen Ideen auf religiösem oder
ideologischem Gebiet. Hat der Vater ein gutes Verhältnis
zu seinem Kind, besteht die Chance, dass es ihm das Neue
anvertraut und er diese drohende Einseitigkeit vielleicht
verhindern kann, indem er beispielsweise Fragen stellt oder
sein Kind auch noch mit ganz anderen Ideen konfrontiert.
Verbote und Gebote wären hier aber fehl am Platz.

Wenn ein Jugendlicher sich von extrem rechtem Gedankengut angezogen fühlt, kann der Vater ihn vielleicht zu
einer Ausstellung über heldenhafte Widerstandskämpfer
mitnehmen. Vielleicht wird damit in seinem Herzen eine
neue Saite angeschlagen, sodass er zum Nachdenken angeregt wird. Selbstverständlich darf der Vater die neuen Ideen
nicht einfach nur schlecht machen, denn dann ist mit jegli-
chem Vertrauen Schluss, und die fanatischen Ideen werden
jetzt erst recht verfolgt. Gibt er aber dem Kind durch die
richtigen Begegnungen die Möglichkeit, selbst das Wahre
vom Unwahren unterscheiden zu lernen, ruft er in ihm das
ureigene Ich wach, das ja die Aufgabe des Vaters in nächster
Zukunft übernehmen wird.

Natürlich sollten sich die Eltern richtig aufeinander abstimmen. Wenn die Mutter akzeptiert, dass ihr Partner ein wenig mehr Freiraum für seine Beziehung zu dem Kind braucht, damit sich etwas Gemeinsames bilden kann, ist schon viel gewonnen. Fühlt sie sich aber von ihrem Kind aufs Abstellgleis geschoben und ist sie eifersüchtig, weil das Kind nun außerdem noch den Vater bevorzugt, der ohnehin nie Zeit für die Familie hatte, dann steht sie der wohltuenden Wirkung der Vaterschaft im Wege. Viele Mütter tun sich schwer damit. Wenn ihr Mann Verständnis für die Lage zeigen würde, könnte das ihren Verdruss schon etwas besänftigen.

Es ist vor allem eine große Hilfe für den Jugendlichen, wenn der Vater etwas mit ihm unternimmt. Er braucht gar kein großer Philosoph zu sein, wenn er nur keine wichtige Sportveranstaltung seines Sohnes verpasst oder der Tochter ihre aufblühende Schönheit bestätigt und sie treu abends spät von überall abholt. Dann wird er schon zu hören bekommen, wie die Party war ...

Gehen Sie als Vater mit Ihrer Tochter ins Theater oder machen Sie einmal gemeinsam eine Wochenendreise nach Paris oder London, oder besuchen Sie wenigstens zusammen einmal eine interessante Stadt in der Umgebung. Nehmen Sie sich vor, möglichst darauf zu achten, wann die Tochter etwas Neues anhat. Väter, die mit ihren halbwüchsigen Kindern Bergtouren machen oder wandern gehen, sind Gold wert.

An den gemeinsamen Unternehmungen sollten Sie als Vater aber selbst Spass haben, denn wenn Sie mit einem Jugendlichen allerhand veranstalten, was Ihnen eigentlich widerstrebt, schaden Sie nur sich selbst. Der Jugendliche wird Ihr Spiel durchschauen und Sie mit all Ihren guten Absichten bald allein lassen! Er sucht die Wahrheit, auch wenn er noch viele Schwächen hat. Wenn er in dem Erwachsenen »fromme« Lügen entdeckt, wird er berechtigterweise mit Unmut reagieren.

Mutterbrücke und Vaterbrücke

Man könnte in einem Bild sagen, dass das Kind in seiner Entwicklung zum Erwachsenen zwei Brücken überschreitet: die Mutterbrücke und die Vaterbrücke.

Bereits lange vor der Geburt betritt es die Mutterbrücke. Über diese Brücke kommt es in die Welt. Nach der Geburt braucht es das Bemuttern; es inkarniert sich dank dieser Seelenhaltung der Mutter.

Wer für ein kleines Kind sorgt, wird in seiner weiblichen Seelenenergie angesprochen, aus der heraus das Bedürfnis geweckt wird, zu behüten und zu bemuttern. *Das gilt ebenso für Väter!*

Um das neunte Lebensjahr ist der Bogen der Mutterbrücke fertig gewölbt. Ihre »Möglichkeiten« nehmen ab, um schließlich am Beginn der Pubertät aufzuhören.

Die Vaterbrücke entsteht nach der Geburt und schickt sich an zwischen dem zehnten und zwölften Lebensjahr die Funktion der Mutterbrücke zu übernehmen. Das Bemuttern tritt jetzt immer stärker in den Hintergrund, das väterliche Element dagegen wächst in seiner Bedeutung. Die Vaterbrücke kann das Kind bis zur Erwachsenheit begleiten.

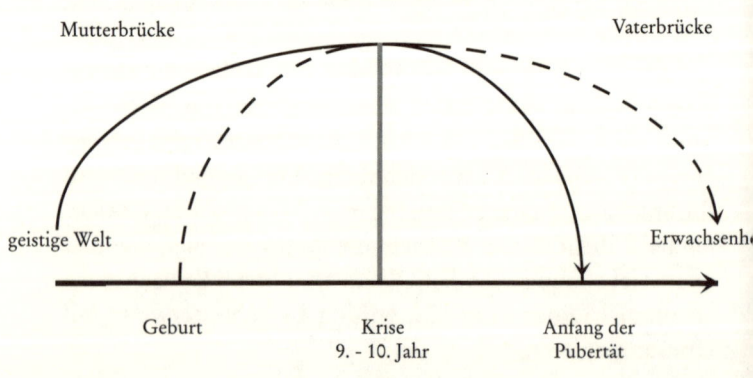

Wer für einen heranwachsenden Jugendlichen sorgt, wird im Laufe der Jahre immer mehr in seiner männlichen Seelenenergie angesprochen, aus der heraus man »ein richtiger Vater« sein kann. *Das gilt ebenso für Mütter!*

Weitere Gründe, warum der Vater wichtig ist

Jede menschliche Seele besitzt männliche und weibliche Energie. Die Seele besteht aus zwei Polen und kann sich über den weiblichen und den männlichen Teil ausdrücken. Das ist bei Männern und Frauen gleich. Die meisten Männer sind gewöhnt, eher die männlichen als die weiblichen Kräfte der Seele in ihre Lebensweise einzubeziehen.

Wenn das höhere Ich den Zugang zur Seele eines Menschen sucht, um darin zu wirken und die Seele anzuregen, seine Lebensaufgabe aufzugreifen, geschieht dies über den männlichen Pol der Seele.

Lässt man diese Tatsache einmal auf sich wirken, führt das zu tiefgreifenden Konsequenzen. Auf einmal versteht man, warum der Jugendliche unbedingt »seinen Mann stehen« will. Das gilt ebenso für Mädchen, denn auch sie wollen sich behaupten. Die Art und Weise, in der das geschieht, ist zunächst noch eine Verzerrung des ursprünglichen Impulses, dennoch kann man darin bereits das suchende und aktive Ich erkennen, das den männlichen Pol der jugendlichen Seele aufrüttelt.

Vor der Adoleszenz wird das Kind noch so stark von künstlerischen und schöpferischen Elementen und von den empfangenden und sich öffnenden Seelengesten geprägt, dass bei ihm vor allem der weibliche Pol der Seele angeregt wird – nicht das physische Frausein, sondern die weibliche Seelenenergie, die sowohl im Mädchen als auch im Jungen veranlagt ist. In diesem Alter sucht das Kind noch das schöne, liebliche und reine Leben.

Wenn es in die Pubertät kommt, fängt es an, noch nach etwas anderem Ausschau zu halten, nämlich nach der Wahrheit, dem Richtigen und Sicheren sowie dem nötigen Mut, um sich in der Außenwelt zu behaupten. Jetzt regt sich der männliche Seelenpol, und so sollte es auch sein. Durch das Tor der männlichen Seelenregion tritt das Ich herein. Erst wenn diese Seelenqualität zur Wirksamkeit gekommen ist, kann das Ich sich mit dem weiblichen Pol verbinden. Genauso wie in der Schöpfungsgeschichte zuerst Adam und dann Eva geschaffen wurde, wird in jedem Menschen innerlich erst der männliche und danach der weibliche Pol vom höheren Ich durchglüht und befreit.

Aus diesem Grund sucht der Jugendliche nach einem Bild der Männlichkeit, und zwar einem solchen, das von reiner Ich-Kraft und nicht von Egoismus durchzogen ist, denn das ist eine seelische Begierde, über die das höhere Ich, der geistige Kern noch keine Gewalt hat. Diese männliche Seelenkraft drückt sich in starker, zuverlässiger Liebe, in wahrhaftigem, aufrichtigem Streben und in echter Vaterschaft aus. Es ist eine Art Treue, die nie versagt und die immerfort, wie hoch die Staubwolken auch wirbeln mögen, das Wesentliche im heranwachsenden Kind erkennt.

Auf diesem Gebiet wird den Vätern eine einmalige Chance geboten. Es ist von höchster Bedeutung, wenn sie ihre Vaterschaft richtig entfalten. Der Jugendliche braucht den Vater, der die männlich strebende und kräftig irdische Seite der Seele seinem eigenen inneren Meister dienend zur Verfügung stellt. Dann kann das Wunder der »zweiten Zeugung« stattfinden: das Ich des Erwachsenen erweckt das Ich in der jungen Seele.

Eine solche Vaterschaft ist ein erstrebenswertes Ideal, von dem wir meistens noch weit entfernt sind. Das macht aber nichts, solange wir uns bemühen, auf diese zeitgemäße Weise Vater zu sein.

Hierin liegt auch die Antwort für die alleinerziehenden Eltern: *Die wahre Vaterschaft ist eine seelische Qualität, die jedermann, sowohl Mann als auch Frau entwickeln kann.* Man kann sich vorstellen, dass eine Mutter, die diesen oben geschilderten Umstieg von der Mutter- zur Vaterschaft selbst vollziehen will – weil sie keinen Partner hat, der sie ablösen könnte –, einen schweren inneren Kampf führen muss. Sie war bis dahin *Seelenmutter*, und nun wird von ihr erwartet, dass sie *Seelenvater* wird.

Menschen, die diesen Rollenwechsel anstreben, sollten sich klarmachen, dass der Jugendliche keineswegs einen perfekten Erwachsenen braucht. Er sucht den aufrichtig suchenden und arbeitenden Menschen, der sich trotz Widerwärtigkeiten weiter entwickelt. Wenn ein Kind spürt, dass ein Erwachsener die innere Vaterschaft erstrebt, bekommt es die Gelegenheit, sich an ihm zu entwickeln. Dieser braucht keineswegs schon den ganzen Weg zurückgelegt zu haben, es reicht, wenn er dem Kind immer einen Schritt voraus ist.

Bei den Eltern, die sich auf diesen Weg begeben wollen, leben drei große Lebensfragen in der Seele:

- Habe ich meine männlichen Qualitäten genügend entwickelt?
- Werde ich nicht von einem Zuviel an männlichen Qualitäten beherrscht und geblendet?
- Ist meine Seele offen für den geistigen Aufruf meines höheren Ich?

Wenn das höhere Ich Entwicklung und Leben eines Menschen steuert, kann man wahrnehmen, dass sich zugleich ein sozialer Prozess abspielt. Indem das höhere Ich das Eigene im Menschen zur Entfaltung bringt, fordert es gleichzeitig die Entwicklung des Eigenen im anderen Menschen. Wer völlig von seiner persönlichen Entfaltung in Anspruch genommen wird, ohne dass dadurch Entwicklungsimpulse in einem anderen Menschen hervorgerufen werden, ist ein Diener des Egoismus, was wiederum die Abwesenheit des wahren Ich verrät.

Mitunter kann es sein, dass Kinder geschiedener Eltern in der Pubertät die Neigung haben, von der Mutter zum Vater überzuwechseln. Auf jeden Fall bieten sich dem Elternteil, der das Besuchsrecht hat, neue Chancen, wenn sein Kind in die Pubertät kommt. Aber nur selten kann man erleben, dass es gut geht, wenn das Kind den Elternteil, bei dem es bis dahin gelebt hat – meistens ist das die Mutter – verlässt und zum anderen Elternteil übersiedelt. Im Jugendalter schlagen die Kinder nicht mehr richtig Wurzeln, und dadurch ist das Risiko groß, dass sie sich von ihrem Zuhause lösen und heimatlos zu werden beginnen. Am besten wird die Pubertätsphase in der gleichen Umgebung durchlebt wie die Kinderzeit. Der Loslösungsvorgang kann dann natürlicher verlaufen und die Gefahr des »Herumstreunens« ist geringer.

Der Vater sollte also besser in der oben beschriebenen Weise seinem Vatersein Gestalt geben, das heißt durch Interesse, Vertrauen und gemeinsame Aktivitäten, als dadurch, dass er sein Kind zu sich ins Haus nimmt, denn die Zeit von »Papi« ist endgültig vorbei. Jugendliche in der Pubertät sollten den Kampf um ihre Eigenständigkeit zu Hause ausleben!

Zu wenig männliche Seelenkräfte

Sowohl der Vater als auch die Mutter können die männlichen Seelenkräfte in sich stärken. Stellen Sie sich vor, Sie wären eine ganz schüchterne Mutter, die es kaum wagt, zum Elternabend zu gehen, oder die sich andauernd von stärkeren Persönlichkeiten in der Umgebung bevormunden lässt. Gerade dann, wenn Ihr Kind größer wird, sollten Sie lernen, Ihre inneren Schwächen zu überwinden. Sie sollten Kräfte sammeln, um zum Beispiel die Lehrer um ein Gespräch über Ihr Kind zu bitten, oder um die aufdringliche Nachbarin freundlich, aber entschieden auf ihren Platz zu verweisen.

Ihr Kind wird dann wie von selbst mitwachsen. Haben Sie ein aktives Kind, wird es womöglich Ihre eher schwach vertretenen männlichen Kräfte regelrecht herausfordern: »Komm nur, wenn du es wagst! Ich mache so lange weiter, bis du dich ärgerst und eine Grenze ziehst.« In diesem Fall hält Ihnen das Kind sozusagen Ihre ungenügend entwickelten Fähigkeiten wie auf einem Präsentierteller vor die Nase.

Haben Sie dagegen ein passives Kind, wird es Ihr Vorbild verstärkt in seinem Verhalten spiegeln: Seine Verlegenheit wird noch größer sein und es wird in noch stärkerem Maße den anderen Menschen immer unterliegen. Seien Sie deswegen nicht unglücklich. Jede Einseitigkeit kann besiegt werden und gibt den Kindern andererseits auch eine eigene Bereicherung. Eine schüchterne Mutter zum Beispiel terrorisiert ihre Kinder nicht, sondern hört ihnen voller Aufmerksamkeit zu – das ist auch ein großer Pluspunkt.

Das Wichtigste ist, dass man den Kopf nicht hängen lässt, sondern vielmehr davon überzeugt ist, dass alles in der Erziehung seinen Wert und Sinn hat. Wenn das Kind größer wird, ist es allerdings Zeit für die zweite Phase der Elternschaft. Mit Beginn der Pubertät geht es nicht mehr an erster Stelle darum, dass das Kind alle seine mitgebrachten »Instrumente« entwickelt. Jetzt liegt der Schwerpunkt für den jungen Menschen in dem Streben, sinnvoll mit Hilfe des »inneren Musikers« zu leben.

Zu viel männliche Seelenkräfte

Wenn der Vater sich selbst noch auf Kosten seiner Kinder beweisen muss und immer der Gescheiteste, der Stärkste und der Beste sein will, wenn die Mutter unbedingt die Schönste, Schlankste, Intelligenteste und Auffallendste sein möchte, wenn Vater oder Mutter in der Schule oder zu Hause am Tisch ständig das große Wort haben, jedes Fest beherrschen, wenn sie wollen, dass das Jugendzimmer nach ihrem Geschmack eingerichtet wird, wenn der Vater alle Regeln bestimmt und durchsetzt und jeder sie nervös befolgt, wenn die Mutter die anderen Hausbewohner mit überrumpelnden Briefen bombardiert und sich in jede Beziehung, die ihr Kind hat, einmischt, dann haben diese Eltern zuviel männliche Seelenkräfte. In allen derartigen Situationen stellen sie diese Kräfte nicht in den Dienst ihres höheren Ich, sondern in den Dienst ihres alltäglichen Ich, ihres Ego, das heißt ihrer egoistischen Neigungen.

Wer diese Kräfte zu beherrschen sucht, indem er sie einfach unterdrückt, bewirkt, dass sie sich stauen und früher oder später explodieren. Soll man sich also nicht beherrschen? Selbstverständlich, aber zugleich muss man einen anderen Kanal für diese Kräfte finden. *Diese Kräfte können nämlich über die weiblichen Seelenteile abfließen und sich ausschöpfen, indem sie anderen zur Verfügung gestellt werden.*

Will man die Kräfte der männlichen Seelenmöglichkeiten in den Dienst des weiblichen Seelenpols stellen, braucht man höhere Kraft. Diese lässt sich vom Geist her finden. Denn der menschliche Geist ist imstande, die beiden »Pferde« der Seele zu lenken. Deshalb ist das höhere Ich hier unentbehrlich. Es sorgt dafür, dass die ungebändigten Kräfte einen Meister bekommen, so dass sie für ein sinnvolles Ziel eingesetzt werden können, das Mensch und Welt zugute kommt.

Stellen Sie sich vor, Sie würden als Vater, der sich bis dahin immer in den Vordergrund gedrängt hat, den Entschluss fassen, nicht länger mit Ihren tollen Leistungen anzugeben. Unter großen Anstrengungen würde Ihnen das auch gelingen. Eines Tages aber, natürlich wenn Sie müde und abgespannt sind, gibt Ihr Sohn bei Tisch damit an, dass er seine Rechenaufgaben im Handumdrehen gelöst hat. Plötzlich können Sie nicht mehr an sich halten und fallen ihm ins Wort. Wissen sie doch, dass Ihr Sohn eine Vier in Mathematik hat! Und eh' Sie sich versehen, machen Sie ihm Vorhaltungen und verkünden lautstark, welche glänzenden Noten Sie früher hatten, so dass Ihr Sohn vollkommen sprachlos ist. Eine heftige Auseinandersetzung folgt. Ihr Sohn zieht sich beleidigt zurück und Sie sind verärgert und enttäuscht, weil Sie Ihren guten Vorsätzen nicht treu geblieben sind.

Wie kann ein Vater einen solchen Ausbruch verhindern? Sein höheres Ich kann ihm dabei helfen. Es lässt ihn empfinden, dass er seine Sicherheit nicht suchen muss in dem, *was er kann,* sondern in dem, *wer er ist.* Das kann zu einer gewissen Entspannung führen. Außerdem sollte der Vater nach neuen Möglichkeiten suchen, um seine Kräfte einzusetzen. Vielleicht kann er seinem Sohn bei den Rechenaufgaben helfen? Wenn er sich auf ihn einlässt, wird er bald merken, dass sich hinter der Aufschneiderei seines Sohnes große Verletzlichkeit verbirgt.

Der Vater kann also seine überschüssigen Kräfte darauf verwenden, etwas für ein anderes Familienmitglied zu tun. Möchte der Sohn vielleicht ein schönes Bücherregal? Immer wenn man nach kleinen Aufmerksamkeiten sucht, braucht man Kraft und Liebe. Die Kraft besitzt der Vater zur Genüge, die Liebe ist eine Aufforderung an das wahre Ich. Mit beiden Kräften, gemeinsam eingesetzt, kann der Mensch schenken und helfen. Das im wahrsten Sinne liebevolle Ich verbraucht dann das Zuviel an Kräften, indem es diese auf eine positive Weise anwendet. Dann braucht der Vater nicht mehr zu explodieren, weil er nicht mehr länger auf einem Pulverfass sitzt.

Zu viel weibliche Seelenkräfte

Wenn ein Erwachsener zuviel männliche Energie hat, das heißt, wenn er alles ordnen und regeln, überall herrschen und sich behaupten will, ist das unschwer wahrzunehmen, wenn man gut hinschaut.

Herrschen aber die weiblichen Seelenteile bei jemandem vor, fällt das nicht so schnell auf. Bei solchen Eltern ist einfach alles möglich. Wenn man die Sache genauer betrachtet, merkt man, dass im Wirkungskreis eines solchen Menschen alles unablässig in Veränderung begriffen ist, letztendlich aber nichts Bleibendes entsteht. Er redet darauf los und ist unglaublich flexibel im Denken, aber nichts kommt so richtig auf den Boden. Viele Pläne werden ausgedacht, aber wenige verwirklicht. Vieles wird gefühlt, bemitleidet und bewundert und der Erwachsene ist wie verliebt in sein Kind, aber wenn es etwas tut, was einfach zu weit geht, wird nicht energisch eingegriffen.

Die Zahl der Jugendlichen, die tief im Herzen nur zu gerne hätten, dass ihre Mutter sie kurzerhand an eine Arbeit setzen und ihnen auf die Sprünge helfen würde, ist sehr groß! Die Kinder nur flehentlich anzuschauen und heiße Tränen zu vergießen, ist völlige Energieverschwendung.

Auch manche Väter gehen mit ihren größer werdenden Kindern immer noch auf eine eher spielerische, unverbindliche Weise um und werden nie ein echter Vater. Das höhere Ich, das in der Seele des Erwachsenen wirkt, ruft beim Kind Respekt hervor. Hat es keinerlei Achtung vor dem Erwachsenen oder vor dem, was er vertritt, dann sollte einen das nachdenklich stimmen.

Natürlich geht der Jugendliche im Allgemeinen nicht sehr respektvoll mit seinen Eltern um, aber wenn es wirklich darauf ankommt, wird er meistens doch seine wahren Gefühle zeigen. Beim kleineren Kind sollte auf jeden Fall eine Grundlage für Respekt geschaffen werden.

Wenn Eltern zu stark aus dem weiblichen Teil ihres Wesens leben, kann das eine der Ursachen von Autoritätsproblemen sein. Besteht dann zu Beginn der Pubertät in dieser Hinsicht eine problematische Beziehung, kann das liebe Kind seine Eltern so tief verletzen, dass sie schließlich gezwungen werden, ihre Opferhaltung oder ihr zu spielerisches Verhalten zu ändern. Jetzt wird mit aller Vehemenz an die männliche Kraft in ihnen appelliert, die Grenzen setzt – allerdings nicht auf angenehme Weise!

Auch hinter dem Zuviel an weiblichen Seelenkräften verbirgt sich oft Egoismus. Wenn das Weibliche dominiert und nicht vom höheren Ich geführt wird, scheint alles nett, gefühlvoll und schön zu sein. Oft aber handelt es sich bei solchen Eltern darum, dass sie möglichen Widerständen, die von dem Kind ausgehen, aus egoistischen Motiven ausweichen. Nicht die Entwicklung des innersten Wesens des Kindes steht für sie im Vordergrund, sondern ihr eigenes Wohlbefinden und ihre eigene Gefühlswelt. Es kommt auch vor, dass solche Eltern ihr Kind auf emotionellem Gebiet erpressen: »Wenn du das machst, dann bricht mir das Herz« oder »Wenn du so gehässig zu deinem Vater bist, wird er irgendwann verrückt.« Das Kind wird durch derartige Erpressungsversuche eindeutig unfrei gemacht. Innere Unfreiheit steht der Entwicklung zu einem gesunden Erwachsensein, in der das Ich anhand des roten Fadens den menschlichen Werdegang unbeirrt gestalten kann, im Wege.

Es wird rasch deutlich, dass diese Betrachtungen über gute Väter und das väterliche Element zum Thema der guten *Elternschaft* im Allgemeinen führt. Denn eine ausgewogene Seelenentwicklung ist sowohl für den Mann als auch für die Frau Voraussetzung dafür, und das Kind sucht eine gute Vaterschaft zwar meistens beim Vater, es kann diese aber ebensogut bei der tapferen Mutter finden, die diese Lebensfrage des Kindes ernst nimmt. Alles, was über Vaterschaft gesagt wurde, wird auch sie in sich entwickeln können. Eine solche Mutter ist imstande, flexibel von der einen Rolle in die andere zu schlüpfen und auf diese Weise eine Insel zwischen Kinderzeit und Erwachsensein zu bilden.

Nicht nur alleinerziehende Mütter können diesen Schritt wagen; auch Väter, die nur alle vierzehn Tage ein Wochenende ihr Kind erziehen, können es versuchen, und Lehrer, denen die jungen Menschen am Herzen liegen, sind ebenfalls dazu aufgerufen. Wer sich aber nicht für die jungen Menschen interessiert, wer sie nur als störende Faktoren sieht, der ist noch nicht so weit!

Energieverlust bei den Eltern

Von Geburt an entwickelt sich das Kind mit Hilfe seiner Umwelt. Dabei braucht es zunächst vor allem die Leibes- und Lebenskräfte der Mutter. Später tragen auch die Kräfte des Vaters und all der anderen, die mit dem Kind umgehen, mit dazu bei. Auch aus der Natur werden viele Kräfte aufgenommen.

Neben den Leibes- und Lebenskräften benötigt das Kind auch viele Seelenkräfte, die es sich zum größten Teil im Familienkreis und später in der Schule oder auch bei anderen Menschen holt. Dabei ist die »Atmosphäre«, in die es aufgenommen ist, und alles, was innerhalb dieser Hülle in fester Regelmäßigkeit geschieht, von außerordentlicher Wichtigkeit, weil dadurch das Gemüt gestärkt wird: nicht nur ein einziges Mal vor dem Zubettgehen eine Gutenachtgeschichte, sondern jeden Abend; nicht nur in einem Jahr einen Laternenzug zu Sankt Martin, sondern jedes Jahr. Die Herzenskräfte der Eltern und meistens vor allem die der Mutter, sind ein kostbares Geschenk für die Seele der Kinder. Sie wirken gestaltend auf die kindliche Seele. Erfreulicherweise gibt es auch immer mehr Väter oder andere Männer, die »bemuttern« können. Sie sind hier ebenso gemeint wie die leiblichen Mütter! Auch jene Menschen, die jede Woche einige Tage die Kinder von berufstätigen Eltern hüten, können hier Unschätzbares leisten.

Wenn ein Kind in die Pubertät kommt, fängt es an, seine Seele von den es umgebenden Seelenkräften zu lösen. Es möchte einen eigenen Seeleninhalt und einen eigenen Seelenleib aufbauen. Man muss sich das durchaus konkret vorstellen. Obwohl man diesen Prozess nur als Hellseher wahrnehmen kann, spielt er sich doch ganz konkret ab.

Wie mit einem scharfen Messer werden die Seelenfäden zwischen Eltern (und auch allen anderen Erziehern) und Kind durchschnitten. Die Energie, die bis dahin von den Eltern zum Kind strömte, fließt nicht mehr zurück; die Verbindung zur Quelle ist abgebrochen.

Feinfühlige Erwachsene können diese Trennung manchmal deutlich spüren. Sie erleben, wie sie während der Pubertät ihrer Kinder von ihren geschenkten Seelenkräften abgeschnitten werden, genau wie bei einer Pflanze die Ableger, wenn sie groß genug sind, abgeschnitten und an anderer Stelle eingepflanzt werden.

Einen ähnlichen Vorgang hat das Kind schon einmal durchgemacht. Nach dem Prozess der Geburt, in dem alles Zukünftige im Kleinen bereits durchlebt wird, wird die Nabelschnur abgebunden. Von diesem Augenblick an wird das Baby nicht länger vom Blut der Mutter ernährt, sondern der kleine Körper übernimmt nun selbst diese Funktion. Aus der Nabelschnur ist das Leben entwichen; das kindliche Leben löst sich vom Leben der Mutter.

Die Nabelschnur wird abgebunden, weil das Baby diese Zufuhr von Stoffen nicht mehr braucht. So müssen auch die Eltern in der Pubertät abspüren, wann das Kind den Zufluss von elterlichen Seelenkräften nicht mehr benötigt und sie es freilassen müssen. Jeder würde es unverständlich finden, wenn man die physische Nabelschnur erhalten wollte. Das gilt aber genauso für die psychische Nabelschnur!

Wenn die Seelenfäden durchschnitten werden, löst sich nicht nur das Kind von seinen Eltern, sondern auch umgekehrt sie sich von ihm, und so soll es auch sein. Die Eltern sind nun von der Energie getrennt, die sie jahrelang hergeschenkt haben. Auch das ist recht. Man darf aber nicht übersehen, dass dadurch bei den Eltern eine tiefe seelische Müdigkeit, ja sogar eine Abnahme der Lebenskräfte auftreten kann.

Wir denken normalerweise, dass wir während der Pubertät unseres Kindes deshalb so viele Kräfte verlieren, weil der pubertierende Jugendliche es uns so schwer macht. Das kann natürlich ein Grund sein, aber selbst das liebste pubertierende Kind zehrt an unserer Seele, weil der Trennungsprozess so etwas wie eine Amputation der Seelenkräfte ist.

Es ist von größter Bedeutung, dass wir das Kind nicht panikartig festhalten. Das würde nur die gegenteilige Wirkung haben. Auf diese Weise würden wir es nur noch schneller verlieren. Wenn wir dem Kind weiterhin unsere Lebenskräfte zukommen lassen, steht das seinem weiteren Wachstum im Wege, denn es verzögert den Verselbstständigungsprozess seiner Seele.

Jetzt wissen wir, was wir als Eltern *nicht* tun dürfen. Was aber sollen wir dann machen? Wir sollten jetzt unbedingt unsere verbleibenden Seelenkräfte schonen und pflegen. Wenn wir das nicht tun, kann es sein, dass wir depressiv oder überarbeitet, krank, schwach oder missmutig werden. Viele Symptome, die bei Frauen gewöhnlich den Wechseljahren zugeschrieben werden, hängen oft eher mit den pubertären Wechseljahren zusammen, die ihre *Kinder* durchmachen.

Die eigenen Seelenkräfte behüten und pflegen

Kann man seine Seelenkräfte behüten? Ja, aber natürlich nicht diejenigen Kräfte, die man weggeschenkt hat. Die haben sich unwiederbringlich von einem gelöst. Die übriggebliebenen Kräfte aber muss man pflegen, indem man sich innerlich wieder aufbaut, zum Beispiel, indem man mit einer Freundin oder seinem Partner ausgeht oder mal ein gutes Buch zur Hand nimmt. Vielleicht kann man sich sogar einige Tage richtig verwöhnen lassen. Oder man beschäftigt sich mit einem neuen Thema, einer Sprache, einem Hobby, kurz, etwas das man schon lange machen wollte. Es ist nicht so wichtig, was man macht. Gerade jetzt sind all die kleinen, warmen Dinge des Lebens besonders wohltuend. Zuwendung, liebevolle Aufmerksamkeit, sich einmal ausreden oder ausweinen dürfen und vor allem Verständnis für den inneren Verlust – all das wirkt Wunder.

Jetzt sind wir aufgefordert, uns auf die Suche zu machen nach einer geistigen Orientierung und Vertiefung des Lebens. Wenn die eine Kraftquelle abnimmt, kann eine andere beginnen, neue Energien auszuströmen.

Stellen Sie sich vor, dass in einer Familie zwei Kinder an das Ende einer intensiv durchlebten Pubertätskrise gelangt sind. Kann der Erwachsene, der das miterlebt hat, und in dieser Zeit außerordentlich gefordert war, jetzt einen neuen, sinnvollen Inhalt finden? Unsere Zeit verlangt von uns eine individuelle Suche nach dem Wesentlichen in allen Dingen und nach einer Verbindung mit den Kräften, aus denen unser Menschsein entspringt. Dieser Prozess ist dem Vorgang, der sich zwischen Eltern und Jugendlichen abspielt, genau entgegengesetzt. Während der junge Mensch jegliche Bindung lösen will, sucht der Erwachsene, vielfach unbewusst, nach einer neuen Verknüpfung der Fäden, die nun innerlich verbindungslos geworden sind, sodass sich geistige Kräfte in die Seele hineinsenken können.

Vielleicht hören sich diese Gedanken für manchen Erwachsenen weit hergeholt an, aber oft beginnt diese Suche ganz konkret damit, dass man nach einer angemesseneren Arbeitsstelle oder einem anderen Wohnort Ausschau hält, wo man Gelegenheit hat, das Wesentliche in sich selbst besser zu verwirklichen.

Es ist nicht so wichtig, ob man bereits eine Antwort auf die geistige Frage in seinem Leben gefunden hat. Wichtig ist vielmehr, dass man als Vater oder Mutter die losen Fäden sucht, die einen mit dem wesentlichen Kern in sich selbst und in allem anderen verbinden. Das schenkt Mut und Begeisterung. Wenn sich also der bisherige Lebensinhalt erschöpft hat, sollte man nicht zum Stillstand kommen, sondern sich neue Ziele setzen!

Versagen bei einem Menschen die Kräfte, kann er aus einer »höheren« Energiequelle neue Kraft schöpfen. Die Seele kann sich aus dem Geist stärken, die Lebenskräfte können in der Seele Nahrung finden und der physische Körper schließlich wird von den Lebenskräften gestärkt.

Werden jedoch die Kräfte, die schon jetzt nicht ausreichen, auch noch aufgezehrt, geht das häufig auf Kosten »tieferer« Energiequellen. So verbrauchen die Lebenskräfte viel physische Kapazität bei Krankheit oder extremen bzw. einseitigen körperlichen Belastungen. Die Seelenkräfte wiederum zehren vermehrt an den Lebenskräften in Zeiten des Kummers und der Prüfungen. Der Geist schließlich benötigt verstärkt Seelenkräfte, wenn eine geistige Krise, die mit dem Lebensziel zusammenhängt, auftritt.

Wird die Seele der Eltern, die ein Kind in der Pubertät haben, von geistiger Kraft ernährt, so ist das eine große Stütze für sie. Wenn die Seelenkräfte der Eltern heftig strapaziert werden, ist es wichtig, dass sie ihre Lebenskräfte schonen, denn die Seele entzieht viel Lebenskraft, wenn sie sich verausgabt und dennoch immer weitermacht. Das führt bei Müttern oft zu einer unsäglichen Müdigkeit.

Gesunde Ernährung, viel frische Luft und Bewegung in der freien Natur sind in dieser Phase für den Erwachsenen ebenso wichtig wie warme Gemütlichkeit. Vielleicht lässt sich auch eine neue Sportart beginnen? Vor allem wenn diese an der frischen Luft ausgeübt wird, kann das sehr hilfreich sein.

In diesem Zusammenhang möchte ich noch etwas über Lehrer und andere Erwachsene sagen, die berufsbedingt viel mit Jugendlichen zu tun haben. Für sie gilt oft in noch stärkerem Maße, was hier beschrieben wurde. Zwar handelt es sich nicht um ihre eigenen Kinder, aber wenn sie sich mit Herz und Seele für die Jugend einsetzen, können sie nach jahrelanger Arbeit mit ähnlichen Problemen konfrontiert werden wie die Eltern am Ende der Pubertätsjahre ihrer Kinder. Wenn man Schüler Jahre lang unterrichtet hat, entschwindet mit ihrem Abgang am Ende der Schulzeit auch viel von den Lebenskräften des Lehrers! Die Herzenswärme, mit der unterrichtet wird, trägt die Lerninhalte in die Seele der Schüler hinein, und das ist herrlich. Wir sollten deswegen Lehrer, die beseelt unterrichten, unterstützen, damit sie schließlich nicht total ausgelaugt sind, sondern von Zeit zu Zeit die Möglichkeit bekommen, neue Kräfte zu sammeln.

Abschluss der Pubertät

Die Endphase der Pubertät ist eine spannende Zeit. Wenn alles gut gelaufen ist, sind die Eltern in den Hintergrund getreten und das Kind steht nun als junger Erwachsener vorn auf der Bühne. Die Pubertät ist überstanden.

Nun bricht die Periode (ungefähr von 21 bis 28 Jahren) an, in der der junge Mensch lernt, sein Leben auf Grund der immer deutlicher werdenden Stimme des eigenen Ich zu gestalten. Sie kann in der nun voll entwickelten, zu eigen gemachten Seele hell ertönen. Erst wenn der junge Erwachsene gelernt hat, dieser Stimme zu lauschen, sie zu erkennen und von anderen Impulsen zu unterscheiden, ist er völlig erwachsen (etwa mit 30 Jahren).

In der Abschlussphase der Pubertät, etwa vom 17. bis zum 21. Lebensjahr, entscheiden sich schon viele Jugendliche für ein selbstständiges Leben. Sie fangen ein Studium oder eine Ausbildung an, beziehen eine Wohngemeinschaft oder eigene Wohnung oder suchen sich eine Arbeitsstelle... Äußerlich sind sie schon sehr selbstständig. Jeder Jugendliche bekommt allmählich ein Gespür für sein eigenes Entwicklungstempo. Deswegen kann man nicht generell sagen, wie alt ein Mensch sein muss, um selbstständig leben zu können. Es bleibt die Aufgabe der Eltern, abzuschätzen, wie weit ihr Kind in seiner Entwicklung ist.

Auch auf sich selbst gestellte junge Leute haben noch ein Bedürfnis nach Menschen, auf die sie notfalls zurückgreifen können. Das sind nicht immer die Eltern. Manchmal wählen sie auch andere Erwachsene für diese Rolle. Wer das ist, ist an sich nicht so wichtig. Eltern brauchen sich nicht gekränkt zu fühlen, wenn sie für diese Rolle nicht in Frage kommen. Wenn das Individuelle in dem Jugendlichen einen Dritten als Stütze im Hintergrund wählt, ist das eher ein Zeichen der Eigenständigkeit. Man sollte ihn dann nicht mit der eigenen Enttäuschung oder Eifersucht belasten. Das sind die »Hausaufgaben« der Eltern, die sie zuerst bewältigen müssen!

Woran kann man die Endphase der Pubertät erkennen?

Man erkennt, dass der Jugendliche in der Endphase der Pubertät ist, wenn die Auseinandersetzungen seltener werden. Jetzt ahnt man wieder, was man an seinem Kind eigentlich hat. Die Würfel sind gefallen, und im Haus kehrt ein wenig Ruhe ein.

Gleichzeitig ist diese letzte Phase eine spannende und ganz wichtige Zeit, denn der junge Mensch beginnt, Entscheidungen zu treffen, die eigenständiger sind als vorher und deren Konsequenzen er überschaut und akzeptiert. Es sind die ersten Ergebnisse der Ich-Wirksamkeit, die sich in den gefassten Entschlüssen und den daraus folgenden Taten ankündigen.

Jetzt heißt es zum Beispiel: »Ich will mir im nächsten Jahr ein eigenes Zimmer suchen« oder »Ich weiß sicher, dass dieses oder jenes Mädchen zu mir gehört und meine feste Freundin wird« oder »Ich gehe von der Schule ab, um etwas anderes zu machen oder mir Arbeit zu suchen.« Berufe, Beziehungen und noch vieles andere werden nun unter die Lupe genommen und maßgebliche Entscheidungen getroffen. Die Entschlüsse werden zumeist auch ziemlich umgehend ausgeführt. Auf einmal weiß der junge Mensch, was er will.

Jetzt ist es wichtig, dass Vater und Mutter weiterhin hinter ihm stehen, denn nun wird sichtbar, dass er die vergangene Zeit nicht nur benutzt hat, um sich gegen seine Eltern aufzulehnen, sondern dass er inzwischen auch gelernt hat, unabhängig von ihnen, einen eigenen Kurs zu fahren. Für manche Eltern ist das eine bittere Pille, die sie da zu schlucken haben. Fortan »gehört« ihnen das »Kind« echt nicht mehr; das endgültige Loslassen hat begonnen.

Auch wenn die Eltern wissen, dass die Freundin des Sohnes nicht die Richtige ist, oder dass der junge Erwachsene noch viel lernen muss, wenn er in einem eigenen Zimmer zurechtkommen will, ist es dennoch wichtig, dass sie nicht mehr auf die alte Eltern-Kindbeziehung zurückgreifen. Waren wir denn selbst solche »Allround-Typen«, als wir unseren eigenen Weg gingen? Haben wir die meiste Lebensweisheit nicht erst danach gesammelt? Wir sollten uns jetzt einmal wieder die Lektionen, die wir im Laufe unseres eigenen Schicksals gelernt haben, vor Augen führen. Es ist unmöglich und auch unerwünscht, das eigene Kind vor den Belehrungen zu behüten, die das Leben ihm selbst erteilen will. Es ist *sein* Leben und *seine* Lehrschule.

Nach wie vor ist es viel besser, seinen Kindern weiterhin Vertrauen zu schenken. Auch wenn die Eltern sich zurückhalten, werden die Jugendlichen, wenn nötig, mit ihren Fragen zu ihnen kommen und sich Rat holen. Lässt man sie jetzt jedoch nicht los, wird es womöglich zu einem Bruch kommen. Die Gefahr ist dann groß, dass der junge Mensch lieber alles Mögliche durchprobiert, als irgendwann seine Eltern noch einmal um Hilfe zu bitten oder Erfahrungen mit ihnen auszutauschen. Denken wir hierbei noch einmal an den Fall, dass die Schleusentore nicht geöffnet werden, sodass das Schiff sie rammt, um ausbrechen zu können. Auf beiden Seiten entsteht dadurch unnötiger Schaden.

Viele Sorgen der Eltern sind auf die Angst zurückzuführen, dass sie vielleicht nicht verkraften könnten, was möglicherweise mit ihrem »Lebenswerk« geschieht, denn jedes Kind ist doch auch eine Art Lebenswerk der Eltern. Eigentlich sollte man dem jungen Menschen dieses Werk bedingungslos schenken; wie bei jedem Geschenk darf der Empfänger damit tun und lassen, was er will!

Insgeheim steckt in der elterlichen Sorge aber auch der Wunsch, dass alles, was man in das Kind »investiert« hat, nun auch Früchte tragen soll und sich in einem positiven Erwachsenenleben äußert, mit dem die Eltern zufrieden sein können. Manche Eltern sehen das wie ein spätes Zeugnis, das ihnen ausgestellt wird! Viele junge Erwachsene fühlen sich von ihren Eltern beobachtet, und das macht sie unfrei. Was die Kinder aus ihrem Leben auch machen mögen, die Leistung der Eltern liegt in dem, was sie investiert haben, und nicht in dem, was die Kinder damit anfangen.

In dem jungen Mann oder der jungen Frau tritt noch etwas anderes Neues auf. Sie werden sich vieler Dinge sehr bewusst. Sie sehen jetzt ganz deutlich, wer wir als Vater oder Mutter, als Mann oder Frau sind. Wir fühlen uns dann manchmal wie nackt dastehen. Sie können seelenruhig und schonungslos unsere Gemütsverfassung oder unsere Gewohnheiten charakterisieren. Am Ende seiner Pubertät hat der Jugendliche die Erwachsenen durch und durch kennengelernt. Er weiß auch, wie er am besten mit ihnen umgeht, obwohl er vielleicht nicht immer danach handelt. Kurz und gut, er hat bei seinen Eltern ausgelernt.

Wenn die Endphase nicht richtig durchlaufen wird

Zu den Menschen, die die Pubertät nicht in der richtigen Weise durchlaufen haben, gehören auch die »ewig Pubertierenden«. Kennen Sie nicht auch jene jungen Männer von dreißig, die zwar alles Mögliche anfangen, aber bei keiner Sache richtig bleiben, oder die jungen Frauen, die von einem Freund zum anderen flattern und, wenn es ernst wird, Reißaus nehmen?

Es ist sehr anstrengend, mit solchen Menschen, die nicht erwachsen werden und immer Pubertierende bleiben wollen, umzugehen. Alle Charakteristika der Pubertät treten bei ihnen weiterhin auf, nur sind sie in der Form erstarrt. Genau wie sie sich mit sechzehn Jahren gegen ihre Eltern aufgelehnt haben, lehnen diese Leute sich später gegen alles Mögliche auf. So wie sie in der frühen Jugendzeit Aufgaben und Verantwortlichkeiten aus dem Weg gegangen sind, machen sie es auch, wenn sie zwanzig Jahre alt sind. Nicht zu greifen und immer überzeugt, Recht zu haben, pubertieren sie munter weiter. Häufig brechen solche Menschen nach einigen Jahren ihr Studium oder ihre Beziehungen ab oder verlassen ihren Arbeitszusammenhang, um wieder etwas Neues anzufangen: Sie gehen eine neue Beziehung mit einer viel jüngeren Freundin oder einem Freund ein, eröffnen ein tolles Café oder nehmen ihre bereits aufgegebene Doktorarbeit wieder in Angriff.

Einige Jahre später, wenn das Begonnene zu Konsequenzen geführt hat, fangen sie abermals etwas Neues an. In ihrer Biographie gibt es vieles, was sie nicht fertig gemacht oder vernachlässigt haben.

Woher kommt das? Der ewig Pubertierende zeigte als Kind häufig eine nicht sehr ausgeprägte Persönlichkeitsstruktur und fühlte sich in der Jugendphase sehr wohl. So wie jeder Mensch gerne ab und zu altvertraute Musik hört oder Jugendfreunden begegnet, um so für kurze Zeit noch einmal in die Vergangenheit einzutauchen, so wollen diese Menschen diese Lebensepoche nie verlassen. Vielleicht haben ihre Eltern sie zu sehr verwöhnt oder waren im Gegenteil zu streng. Möglicherweise haben diese jungen Menschen ihre ihnen zur Verfügung stehenden Arbeitskräfte vergeudet, oder sie besitzen zu wenig Selbstvertrauen.

Was auch immer ihrem pubertären Benehmen zugrunde liegen mag, diese jungen Erwachsenen weichen dem Auftrag aus, der zu ihrem Lebensalter gehört. Sie suchen häufig einen Partner, der wie ein Vormund über sie wacht und für sie Entscheidungen trifft, den sie aber genau so munter belügen und betrügen. Sie können sich mit nichts in ihrem Leben richtig verbinden.

Ratschläge für die Eltern
Wenn die Eltern bemerken, dass ihr Kind auf die oben beschriebene Weise in der Pubertät stecken bleibt, sollten sie ihm einen Spiegel vorhalten. Erschrickt es dann vor seinem Spiegelbild, wird es vielleicht seine Lebensweise ändern wollen und sich doch noch zum richtigen Erwachsenen entwickeln. Ob man solche Menschen nun mit den Folgen ihres Umgangs mit dem anderen Geschlecht, mit Geld, Drogen oder was es auch sein mag, konfrontiert, ihre einzige Wahrheit, die sie berühren kann, ist die eigene Wahrheit. Versuchen Sie nicht, sie zur Besinnung zu bringen, indem Sie ihnen vorhalten, wie sehr Sie selbst leiden, denn das bedeutet ihnen nichts. Aber zeigen Sie ihnen, was für einen Eindruck sie machen, wenn sie so leben. Dadurch haben Sie vielleicht eine Chance, etwas zu erreichen.
Achten Sie außerdem darauf, dass Sie nicht immer schützend Ihre Hand über sie halten. Manche Eltern sind ganz in ihren großen Sohn oder die schöne Tochter vernarrt. Der schwärmerische Blick, der so liebevoll auf dem jungen Mann ruht, lässt ihn länger kindlich bleiben und beschönigt die Tatsache, dass er sich ständig vor seinen Pflichten drückt. Es gibt Mütter, die noch nach zwanzig Jahren die Schulden ihres leichtsinnigen Sohnes bezahlen oder die Kinder ihrer Tochter aufziehen, weil diese ihre mütterlichen Aufgaben nicht wahrnimmt.
Diese »Pflaster« bringen keine echte Abhilfe. Es ist besser, wenn der Mensch selbst die Scherben als Folge seiner Lebenshaltung aufräumt. Dann erst kann eine neue, energische Entscheidung getroffen werden, denn das Leben ist ein strenger, aber gerechter Erzieher, der in seine Rechte eintritt, wenn der Auftrag der Eltern zu Ende ist.

Der kleine Fischer

Es war einmal ein kleiner Junge mit einem kleinen Boot und einer kleinen Fischangel. Jeden Tag fuhr der Junge auf den See hinaus und fing mit seiner Angel einige Fischlein. Die briet er in einer Pfanne über dem Feuer und aß sie danach auf. Immer war gerade genug Fisch vorhanden, um seinen Hunger zu stillen, nicht mehr, aber meistens auch nicht weniger.

Manchmal träumte der Junge davon, dass er einst ein großer Mann mit einem großen Boot und einem echten Fischernetz sein würde und dass er jeden Tag mit dem Netz bestimmt hundert Fische fangen würde und dann so viele Fische essen könnte, wie er nur wollte. Aber das blieben kleine Fischerträume, und jeder Tag brachte den gleichen kleinen Fang, und kein einziger Traum änderte etwas daran.

An einem warmen Nachmittag saß der kleine Fischer in seinem kleinen Boot und döste so vor sich hin. Die Wärme und das Schaukeln des Kahns machten, dass ihm die Augen langsam zufielen und er einschlief. Dadurch bemerkte er nicht, dass das Wetter umschlug. Dicke, schwere Wolken ballten sich zusammen, in der Ferne am Himmel blitzte es. Ein Gewitter zog auf!

Alle kleinen und großen Boote suchten das sichere Seeufer auf und alsbald schaukelte nur noch ein einziges kleines Boot auf dem aufgewühlten Wasser. Der kleine Fischer schlief weiter und merkte nicht, dass seine Angel bereits seit langem über Bord gefallen war und sein kleines Boot wild hin- und herschaukelte. Der Anker riss sich los, und nun trieb das Boot steuerlos herum. Die Winde bliesen es hierhin und dorthin, als ob sie damit spielten oder um es kämpften.

An der Westseite des Sees gab es einen breiten Kanal, der den See mit dem Meer verband. Wenn das Wasser in dem

See anstieg, floss es durch den Kanal zum Meer. Die Winde schienen immer mehr Spaß an ihrem Spiel zu haben, denn sie trieben das kleine Boot mit dem Jungen zum Kanal hin. Bald ging es in rasender Fahrt weiter und weiter, bis das Boot auf offener See angelangt war. Dort wäre es gewiss umgeschlagen und der kleine Fischer wäre ertrunken, hätte das Schicksal nicht gewusst, dass seine Zeit noch lange nicht gekommen war.

Also wurde der kleine Fischer im letzten Augenblick wach. Er wusste nicht, wo er war, und begriff auch nicht, was geschehen war. Erschrocken schaute er sich um, und auf einmal spürte er die Todesgefahr, die ihn von allen Seiten umlauerte. Er hörte die Winde und Wogen toben, und ohne weiteres Nachdenken sprang er in das tiefe Meer. Das kleine Boot, das ihm sein Leben lang gedient hatte, driftete davon, schlug um und bald war nichts mehr davon zu sehen.

Verzweifelt versuchte der kleine Fischer zu schwimmen, aber seine Arme und Beine waren noch zu kurz. Er wollte um Hilfe rufen, aber da erstickte er fast an dem salzigen Meerwasser, das ihm in den Mund drang. Nun versuchte er ruhig auf dem Rücken zu treiben, aber dann rollten die wilden Wellen ihn um und um. Schließlich fiel ihm nichts mehr ein, und gelassen wartete er auf das, was kommen würde.

Es wurde still in seinem Kopf und er dachte mit Sehnsucht an die sicheren Ufer des Sees und an die kleinen Fische beim Abendessen. Aber das kleine Boot und seine Angel waren verschwunden und er wusste, dass das alles nunmehr der Vergangenheit angehörte.

Auf einmal fühlte er unter sich eine Woge, größer und stärker als alle anderen, die ihn emporhob und auf den Strand einer abgelegenen, unbekannten Insel warf.

Dort lag er nun, mehr tot als lebendig. Er fühlte nicht, wie ihn ein Paar starke Arme aufhoben und in ein großes Haus hineintrugen. Er wurde in ein weiches Bett gelegt und schlief zwei Tage und zwei Nächte hindurch.

Langsam kehrte er ins Leben zurück. Schließlich öffnete er seine Augen und sah, dass er in einem Bett lag und neben ihm ein großer dunkler Mann stand. Der Mann lachte freundlich und sagte etwas in einer fremden Sprache zu dem kleinen Fischer. Der Junge verstand gar nichts, aber die Worte klangen beruhigend.

Der Junge stand auf und ging mit noch ein wenig zittrigen Knien dem Mann hinterher. Dieser reichte ihm zu essen und zu trinken und gab ihm neue Kleider. Danach gingen beide hinaus.

Der Mann hatte viele Tiere und er pflegte sie mit großer Aufmerksamkeit und Wärme und der Junge half ihm dabei. Als sie fertig waren, ging der Mann auf die Felder und bearbeitete das Land. Wiederum folgte ihm der Junge und half mit, bei allem, was der Mann tat. Jeden Tag wurden die Tiere versorgt, aber die sonstige Arbeit wechselte von Tag zu Tag.

Am zweiten Tag arbeitete der Mann mit seinem Gehilfen in seiner Holzwerkstatt und am dritten Tag in der Schmiede. Am vierten Tag webten sie an einem Teppich am Webrahmen. Am fünften Tag arbeiteten sie im Haus und um das Haus herum, so dass alles sauber wurde, und sie reparierten alles, was kaputt war. Am gleichen Tag wuschen sie auch noch die Wäsche und schrubbten die Böden. Am sechsten Tag fuhr der Mann mit einer großen Angel zum Fischen auf das Meer hinaus.

Am siebten Tag schließlich wurden Brote für die ganze Woche gebacken. Der kleine Fischer half dem Mann jeden Tag und lernte, ohne dass er es merkte, jede Arbeit und auch die Sprache des Mannes.

So vergingen Tage, Monate und Jahre. Der Fischerjunge war sehr eifrig und wurde von der vielen Arbeit immer größer und stärker. Schließlich fielen ihm die Arbeiten genauso leicht wie seinem Lehrmeister. Als er nun so geschickt geworden war, rief der Mann ihn zu sich und zusammen gingen sie ans Meer. Das Meer war ruhig, freundliche Wellen umspülten den Strand.

Da sah der junge Mann ein großes Schiff vor Anker liegen. Es war ein Fischerboot, an beiden Seiten hingen große Fischnetze. Der Mann schenkte dem jungen Mann das Schiff als Lohn für all seine Arbeit, und der fühlte sich nun wie ein großer Fischer. Die Träume des kleinen Fischers hatte er längst vergessen, dennoch machte das Boot ihn glücklich und stolz. Es war ein starkes und schönes Schiff, randvoll mit Nahrung und Werkzeug. Das Meer zog den jungen Mann in seinen Bann und so nahm er Abschied von seinem Lehrmeister, um das weite Meer zu gewinnen.

Jeden Abend holte er seine Netze ein und hunderte von großen, glitzernden Fischen glitten auf das Deck. Dann briet der große Fischer einige in seiner Pfanne und aß, bis er nicht mehr konnte… Abend für Abend blieben zahllose Fische oben auf dem Deck liegen. Es waren einfach zu viele, denn obwohl der Fischer mehr als satt war, gab es noch immer so viele Fische, als wenn er keinen einzigen in der Pfanne gebraten hätte.

So lebte er weiter, bis ihm schließlich die Lust am Fischen verging. Was hatte man schon davon, wenn der Bauch ohnehin voll war?

Erstaunt fragte sich der junge, starke Mann, was er jetzt machen sollte, da er nur so wenige Fische gebrauchen konnte. Das war eine Frage, die er sich noch nie gestellt hatte.

Schließlich warf er das Ruder herum und steuerte das Festland an. Er warf Anker in einer kleinen Bucht. Am Ufer standen viele kleine Hütten in der Sonne. Kleine Kinder spielten im Sand. Alle kamen schnell angerannt, um das schöne große Schiff zu sehen. Auch ihre Mütter und Väter kamen. Nur einige wenige besaßen ein kleines Boot mit einer Angel. Als die Menschen sich näherten, sah der Fischer, dass alle sehr mager waren und viele sogar krank. Voller Erwartung schauten sie ihn an. Was hatte er vor?

Da lachte er über das ganze Gesicht, holte seine Netze ein, die randvoll mit Fischen waren, und an diesem Abend aßen Alt und Jung so lange, bis sie satt waren.

In der nächsten Zeit herrschte in der kleinen Bucht große Betriebsamkeit. Es wurde unentwegt gezimmert, um große Schiffe zu bauen. Es wurden Netze für den Fischfang geknüpft. Es wurde geschmiedet, um Ofen und Geräte herzustellen. Mit diesen neuen Geräten sollte das Land bearbeitet werden!

Und der Fischer? Er strahlte jeden Tag, selbst wenn er manchmal keine Zeit zum Essen fand, denn er musste überall zugleich sein. So brachte er Wohlstand, Freude und Gesundheit in die kleine Bucht und die Menschen waren ihm dankbar. Als die Arbeit fertig war und der Fischer Abschied nahm, begleiteten ihn einige kleine Fischerjungen auf das Schiff, wo sie arbeiten und lernen durften.

So fuhr der Fischer überall herum und wohin er auch kam, brachte er den Menschen wertvolle Arbeit und gute Nahrung.

Die Jahre verflogen. Der Fischer wurde alt, alt und zufrieden mit dem, was hinter ihm lag. Bisweilen träumte er von einem See, von sicheren Ufern, von einem kleinen Boot, einer kleinen Angel und einigen Fischlein zum Abendessen. Wenn er dann aufwachte, meinte er, diesen See irgendwann wirklich gesehen zu haben, aber er konnte sich an diese Zeit nicht mehr erinnern.

Eines Tages aber sah er beim Aufwachen den See, er glitzerte wie nie zuvor und ein silbernes Boot fuhr auf ihn zu. Eine stille Gestalt stieg aus und hielt ihm voller Wärme beide Hände entgegen. Da erkannte der alte Fischer seinen Lehrmeister und freudig ging er an Bord. Zusammen fuhren sie fort, ganz weit fort.

Der Tag, an dem Miriam nicht mehr lachte

Es war einmal ein kleines Mädchen, das Miriam hieß. Sie hatte einen Vater, eine Mutter und kleine Geschwister. Sie wohnten in einem kleinen Haus am Rande der Stadt. Auf der einen Seite des Häuschens lagen Straßen und Häuser, auf der anderen Seite grüne Wiesen und kleine und große Kanäle mit Fröschen, Enten und Vögeln. Auf den Wiesen waren Kühe und im Frühling und Sommer blühten dort zahllose Blumen, vor allem auf den Heuwiesen. Da die Kühe dort nicht weiden durften, konnten die Blumen ganz verblühen.

Am liebsten pflückte Miriam Blumen. Stundenlang streifte sie in den Wiesen herum und an den Kanälen entlang, um kleine Blumensträuße zu pflücken: manchmal nur gelbe Blumen oder auch verschiedene weiße und blaue oder auch einmal alle Farben durcheinander, jedes Mal dachte sie sich etwas anderes aus. Wenn sie nach Hause kam, fand sie immer eine Vase, ein Fläschchen oder eine Büchse, in die die Blumen passten. Sie schenkte sie ihrer Mutter oder der Nachbarin oder stellte sie einfach irgendwo ins Haus. Manchmal stellte sie die Vasen auch auf einen Pfahl neben dem Gartenweg, so dass jeder, der zu dem Haus wollte, sie sehen konnte.

Miriam kannte alle Blumen und wusste, wann und wo sie in der nächsten Zeit blühen würden. Wie sie hießen, wusste sie meistens nicht, aber das machte ja nichts, denn Blumen reden nicht. Wie sie dufteten, das wusste sie aber genau.

Bereits aus großer Entfernung roch sie die blühenden Blumen und wusste, welcher Duft zu welcher Blume gehörte, so dass sie sie leicht finden konnte. Ihre Mutter neckte sie manchmal, und sagte, dass sie eine »kleine Blumennase« habe!

Noch etwas war auffallend an Miriam, was sie von anderen Kindern unterschied. Sie lachte nämlich immer. Egal ob es Morgen oder Abend war, immer erhellte ein heiteres Lächeln ihr Gesicht und sie strahlte, als ob sie selbst eine ihrer Blumen wäre. Niemand hatte sie jemals ärgerlich, verdrießlich oder mürrisch gesehen. Miriam war immer fröhlich und heiter, ein echtes Blumenkind.

Die Jahre gingen vorbei und Miriam wuchs heran. Eines Tages, als sie am Ufer des Kanals auf der Suche nach Wasserrosen war, rutschte sie aus und fiel der Länge nach ins Wasser. Das wäre nicht so schlimm gewesen, denn sie konnte gut schwimmen, wenn sie nicht mit dem Kopf auf ein altes rostiges Eisenstück gestoßen wäre, das jemand irgendwann ins Wasser geworfen hatte. Ihr Kopf tat ihr schrecklich weh und blutete stark. Als sie aus dem Wasser kroch, konnte sie nichts sehen, denn ihre Augen waren voller Rost, Blut und Wasser. Laut rief sie um Hilfe und die aufgeschreckten Enten flogen schnatternd davon.

Zum Glück hörte ihr Vater sie rufen und rannte zu dem Mädchen hin. Miriam war zur Erde gesunken, und ihr Vater erschrak zutiefst, als er sie so sah. Vorsichtig hob er sie auf und trug sie nach Hause. Ihre Mutter wusch ihr Gesicht sauber und trocknete es vorsichtig ab. Wo war die Wunde? Erst sahen sie nichts. Das Bluten hatte aufgehört.

Aber nun fiel ihnen etwas auf, was sie vorher noch nie wahrgenommen hatten. Miriam lachte nicht mehr, sie lächelte nicht einmal mehr. Blass und stumm war ihr Gesichtchen, und als Vater und Mutter sie aufmerksam betrachteten, sahen sie, dass Miriams Augen sich nicht bewegten, sondern ins Leere starrten. Da erklang Miriams Stimme ganz leise: »Ich kann nichts mehr sehen ...«

Von diesem Tag an war Miriam blind, und so sehr die Eltern auch mit ihr über Stadt und Land reisten, um noch bessere Ärzte zu finden, keiner konnte ihr helfen. Miriams Augen blieben kalt und leblos, sie sah nichts mehr und sie lachte nicht mehr.

Ihre Eltern kauften ihr in der Stadt einen Korbschaukelstuhl mit weichem Polster. Das Mädchen setzte sich in den Stuhl, den man mitten unter die Blumen in den Garten gestellt hatte. Das gefiel Miriam, denn ihre Nase erkannte die Blumen auch jetzt noch, da ihre Augen nichts mehr sehen konnten. Sie atmete die Düfte der Blumen im Garten, der Blumen auf den Wiesen oder die der Blumen am Wasser ein und wusste dann ganz genau, welche blühten und welche nicht.

Dabei entdeckte sie etwas ganz Besonderes. Wenn sie den Duft einer Blume ganz intensiv in der Nase hatte, wenn sie ihn ganz tief eingeatmet hatte, dann sah sie diese Blume irgendwo in ihrem Kopf, nicht so wie sie früher die Blumen gesehen hatte, sondern viel schöner, mit Farben, die viel tiefer und leuchtender waren, als sie diese je gesehen hatte. Der Duft der Blume wurde auf einmal viel stärker und dann wurde es ihr warm ums Herz, ganz warm und weit und dann... dann lachte Miriam wieder!

Was waren das für goldene Augenblicke. Wenn sie diese nur festhalten könnte! Aber die Farben verblassten, die Düfte verflüchtigten sich und Miriams Lächeln verschwand wieder.

Miriam entschloss sich nun, auf Reisen zu gehen. Ihre Eltern und die ganze Familie waren dagegen. Nein, das konnte sie doch nicht tun, wie sollte sie denn mit ihren leeren Augen für sich selbst sorgen können? Wo wollte sie überhaupt hin? Zu Hause hatte sie es so gut, jeder tat sein Bestes, um ihr Leid zu lindern. Nein, sie sollte wirklich zu Hause bleiben.

Aber Miriam ging auf Reisen.

Ganz früh am Morgen, als es nach Sumpfdotterblumen und Gänseblümchen roch, machte sie sich auf den Weg. Sie nahm von all dem, was ihre Eltern ihr mitgeben wollten, nur ganz wenig mit. Sie ließ den Rucksack, die Jacke und die Ersatzschuhe zurück. Sie nahm aber ihr weißes Häschen mit, das immer in ihrem Garten herumlief und das sich ganz an sie gewöhnt hatte.

Wusste Miriam, wo sie hinging? Wusste das Häschen, wo sie hinging? Auf jeden Fall schritt das Mädchen flink aus, ohne zu zögern. Sie hatte einen starken Wanderstab bei sich, und wenn sie nicht sicher wusste, ob sie weiter laufen konnte, tastete sie mit dem Stock. Sie lief, bis sie müde war, aß das, was sie von mitleidigen Menschen bekam, und wenn sie müde war, legte sie sich einfach am Wegrand zum Schlafen nieder.

Am Anfang roch Miriam noch ganz bekannte Düfte, aber nach einiger Zeit begegnete sie immer mehr fremden Düften von Blumen, die sie nicht kannte. Sie genoss die unbekannten Düfte, obwohl sie es schade fand, dass sie die neuen Blumen nicht sehen konnte.

Das Häschen folgte ihr getreu und half ihr über Wege und Brücken. Sie schliefen dicht aneinander geschmiegt und das warme Tierchen gab Miriam das Gefühl tiefer Geborgenheit.

Die Reise dauerte sieben Tage und sieben Nächte, dann war sie zu Ende. Miriam kam an ein großes weißes Haus, so groß wie ein Schloss. Es war von einem Schlossgarten umgeben und davor war ein Teich. Auf dem Teich schwamm ein stolzer, weißer Schwan. Zögernd ging Miriam weiter. Sie ging in den Garten hinein, an dem Teich vorbei und schließlich brachte das Häschen sie bis vor die große weiße Tür des Hauses. Sie klopfte an und wartete ab.

Es erschien zwar niemand, aber die Tür ging dennoch auf. Drinnen war ein großer Saal mit Marmorböden und weißen Statuen an der Wand. Auf einem Schild konnte man lesen: »Für Fremdlinge verboten!«

Aber da Miriam nicht lesen konnte, ging sie hinein. Sie durchschritt einen Gang und ein Zimmer und kam schließlich in einen Saal. Zögernd hielt sie inne. In ihr war ein ganz starkes Gefühl, dass sie hierher gehörte. Auf einmal erschien eine große, erhabene Gestalt in Weiß. Es war eine Frau, die wie eine Königin aussah. Sie schaute das Mädchen voll Verständnis und Liebe an und fragte: »Sage mir, Miriam, was hast du gesehen?«

Miriam erzählte ihr von all den Blumen, die sie zu Hause gesehen hatte, als sie noch ein Kind war. Ganz lange erzählte sie, denn sie hatte viele Blumen gesehen.

Als sie fertig war, blieb es still, ganz still. Nur ein Seufzer war zu hören. Die Gestalt in Weiß fragte erneut: »Sage mir, Miriam, was hast du gesehen?«

Miriam dachte nach und erzählte von ihren Eltern, Brüdern und Schwestern und von ihrem Garten, von den vielen Vögeln, Fröschen und Schmetterlingen, von allem, an das sie sich erinnern konnte.

Es wurde bereits dunkel, bis sie fertig war, und nach ihren Worten blieb es wiederum ganz lange still, noch stiller und über noch längere Zeit. Nun stöhnte die königliche Frau, als ob sie Schmerzen hätte, und ganz leise fragte sie abermals: »Sage mir, Miriam, was hast du gesehen?«

Miriam dachte angestrengt nach. Was meint diese Frau bloß? Fieberhaft zermarterte sie sich das Hirn, sie hatte das Gefühl, dass sie sich beeilen müsste. Aber wie sehr sie sich auch den Kopf zerbrach, ihr kam nichts in den Sinn. Alles, was sie gesehen hatte, bevor das Licht in ihren Augen erloschen war, hatte sie geschildert, und nachher hatte sie ja nichts mehr gesehen.

Oder vielleicht doch? Nun begann Miriam von den Blumen in ihrem Kopf zu erzählen, die eine so wunderbare tiefe Farbe hatten und die so schön waren, wie sie noch nie Blumen gesehen hatte. Während sie so voller Feuer von den Blumen in ihrem Kopf sprach, roch sie die Blumen aufs Neue und ihr Herz wurde warm und weit. Sie sah alle Blumen gleichzeitig, und der Duft von tausenden Blumen umgab sie. Und sie lachte so fröhlich und strahlend wie nie zuvor.

Und ihr Lachen bewirkte das Wunder, denn auf einmal konnten ihre Augen wieder sehen. Sie sah direkt vor sich ein liebes Gesicht und eine königliche Gestalt, eine Frau, die ihre Arme weit öffnete. Miriam ließ sich umarmen und herzen, es war, als ob sie heimgekehrt sei. Wie lange sie so standen, wusste Miriam später nicht mehr, aber schließlich ließen sie einander los. Sie gingen hinaus und nahmen das Häschen mit. Zusammen wanderten sie weiter und überall, wo sie hinkamen, fingen die Blumen zu blühen und die Menschen zu lachen an. Ein herrlicher Duft begleitete sie und dort, wo sie vorbeigekommen waren, blieb ein wenig von diesem Duft hängen, und alsbald fingen die Menschen zu singen an. Wer krank war, fühlte sich gestärkt, wer traurig war, fand Trost, und wer unzufrieden war, wurde friedlich. Ängstliche Menschen kamen zur Ruhe und böse Menschen vergaßen für eine Weile sich selbst.

So brachten sie Blumenduft, wohin sie auch gingen. Und weit weg, ganz weit weg hörten ihre Eltern von dem Wunder und sie lächelten zutiefst erfreut und beglückt.

Borg und sein Kind

Viele Menschen sagen, dass sie das Land der Stille suchen. Aber die meisten von ihnen fürchten die Stille, und sobald sie die Grenzen des Landes erblicken, kehren sie um und kommen nie mehr dorthin. Andere wiederum setzen ihren Weg fort und verbringen die Ferien im Land der tiefen Stille. Sie kommen, ruhen sich aus, und wenn sie sich erholt haben, reisen sie in ihr eigenes Land zurück. Nur ganz wenige leben, wohnen und arbeiten im Land der Stille.

In diesem Land schweigt alles. Nicht nur die Menschen, sondern auch der Wind und das Meer, die Tiere und die Bäume, alles schweigt. Die Menschen, die dort wohnen, sind deshalb auch Schweigende. Bis tief in ihre Seele hinein ist die Stille vorgedrungen und hat sich dort eingenistet. Dadurch wird das Schweigen etwas, das ganz zu den Menschen gehörig ist. Sie können schweigen, weil sie die Stille verstehen. Alles spricht für sie im Land der tiefen, tiefen Stille. Sie hören alles, was gesagt werden will, in Stille, und schweigend leben sie in Übereinstimmung damit.

Dieses Land ist der Geburtsort der Kinder des Wortes. Eigenartigerweise können sie nur da geboren werden und nur von den Menschen gepflegt werden, die dort wohnen. Wenn es keine Menschen gibt, die sie finden und pflegen, verschwinden sie ebenso geheimnisvoll, wie sie gekommen sind. Dann werden sie in anderen Ländern geboren, aber dort nicht als Kinder des Wortes, sondern als taube und stumme Menschen, die mit gesenktem Kopf durchs Leben gehen.

Mitten im Land der tiefsten Stille liegt ein ausgedehnter, klarer Gebirgssee. Inmitten dieses Sees befindet sich eine kleine Insel mit einer Hütte. Dort lebt Borg, der große Wächter. Von ihm handelt diese Geschichte, vom großen Borg und von seinem Kind.

294

Nach langen, langen Jahren des Schweigens wurde in Borgs Hüttchen ein Kind geboren, ein Kind des Wortes. Das Kind sah Borg nicht im Geringsten ähnlich. Es war von feinem, zartem Wuchs, während Borg groß, stark und behaart war. Das Kind sah die Unterschiede nicht. Es lächelte Borg an und die einsame, stille Seele des großen Mannes öffnete sich weit, und alle Liebe, die in ihm lebte, strömte zu dem Kind hin.

Borg sorgte für das Kind, besser als ein Vater oder eine Mutter es gemeinsam jemals gekonnt hätten. Der kleine Junge war fröhlich und gesund und wuchs glücklich heran. Er hatte ein kleines Boot, um auf den See hinauszufahren, wo er mit den Fischen in die Tiefe tauchte. Alle Fische kannten das Kind des Wortes, und sie hatten Borg versprochen, gut auf es aufzupassen.

Obwohl Borg nie sprach, begann das Kind, als es älter wurde, von sich aus zu sprechen. Kristallklare, musikalische Klänge ertönten nun im Land der Stille, und nichts wurde dadurch gestört. Es war, als ob alles dadurch noch stiller wurde. Alle Dinge verstanden die besondere Sprache des Kindes und lauschten ihr.

Eines Tages, als der Junge zehn Jahre alt war, schlief er am Rand des Wassers ein. Während er schlief, kam ein dunkles Schiff mit grauen Segeln über den See gefahren. An Bord waren zwei düstere Gestalten. Borg hörte, wie das Schiff näher kam, obwohl es keinen Lärm machte. Eine unbekannte Angst schnürte ihm die Kehle zu. Mit raschen Schritten lief er zum Ufer, hob das schlafende Kind auf und trug es auf seinen Armen in die Hütte.

Als er durch das Fenster schaute, war das fremde Schiff verschwunden. Es kam in der nächsten Zeit aber immer dann, wenn das Kind allein war, zurück. Jedesmal eilte Borg schnell herbei und brachte den Jungen in Sicherheit.

Eines Tages arbeitete Borg hinter der Hütte. Das Kind half ihm. Sie hackten Holz für das Feuer. Einen einzigen, ganz dicken Baumstamm musste Borg noch spalten. Obwohl es bereits dunkel zu werden begann, wollte er mit der Arbeit nicht aufhören. Mit seinen mächtigen Armen schwang er sein Beil unermüdlich auf und ab, bis der riesige Baumstamm in einen großen Berg ordentlicher Holzscheite verwandelt war. Nun erst wurde Borg ruhig und zufrieden.

Nur kurz dauerte dieses Gefühl, denn plötzlich hörte er das Kind. Die kristallklaren Töne seiner reinen Stimme klangen von weitem über das Wasser, bis sie im Griff brutaler Hände erstickt wurden. Borg eilte an das Ufer des Sees und sah gerade noch, wie das dunkle Schiff in der Ferne verschwand, mit demjenigen an Bord, der ihm das Allerliebste war. Er zögerte keinen Augenblick, sprang in sein Boot und ruderte mit aller Kraft auf den See hinaus. Aber das geheimnisvolle Schiff war mit dem Kind des Wortes verschwunden.

Tiefe Verzweiflung überfiel Borg und große Wogen bitteren Kummers und der Wut stiegen aus seiner zerrissenen Seele empor. Er schrie laut auf. Bald war das Land der tiefsten Stille von seinen Schreien erfüllt. Es kam aber keine Antwort…

Alles blieb still, und zum ersten Mal machte ihn die Stille beklommen, zum ersten Mal flüchtete er vor dem schrecklichen Schweigen.

Er rannte weg und floh bis über die Grenze des Landes der tiefsten Stille hinaus, denn seine Ohren konnten den Klang der Stille nicht mehr ertragen.

Er kam in andere Länder, wo die Stille verschwunden war und die Menschen miteinander redeten. Überall fragte er nach dem Kind des Wortes, aber niemand hatte etwas von ihm gehört oder gesehen. Borg gab nicht auf. Er gönnte sich weder Rast noch Ruhe, der nagende Schmerz in seiner Seele trieb ihn weiter, immer weiter. Er suchte auf Seen und Flüssen und auf den weiten Meeren nach einem dunklen Schiff. Aber das Schiff war verschwunden, als ob es nie existiert hätte.

Noch immer gab Borg die Suche nicht auf. Warum sollte er auch? Was sollte er denn sonst machen? Zu seiner Hütte konnte er nicht mehr zurückkehren, denn das Land der tiefsten Stille bereitete ihm Schmerzen, und die Erinnerungen an die schönen Zeiten, die so jäh abgebrochen waren, zerrissen sein Herz. Fort, immer fort, fragen und suchen, hoffen und verlieren – wie viele Jahre dauerte dieser Alptraum schon? Borg wusste es nicht mehr.

Schließlich ging seine Wanderung doch noch zu Ende. Eines Tages begegnete Borg einem Mann, der als Schafhirte in einem Hüttchen auf einem hohen Berg lebte. Der Hirte war in den Bergen alt und weise geworden, und lange bevor Borg seine Fragen stellte, hatte er sie bereits in seinen Augen gelesen. Er lud Borg zu einem einfachen Mahl ein, gab ihm ein Bett und saubere Kleider und sagte ihm, dass er ihm helfen könnte.

Borg traute seinen Ohren nicht. War das wirklich wahr? Der Hirte lächelte und erzählte ihm die Geschichte des Kindes.

Das düstere Schiff hatte das Kind geraubt und aus dem Land der tiefsten Stille fortgeführt. Weit weg war es gebracht worden, ins Land der Finsternis und Dunkelheit. Dahin wurde das Kind gebracht, damit es mit seinen kristallklaren Klängen Helligkeit in das Land bringen sollte. Aber die Leute auf dem Schiff vergaßen, dass das Kind ohne Liebe nicht leben konnte, weil sie selbst nicht wussten, was Liebe war. Das Kind verlor seine Heiterkeit, und seine Stimme brach vor Kummer.

Wenn das Kind sprach, ertönten keine reinen Klänge mehr, sondern nur noch dumpfe, traurige Worte ohne Klang und Farbe. Die finsteren Bewohner des dunklen Landes wurden zornig und drohten dem Kind mit schrecklichen Strafen. Aber nichts half, das Kind konnte nichts anderes als dunkle, finstere Worte herausbringen, wie die Bewohner selbst schon so viele kannten.

Mit Hohn und Spott jagten sie das Kind fort und warfen Steine hinter ihm her. Das Kind floh. Es lief immer weiter. Es zog durch andere Länder und Gegenden, schlief in Höhlen und unter Bäumen. Erneut kamen in ihm helle Klänge zum Leben, aber es konnte sie nicht mehr gestalten wie früher. Tief in seiner Seele tönten sie wider, ohne einen Ausweg nach außen zu finden. Das Kind des Wortes vermisste die Stille und auch Borg. Tief verborgen nagte der Kummer an ihm, jahrein jahraus. So wuchs es heran. Der junge Mann lernte die Menschen kennen, teilte mit den Tieren Freud und Leid und konnte die Pflanzen voneinander unterscheiden. Er wusste, welche ihn ernähren und beschützen konnten, und er war den Pflanzen und Tieren dankbar.

Er verrichtete alle Arbeit, die er auf seinem Weg vorfand. Das eine Mal musste er schwierige Rätsel lösen, das andere Mal sich mit großen Steinen abmühen. Jede Arbeit war ihm gleich lieb. Schließlich war er erwachsen und entschloss sich, ins Land der tiefsten Stille zurückzukehren. Hatte Borg all die Zeit auf ihn gewartet? Die ganze lebendige Natur kam dem jungen Mann zur Hilfe, und so gelangte er nach einem weiteren Jahr endlich in sein Geburtsland. Er reiste in die Mitte des Landes und genoss die tiefe Stille, die Besitz von ihm ergriff. Schließlich kam er an den See, baute sich ein Boot aus Holz und ruderte bis zur Mitte des Sees. Dort aber erwartete ihn eine grausame Enttäuschung. Die Insel und die Hütte waren verlassen, die Hütte war baufällig geworden. War Borg vielleicht gestorben? Schmerz übermannte den jungen Mann, und er fühlte sich einsamer als je zuvor.

Mit diesen Worten beendete der Hirte seine Geschichte. Wie kam es, dass er soviel wusste? Wer war er eigentlich? Bevor Borg ihn fragen konnte, gab der Hirte ihm einen Knäuel aus reinstem Goldfaden und knüpfte das eine Ende um Borgs Körper. »Folge diesem Faden und du wirst ihn finden«, sagte der Hirte, pfiff seinen Hund und seine Schafe herbei und lief mit großen Schritten auf die Berge zu.

Borg sprang auf und rief ihm Worte des Dankes nach. Dann folgte er dem Knäuel Goldfaden, das munter vor ihm hersprang. Bergauf und bergab, an Flüssen entlang und durch Wälder lief er hinter dem Goldfaden her, der kein Ende nahm.

Schließlich fand auch Borg das Land der tiefsten Stille wieder. Und die Stille schmerzte ihn nicht mehr. Er beeilte sich voller Sehnsucht, das verlorene Kind wiederzufinden. So gelangte er an den See, baute sich ein Ruderboot und ruderte zur Insel. Seine Hütte war instand gesetzt und die Tür stand weit offen. Ein hoch gewachsener junger Mann stand in der Türöffnung und erwartete ihn. Stumm fielen sie sich in die Arme.

Die Zeit schien wie aufgehoben, wie sie da so standen, und Borg wusste, dass nichts umsonst gewesen war. Er hörte dem jungen Mann, der nun erwachsen geworden war, zu, denn die inneren Klänge des jungen Mannes bahnten sich aufs Neue einen Weg nach außen, und seine reinen Töne ließen die Luft erzittern. Alles um sie herum sang mit: Winde und Wasser, Tiere und Pflanzen. Sogar Borg fand tiefe, kräftige Töne in seiner Brust, die nach außen drängten.

So sangen sie zusammen, und das Land der tiefsten Stille wandelte sich in das Land des Wortes um, das Wort, durch das Menschen einander kennenlernen und verstehen und durch das alles sich verwandelt.

Die fünfhundert bangen Nächte der Erde

Weit von hier in einem fernen Land hoch in den Bergen wohnt ein besonderes Volk. Die Leute bauen keine Häuser, sondern wohnen in Höhlen und Felsspalten. Sie können wie junge Gemsen springen, so weit wie Adler sehen und sich wie Murmeltiere in einem Versteck unsichtbar machen. Aber all ihre Fähigkeiten gehören der Gebirgswelt an, der Welt der dünnen Luft und des Sternenhimmels, der sich ganz nah über den Menschen befindet.

Sie gehen nie in die niedriger gelegenen Gegenden, wo Wälder und Felder sind und die Menschen ihre Häuser bauen. Sie haben Angst vor diesen Menschen, vor den Tieren des Waldes und den geheimnisvollen Waldwesen. Die schwerere Luft ist beklemmend für sie. Auch würden sie dort gezwungen sein, sich aufrecht zu halten und immer geradewegs durch die Ebenen zu laufen, statt zu springen und zu klettern. Ohne die Berge um sich herum fühlen sie sich ängstlich und krank, deswegen bleiben sie lieber in ihrer Heimat.

Nur ganz selten gibt es jemanden, der neugierig ist und mehr von der Welt sehen möchte. In einem solchen Fall kann der König dieses Volkes seine Zustimmung geben, aber nur einige wenige fragen ihn überhaupt danach. Man weiß nämlich, dass derjenige, der die niedere Welt kennenlernen will, eine besondere Probe bestehen muss, einen gefährlichen Auftrag, dem die meisten lieber aus dem Weg gehen.

Eines Tages entschloss sich ein junger Schmied, dass er mehr von der Welt sehen wollte. Er war ein fähiger Schmied und hatte sein Fach gründlich gelernt. Es gab kein Werkzeug, das er nicht mit seinen geschickten Händen gefertigt hatte. Aber er wollte mehr, er wollte wissen, woher das Erden-Eisen kam, er wollte hinuntersteigen! Er nahm also seinen Kleidersack, packte Essen, Trinken und seine wichtigsten Werkzeuge hinein und schnallte ihn sich auf den Rücken. Seine Schultern waren breit, seine Füße standen fest auf dem Boden, und seine Arme waren durch die Schmiedearbeit kräftig und stark. Es wird mir schon gelingen, dachte der Schmied.

Er ging zum König und bat ihn um die Erlaubnis, wegziehen zu dürfen.

Der König betrachtete den Schmied aufmerksam und sah, wer er war. Er warnte den jungen Mann vor den vielen Gefahren, die ihm bevorstehen würden, und legte ihm besonders eines ans Herz: *nie umzukehren.*

Der König wusste, dass es für denjenigen, der den Pfad nach unten sucht, keinen Weg zurück gibt. Trotz alledem bekam der Schmied die Zustimmung und den Segen des Königs. Der Schmied dankte dem weisen König und versprach ihm, seinen Rat zu befolgen. Ihm war froh und munter zumute, und voller Zuversicht machte er sich auf den Weg.

Zuerst musste er viele Bergkämme überwinden, um den Pfad nach unten zu finden. Als er schließlich den schmalen Weg vor sich sah, hörte er eine liebe, vertraute Stimme. Es war die Stimme seiner Mutter: »Lieber Sohn, bleibe in unserem Land, ich werde für dich sorgen, deine Lieblingsgerichte kochen und dein Bett warm aufschütteln! Geh nicht weg, denn du begibst dich gewiss in große Gefahr …«

Dem Schmied behagte dieser Vorschlag seiner Mutter nicht schlecht und schon wollte er sich umdrehen. Doch auf einmal erinnerte er sich an sein Versprechen dem König gegenüber. »Ich kann nicht, liebes Mütterchen!«, rief er und ging weiter.

Er schlug den Pfad ein, der ihn hinunter bringen sollte, und sah unter sich in der Tiefe Täler mit Wäldern und Wiesen. Es wurde ihm froh zumute, und er sprang über den Hang hinab. Zahllose Steine trat er dabei los, die mit ohrenbetäubendem Lärm bergab rollten. Wo diese am Ende landen würden, bekümmerte ihn nicht. Die Gebirgsleute waren nicht gewöhnt, auf so etwas zu achten. Die losgetretenen Steine aber brachten weitere Steine ins Rollen und schließlich polterte eine richtige Steinlawine auf die tiefer liegenden Ländereien zu. Sie brachten Feldern und Häusern der Menschen, die in den Tälern wohnten, großen Schaden.

Voller Staunen sah der Schmied, was da alles tief unter ihm geschah. Zum ersten Mal begriff er, dass das, was oben geschieht, unten im Tal seine Auswirkung hat. Die wenigen Steine von oben waren dort unten zu vielen Steinen geworden. Würde er dort in den Tälern noch willkommen sein?

Er lief nun achtsamer weiter und dachte über das nach, was er gesehen hatte. Auf der ersten Wiese, an der sein Weg vorbeiführte, sah er eine Berghütte. Davor saß ein einsamer Hirte auf einer Bank, er schien auf jemanden zu warten. Der Schmied fragte ihn, worauf er wartete, und der Hirte gab ihm zur Antwort: »Ich warte auf jemanden, der mir neues Feuer bringt.«

Daraufhin nahm der Schmied zwei geschliffene Feuersteine aus seinem Sack und schlug damit Feuer. Nun konnte der Hirte sich wärmen und Essen kochen. Er teilte beides mit dem Schmied und gab ihm als Dank noch ein Töpfchen Schafsfett mit auf den Weg. »Bewahre dieses Fett für kalte Nächte. Wenn du dich damit einreibst, wirst du nicht erfrieren«, sprach der Hirte.

Der junge Mann dankte ihm, nahm Abschied und folgte dem Pfad weiterhin bergab.

Zum ersten Mal fühlte er weiche Erde statt Steinen unter seinen Füßen. Auch roch er die Erde, und das warme Gefühl, das sich in ihm regte, sagte ihm, dass das gut war. Als er noch tiefer hinabstieg, kam er an einen dichten Tannenwald. Dunkel und unheilvoll zeichneten sich die Bäume gegen den Himmel ab. Am Waldrand sass ein Jäger auf einem Baumstumpf. Es sah so aus, als ob er auf etwas wartete, und der Schmied fragte ihn, was es sei. Der Jäger antwortete: »Ich warte auf neue Pfeile, denn die Spitzen meiner Pfeile sind stumpf.«

Nun errichtete der Schmied mit Steinen einen Feuerplatz und schmiedete die alten Pfeilspitzen in neue scharfe, glänzende Spitzen um. Der Jäger dankte ihm und schenkte ihm für seine Hilfe ein Bärenfell. »Wenn du dich darin hüllst, kannst du überall überleben«, sagte der Jäger und verschwand in den Wald.

Der Schmied nahm das Bärenfell mit und zog in den dunklen Wald hinein. Er kam aus dem Staunen über all das, was in der Welt zu sehen und zu erleben war, überhaupt nicht heraus. Mitten im Wald traf er auf einen großen runden Hügel, in den zahllose Gänge gegraben waren. Der Schmied spähte in die Gänge hinein und rief: »Ist jemand zu Hause?«

Ein Skorpion mit scharfen Scheren kam heraus und fragte ihn, was er suche. Der Schmied sagte, dass er die Erde kennenlernen wolle.

Der Skorpion antwortete: »Wer die Erde kennenlernen will, muss die Prüfung der fünfhundert bangen Nächte überstehen. Wenn du diese überstehst, wirst du um die irdischen Geheimnisse wissen. Wenn nicht, wirst du vergessen, wer du bist und woher du kommst.«

Der Schmied wollte sich der Prüfung unterziehen, denn er war ein mutiger Mann. Er folgte dem Skorpion ins Innerste des Hügels. Dort war eine große Höhle, und der Skorpion ließ ihn alleine zurück.

Der junge Mann bemerkte, wie die Erde um ihn herum zu sprechen und zu bitten begann. »Befreie uns aus der Gefangenschaft«, flehten die Erdgeister ihn an.

Der Schmied fühlte Mitleid und versprach, ihnen zu helfen. Plötzlich tat sich die Erde auf und ein langer Gang, der steil hinunter führte, wurde sichtbar. Kalte Luft stieg herauf, und es war, als ob fremde Hände nach ihm griffen.

Der Schmied dachte: »Das werden fünfhundert kalte, unangenehme Nächte werden.« Darum rieb er sich mit dem Schafsfett des Hirten ein und hüllte sich in das Bärenfell des Jägers. So geschützt, stieg er den Weg hinab. Über ihm schloss sich die Erde geräuschlos. Der Gang schien dem

Schmied endlos lang zu sein, denn er verlor während seiner Wanderung jegliches Bewusstsein für die Zeit. Aber schließlich mündete der Gang in eine große Höhle, ein Hohlraum voller Fledermäuse. Dunkle, feuchte Steinwände umgaben den Schmied und grinsten ihn an, und eine eisige Kälte breitete sich aus.

Aber der Schmied fühlte sich wohl in seinem Bärenfell. Er sah, dass die Wände mit geheimnisvollen Zeichen aus uralten Zeiten bedeckt waren und er bemühte sich, diese zu entziffern. Die Fledermäuse flogen um seinen Kopf herum und versuchten, ihn durch ihr Gekreisch von den geheimen Zeichen abzulenken. Aber das Herz des Schmiedes klopfte warm, ruhig und sicher und er las das, was die Erde aufbewahrt hatte.

Als er alles gelesen hatte und in sein Gedächtnis, das so fest wie Eisen war, eingeprägt hatte, hörte er auf einmal viele wimmernde Stimmen. Er erschrak. Die Eiseskälte und die undurchdringliche Dunkelheit wurden immer bedrohlicher. Auch hörte er durch all den Lärm hindurch wieder die besorgte Stimme seiner Mutter, die ihn zurückrief. Er ermannte sich, richtete sich auf und sagte mit fester Stimme: »Es tut mir leid, Mütterchen, aber mein Weg geht immer weiter und ich werde nicht umkehren.« Und dann sprach er in die Dunkelheit hinein laut all die Worte, die er auf den Wänden gelesen hatte.

Aufs Neue öffneten sich die Wände, und der Schmied setzte seinen Weg ohne Licht und in modriger Luft fort, immer tiefer in die Erde hinein.

Nach längerer Zeit hörte er mit einem Mal ein tiefes Gebrumm und dunkle Erdmännchen schossen auf ihn zu. Sie trugen Laternen und riefen aufgeregt: »Ein Kundschafter!« Der Schmied fragte sie in aller Ruhe, was er für sie tun könne. Da trugen sie ihm allerlei Schmiedearbeit auf. Sie ließen ihn solange schmieden, bis er erschöpft zu Boden sank. Aber nun besaßen sie auch alles, was sie sich gewünscht hatten: Hämmer und Meißel, Ketten und Schlösser und vieles andere, was sie brauchten.

Sie gaben ihm Zeit, sich auszuruhen, und schenkten ihm als Dank einen klaren Stein, den sie auf seiner Stirn zwischen den Augen anbrachten. Von dem Stein ging ein helles Licht aus, und nun sah der Schmied alles, was eigentlich unsichtbar ist und doch erkannt werden will. Er wollte den Erdmännchen danken, aber sie waren verschwunden.

Der Schmied meinte, dass er bereits sehr lange unterwegs war. Waren die fünfhundert Nächte womöglich schon verstrichen? Er hatte sie nicht zählen können. Der Pfad war aber noch nicht zu Ende und so lief er weiter. Einen Weg zurück gab es ja nicht.

Schließlich erreichte er das Innerste der Erde. Dort brannte ein mächtiges Feuer, denn das Herz der Erde brennt vor Liebe für denjenigen, der es zu finden weiß.

Der Schmied zog das Bärenfell von seinen Schultern und warf es mit einem mächtigen Schwung ins Feuer. Es brannte solange, bis nur noch Asche übrig war.

Auf einmal sah der Schmied einen alten Mann, den er vorher nicht bemerkt hatte. Der alte Mann hütete das brennende und leidende Herz der Erde. Seine Augen leuchteten wie die Sterne hoch oben in den Bergen, wo der Schmied aufgewachsen war. Der Alte gab dem jungen Mann einen goldenen Gürtel und bat ihn, diesen der Königin des Mittelreiches zu bringen. Der Schmied hatte noch nie von dieser Königin gehört, aber er hatte Mitleid mit dem Herz der Erde und nahm den Auftrag an.

Der alte Mann schenkte ihm daraufhin viele neue Weisheiten und als er sich sicher war, dass der Schmied alles in sein Herz aufgenommen hatte, wies er ihm den Weg, der weiter führte.

Der Schmied nahm Abschied und begab sich erneut auf seine Wanderung. Aber nun betrat er das Gebiet der schwarzen Schlangen. Zahllose Schlangen lagerten auf dem unterirdischen Weg, so dass es um ihn herum nur so wimmelte. Dem Schmied blieb keine Zeit zum Überlegen. Er zog rasch seinen Hammer aus seinem Sack und schlug jedem Ungetüm mitten auf den Kopf. Die Schlangen blieben eine nach der anderen mit zerschmettertem Schädel liegen, und der Schmied ging unerschrocken weiter. Das Licht des Kristallsteins auf seiner Stirn ließ ihn sehen, wo er war. Es gab nicht nur einen einzigen Gang, sondern er war in einem Irrgarten von Gängen gelandet, und er wusste: Wer einmal da drin ist, kommt nie mehr heraus!

Aber das war nicht das Einzige, was er tief in seinem Innern wusste. Er wusste auch einen Ausweg aus dem Labyrinth! Er fing an, einen neuen Tunnel zu graben, der quer durch den Irrgarten hindurch verlaufen sollte. Immer geradeaus grub er. Schreckliche Dinge musste er unterwegs überstehen, aber er sah sich nicht um und erkämpfte sich einen eigenen Weg.

Schließlich war auch die fünfhundertste Nacht vorüber, obgleich der Schmied es nicht wusste. Unbemerkt war die Zeit der Prüfungen verstrichen, die Erde tat sich über ihm auf und er kletterte hinaus. Dort kam er auf eine wundervolle grüne Wiese voller Blumen. Tief atmete er die frische Luft ein. Er merkte, dass der glänzende Stein sich unter seiner Stirn verborgen hatte und der goldene Gürtel unter der Haut seines Körpers. Inzwischen wunderte sich der Schmied schon nicht mehr besonders über alles, was ihm widerfuhr, sondern fand es ganz natürlich. Er setzte seinen Weg fort und vergaß seinen Auftrag nicht. Jeden, dem er begegnete, fragte er nach der Königin des Mittelreiches. Lange irrte er umher, bis er eines Tages ihr Schloss vor sich sah. Die Fensterläden waren aber geschlossen, denn die Königin lag schwerkrank im Bett.

Die Menschen erzählten ihm von einer alten Weissagung, die besagte, dass ein goldener Erden-Gürtel die Königin heilen könnte. Ohne zu zögern ging der Schmied in das Schloss hinein und bat, die Königin sehen zu dürfen. Sie ließ ihn sofort eintreten und fragte ihn nach dem Grund seines Besuches. Schweigend zeigte er auf seine Taille, wo der Gürtel sich verbarg. Ein goldener Glanz leuchtete dort auf und die Königin fühlte die Wärme, die davon ausging. Sogleich war sie geheilt und erhob sich von ihrem Bett. Sie dankte dem Schmied, nahm ihn an die Hand und bat ihn, mit ihr zusammen das Mittelreich zu regieren. Der Schmied fühlte, wie sein Herz schneller klopfte, und brauchte nicht lang über ihren Wunsch nachzudenken.

So geschah es, dass die Königin einem Schmied alles über ihr Reich und über die Kunst des Regierens erzählte, und er lernte schnell. Die tiefen Weisheiten, die er während seiner Erdenwanderung erworben hatte, konnte er nun gut verwenden, und viele waren für die Königin eine Offenbarung. Der Schmied gelobte dem Mittelreich und der Königin Treue.

Darauf reisten sie gemeinsam über andere Wege zu den Bergländern und besuchten den alten König. Dieser freute sich über das junge Paar, gab ihnen seinen Segen und ließ sie voller Vertrauen in das Mittelreich zurückkehren.

Dort wurden der Schmied und die Königin Mann und Frau und dienten ihrem Land als Herrscherpaar. Sie regierten weise und gerecht und fanden für jedes Problem einen Lösungsweg.

So kam es, dass aus einem Schmied ein weiser König wurde, der von gewaltigen Höhen und endlosen Tiefen wusste und der ein Herz in sich trug, das nie erkaltete.

Empfohlene Literatur

Gudrun Davy en Bons Voors, *Andere tijden, andere ouders,* Zeist 1988.

Manfred van Doorn, *Universal Man. Urmotive der menschlichen Biographie,* Stuttgart 1998.

Ron Dunselmann, *An Stelle des Ich,* Stuttgart 1997.

Brüder Grimm, *Kinder- und Hausmärchen,* München 1983.

Astrid Lindgren, *Mio, mein Mio,* Hamburg 1983.

Jacques Lusseyran, *Ein neues Sehen der Welt. Gegen die Verschmutzung des Ich,* Stuttgart 1995[2].

Jeanne Meijs, *Problemkindern helfen durch Spielen, Malen und Erzählen,* Stuttgart 1996.

Herta Schlegtendal, *Außenseiter. Berichte von anderen Lebenswegen,* Stuttgart 1973.

Julian Sleigh, *Freiheit erproben. Das dreizehnte bis neunzehnte Lebensjahr,* Stuttgart 1993[2].

Das Schloss der goldenen Sonne. Initiationsmärchen, Stuttgart 1997.

Rudolf Steiner, *Die Brücke zwischen der Weltgeistigkeit und dem Physischen des Menschen,* GA 202, Dornach 1994[4].

– *Allgemeine Menschenkunde als Grundlage der Pädagogik,* GA 293, Dornach 1992[9].

– *Erziehungsfragen im Reifealter. Zur künstlerischen Gestaltung des Unterrichts,* in GA 302a, Dornach 1983[3].

Martin Straube / Renate Hasselberg, *Schwellenerlebnisse – Grenzerfahrungen. Krisensituationen in der Biographie,* Stuttgart 1994.

Willem F. Zeylmans van Emmichoven, *Gespräche über die Hygiene der Seele,* Dornach 1988[3].

Anmerkungen:

Die hochgestellten Ziffern beziehen sich auf Jeanne Meijs,
Problemkindern helfen durch Spielen, Malen und Erzäh-
len, Stuttgart 1996.

  1 a.a.O., S. 29f.
  2 a.a.O., S. 165
  3 a.a.O., S. 45

Die Autorin

Jeanne Meijs (*1951) ist Bildtherapeutin in eigener Praxis.
Davor hat sie zehn Jahre lang als freie Mitarbeiterin in ei-
nem Therapeutikum gearbeitet. In ihrem 1996 erschienen
Buch *Problemkindern helfen durch Spielen, Malen und*
Erzählen hat sie ihren persönlichen Ansatz erstmals zur
Darstellung gebracht. Jeanne Meijs ist Mutter von drei
Kindern und hat ein Enkelkind.

Betty Staley

Pubertät

Überleben zwischen Anpassung und Freiheit

Herausgegeben von Hans-Joachim Mattke
Aus dem Amerikanischen von Astrid von dem Borne
und Julian Herrmann, 320 Seiten, kartoniert

Pubertät und Jugendalter sind Entwicklungsphasen, die das gesamte weitere Leben entscheidend beeinflussen. Jetzt werden Weichen gestellt oder Entfaltungsmöglichkeiten verbaut, die freie Persönlichkeit entwickelt oder Anpassung und Resignation veranlagt. Insofern wird das gesunde Durchlaufen dieser Lebensphase zu einer Frage des seelischen, aber nicht selten auch des physischen Überlebens.

Aus dem Inhalt:
Stadien des Jugendalters / Darstellung der Temperamente / Die Entwicklung des Charakters
Die Herausforderungen im Jugendalter:
Der Jugendliche und die Familie / Der Freundeskreis / Machtkampf und Loyalität / Die Rolle der Liebe
Probleme des Jugendalters:
Früh-Schwangerschaft / Alkohol / Drogen / Ernährungsfragen / Extremes Verhalten
Fragen für Eltern zum eigenen Umgang mit Jugendlichen

Urachhaus

Michaela Glöckler

Elternsprechstunde

Erziehung aus Verantwortung

464 Seiten, gebunden

Dieses Buch ist ein vielseitiger pädagogischer Ratgeber, der sowohl auf Alltagssorgen eingeht als auch große Zusammenhänge darlegt, die ein Verständnis für das Einmalige einer jeden Biographie vermitteln. Dabei werden Themen aus dem Alltagsgeschehen ebenso behandelt wie Fragen nach den spirituellen Hintergründen der Phänomene: Welchen Sinn hat das Böse für die Entwicklung? Was gewinnen Medizin und Pädagogik durch Einbeziehung der Wiederverkörperungsidee? Wie sind Leib, Seele und Geist in Gesundheit und Krankheit verbunden? Zum Verständnis geistiger Behinderungen. Angst und Aggressivität. Der Vater in der Erziehung. Die alleinerziehende/ berufstätige Mutter. Strafe, Belohnung, Gewissen. Altersentsprechendes Lernen. Und über allem: Erziehung zur Liebefähigkeit.

»Michaela Glöcker richtet ihren Blick auf das Wesentliche. Sie spricht unmittelbar den sich selbst bestimmenden und verantwortenden Menschen an. Sie tut das auf wohltuend nüchterne und freilassende Weise.«

Info 3

Urachhaus

Julian Sleigh

Freiheit erproben

Das dreizehnte bis neunzehnte Lebensjahr
Verständnishilfen für Eltern

Aus dem Englischen, 136 Seiten, kartoniert

Die Zeit des Erwachsenwerdens bringt mancherlei Veränderungen und Konflikte mit sich. Die Eltern erleben Zeiten
voller Sorge, wenn sie erkennen, dass sie keine Kontrolle
mehr über den Jugendlichen haben und dass sie ihn loslassen müssen. Für ihn selbst sind dies aufregende Jahre der
Selbstfindung, in denen viel Dunkles aufbrechen kann, die
aber auch voller Zauber sind.

Sleigh, selbst Vater von fünf Kindern, betrachtet jedes einzelne Lebensjahr dieser Zeit mit seinen spezifischen Problemen und inneren Wandlungen und geht auf die gesetzmä-
ßigen Lebensrhythmen ein, um als Ziel dieses »dritten
Jahrsiebts« die Erlangung von Urteilskraft, Weltinteresse
und Moralität darzustellen. Er schildert, wie der junge
Mensch allmählich dazu erwacht, aus eigenem Verantwor-
tungsgefühl heraus Entschlüsse zu fassen. In dieser Zeit des
Ausprobierens und der Suche braucht das Kind das Vertrauen der Eltern in die Persönlichkeit, zu der es sich entwickeln will. Jetzt macht die Liebe der Eltern zu ihrem
Kind ihre größte Bewährungsprobe durch.

Urachhaus